Couvertures supérieure et inférieure
manquantes

DE LA CRÉATION ACTUELLE

DE

MOTS NOUVEAUX

DANS LA LANGUE FRANÇAISE

DU MÊME AUTEUR

Traité de la formation des mots composés dans la langue française, comparée aux autres langues romanes et au latin; 1 fort vol. grand in-8º. Paris, Vieweg, 184.

Deux Élégies du Vatican, textes du xiiiᵉ siècle publiés pour la première fois d'après un manuscrit de la bibliothèque du Vatican, et accompagnés d'un commentaire philologique, historique et littéraire; in-8º, Nogent-le-Rotrou, 1874.

Phonétique française : *la protonique non initiale, non en position;* in-8º. Paris, 1876.

Tableau de la littérature et de la langue française au xviᵉ siècle, suivi de *Morceaux choisis des meilleurs écrivains en prose et en vers de cette époque* (en collaboration avec M. Hatzfeld); Paris, Delagrave, 2 vol. grand in-18, 1876-1877.

De Floovante, vetustiore gallico poemate, et de Merovingo cyclo *scripsit et adjecit nunc primum edita Olavianam Flovents Sagæ versionem et excerpta e parisiensi codice « il libro de Fioravante, »* A. Darmesteter; 1 vol. in-8º. Paris, Vieweg, 1877.

Typographie Lahure, rue de Fleurus, 9, à Paris.

DE LA CRÉATION ACTUELLE

DE

MOTS NOUVEAUX

DANS LA LANGUE FRANÇAISE

ET DES LOIS QUI LA RÉGISSENT

THÈSE DE DOCTORAT

PRÉSENTÉE A LA FACULTÉ DES LETTRES DE PARIS

PAR

A. DARMESTETER

PARIS

F. VIEWEG, LIBRAIRE-ÉDITEUR

LIBRAIRIE A. FRANCK

67, RUE DE RICHELIEU, 67

1877

A

LA MÉMOIRE

DE

MON PÈRE

INTRODUCTION.

I

Du jour où les travaux de Raynouard et de Diez eurent fondé la philologie romane, de tous côtés, en France, en Italie, en Allemagne, dans les pays scandinaves, toute une armée d'ouvriers se mit à défricher le terrain nouveau conquis à la science. Notre langue en particulier fut étudiée dans toutes les époques de sa vie passée et dans tous les éléments de son organisme. On détermina les lois générales qui ont présidé et à sa formation et à ses transformations, et qui du latin populaire transporté en Gaule par les légions de César ont fait sortir successivement le français des *Serments*, celui du *Roland*, celui de Froissard, celui de Montaigne, celui de Bossuet.

Ce mouvement scientifique continue avec une force croissante. Après les solutions d'ensemble et les vues générales données par une première étude, chaque point est repris, étudié à part et pour lui-même : les sons, les formes, les constructions, tous les éléments de la langue considérés à toutes les époques et dans tous les dialectes, passent et repassent à l'examen d'une critique sévère, qui a un objet défini, une méthode arrêtée, un criterium exact, bref tous les caractères d'une science constituée.

Mais, dans cette vaste enquête dont notre langue fait l'objet, presque tous les efforts de la science n'ont porté jusqu'ici que sur les questions d'origine et sur le moyen âge. C'est le latin populaire qu'on étudie, c'est la langue d'oil et la langue d'oc du neuvième au quatorzième siècle; depuis quelque temps on descend jusqu'au seizième : si les écrivains du dix-septième n'ont jamais été négligés, ce qu'on étudie en eux, c'est avant

tout la langue des classiques, la langue du grand siècle, c'est-
à-dire l'instrument le plus parfait que notre littérature ait jamais manié. Les recherches dont elle fait l'objet affectent donc
en général un caractère tout littéraire; sa beauté même l'a
soustraite à l'analyse froide. Enfin, pour une cause autre,
mais non moins puissante, la langue moderne, la langue contemporaine semble absolument exclue du cercle des recherches linguistiques. Comme nous vivons, comme nous pensons en elle, qu'elle fait partie intégrante de nous-mêmes, les
changements qui se font en elle se dérobent à la conscience
de la même façon et pour la même raison que ceux qui se font
en nous. Son mouvement nous échappe, nous ne la sentons
pas qui change sur nos lèvres; nous oublions, nous ne son-
geons pas que jamais langue vivante n'est fixée, que la langue
contemporaine, dernier terme des évolutions que notre idiome
a subies dans les époques antérieures, n'est que le point de
départ de celles qu'il doit subir dans l'avenir; qu'elle aussi,
comme la langue ancienne, a ses transformations, son mouvement, son devenir, et que, régie comme elle par des lois,
elle tombe au même titre sous la prise de la science.

Aussi la langue contemporaine offre-t-elle au philologue un
aussi riche sujet d'étude que celle des périodes passées; et ce
serait rendre un signalé service à la science que d'en embrasser l'ensemble. Esquissons rapidement le cadre de ces recherches.

On peut étudier dans une langue soit les sons, soit les formes grammaticales, soit les constructions, soit les mots. Les
mots eux-mêmes s'étudient soit dans leur variation de sens,
soit dans leurs procédés de formation.

a. Si nous considérons l'étude des sons, la phonétique, quel
est l'état de la prononciation moderne? Qu'est devenu l'accent d'intensité qui a exercé une action si puissante dans la
formation de notre langue, qui a créé le français? Quel est son
rôle présent, son degré de force? Quelle est la place qu'il occupe? Existe-t-il encore des diphthongues, et l'*i* de *bien*, l'*u*
de *puits* sont-ils encore des voyelles? *Toi* renferme-t-il une
consonne et une diphthongue (*t, oi*), ou deux consonnes arti-
culées et une voyelle (*t, w, a*)? Pourquoi l'*l* mouillée disparaît-elle? Quelles sont les consonnes qui s'éteignent, et dans
quels cas? Quelle est l'influence de l'orthographe sur la prononciation? Si l'on commence à prononcer *prom-pt-itude*,

dom-pt-er au lieu de *promtitude, donter,* pourquoi l'ancienne prononciation *le neuf mars, le cinq mai,* etc., commence-t elle à faire place au *neu mars,* au *cin mai?* Quelle modification a subie la liaison entre les mots? Telles sont, entre beaucoup d'autres, quelques-unes des questions que soulève la phonétique actuelle [1].

b. Passant aux formes grammaticales, il serait intéressant d'établir que la langue vivante ne forme plus de pluriel par l'addition d'une *s,* puisque la prononciation ne distingue plus le singulier du pluriel (*père = pèr', pères = pèr'*), et qu'à l'article d'ordinaire est dévolue la charge de faire cette distinction (*le père, les pères = le pèr' lé pèr'*); que le passé défini et l'imparfait du subjonctif ont disparu de la langue populaire; que, par suite d'altérations phonétiques, la prononciation tend à ramener les formes verbales à des thèmes; que dans la plupart des temps, quatre formes sur six: (*je*) *chante,* (*tu*) *chantes,* (*il*) *chante,* (*ils*) *chantent* [2], se ramènent à une forme unique *chant',* et que seules la première et la seconde personne du pluriel (*nous*) *chantons,* (*vous*) *chantez* conservent une ombre de flexion (*chant-on, chant-é*); que quatre fois sur six, dans la plupart des temps, les pronoms seuls servent à déterminer les personnes; bref, que le français descend ici à l'étage anglais.

Considérons encore la conjugaison populaire du verbe *aimer* et du verbe *être.*

VERBE aimer.

j'aime,	prononcé *j'èm',*
t'aimes,	*t'èm',*
il aime,	*il èm',*
nous aimons;	*nouz émon,*
vous aimez,	*vouz émé,*
ils aiment,	*iz èm'.*

1. Le consciencieux ouvrage de Malvin Cazal sur la prononciation française au dix-neuvième siècle est rempli d'observations minutieuses et sagaces. Il manque toutefois à cet ouvrage une connaissance plus approfondie de la physiologie des sons, et de l'histoire antérieure de la prononciation. Le livre est une statistique sèche que n'anime pas la vue historique.

2. Et de même à l'imparfait: *je chantais, tu chantais, il chantait, ils chantaient;* au conditionnel: *je chanterais, tu chanterais, il chanterait, ils chanteraient;* au présent du subjonctif: (*que*) *je chante, tu chantes, il chante, ils chantent.* Au passé défini et à l'imparfait du subjonctif, une forme sert en général à trois personnes.

VERBE *être.*

j' suis,	prononcé *ch' sui,*
t'es,	*t'è,*
il est,	*il è,*
nous sommes,	*nou sòm',*
vous êtes,	*vouz èt',*
ils sont,	*i son.*

Ne semble-t-il pas que dans *j'èm', t'èm'; ch' sui, t'è,* etc., il y ait un commencement de fusion du pronom avec le verbe? que le pronom devienne comme une flexion verbale, analogue, sinon par l'origine et par la place qu'elle occupe, du moins par la fonction qu'elle remplit, à celle que présentent les finales *-o, -s, -t* dans le latin *vide-o, vide-s, vide-t?* en un mot que, dans quatre formes sur six, le français, surtout dans les verbes commençant par une voyelle, passe à l'étage sémitique?

Arrivons à la conjugaison interrogative ou exclamative. En voici le paradigme dans la langue populaire.

VERBE *être.*

suis-je-ti?	prononcé *sui-j'-ti?*
es-tu ou *es-tu-ti?*	*è-tu* ou *è-tu-ti?*
est-il? est-elle ou *elle est-ti?*	*è-ti? è-t-èl'* ou *èl' è-ti?*
sommes-nous ou *sommes-nous-ti?*	*sòm'-nou* ou *sòm'-nou-ti?*
êtes-vous ou *êtes-vous-ti?*	*èt'-vou* ou *èt'-vou-ti?*
sont-ils? sont-elles ou *elles sont-ti?*	*son-ti? son-tèl'* ou *èl' son-ti?*

VERBE *aimer.*

j'aime-ti!	prononcé *j'èm'-ti!*
aimes-tu ou *aimes-tu-ti!*	*èm'-tu* ou *èm'-tu-ti!*
aime-t-il! aime-t-elle ou *elle aime-ti!*	*èm'-ti! èm'-t-èl'* ou *èl' èm'-ti!*
aimons-nous ou *aimons-nous-ti!*	*émon-nou* ou *émon-nou-ti!*
aimez-vous ou *aimez-vous-ti!*	*émé-vou* ou *émé-vou-ti!*
aiment-ils! aiment-elles ou *elles aiment-ti!*	*èm'-ti! èm'-t-èl'* ou *èlz èm'-ti*[1]*!*

1. « *Ti* ou *ty* est une enclitique qui s'ajoute à la seconde personne sing. ou plur. de n'importe quel temps, lorsqu'il y a interrogation : Veux-tu *ti?* voulez-vous *ty?*

D'où viennent ces formes monstrueuses : *sui-j'-ti? j'èm'-ti?
èl'-èm'-ti?* D'une action de l'analogie. *Est-il* se prononce *èi*,
et comme la forme directe *est* a le son *è*, le peuple analyse
èti, non en *èt + i*, mais en *è + ti; ti* devient donc le signe de
l'interrogation et se transporte d'abord aux formes comme
suis-je, où l'effacement du pronom enclitique *je* rend l'interrogation à peine sensible, puis aux autres formes. De même,
dans *aime-t-il = aime-ti, ti* se détache de *aime* et se reporte à
j'aime [1]. « La fille à Jérôme, ah! *je l'aime-ti!* » dit la chanson
populaire.

Cette conjugaison, si monstrueuse qu'elle soit, ne paraît
pas plus illégitime, à qui considère l'action invincible de l'a-
nalogie et les triomphes innombrables qu'elle a remportés
dans notre langue, que celle qui a tiré les formes, jadis barbares, devenues classiques, *j'aide, tu aides, il aide*, nous aidons, vous aidez, *ils aident*, des formes du moyen âge : *j'aiu,
tu aiues, il aiuet*, nous aidons, vous aidiez, *ils aiuent;* toutes
formes qui sont les représentants si fidèles et si corrects des
formes latines étymologiques : *aiúto, aiútas, aiútat, aiutámus,
aiutátis, aiútant.* Cette conjugaison barbare de la langue populaire est aussi naturelle que celle de l'italien classique qui
modèle la déclinaison de son pronom sur la conjugaison de
son verbe (*egli egli-no,* il eux; d'après *cánta cánta-no*); que
celle du portugais qui transporte à l'infinitif les flexions de la
conjugaison (*cantar-mos, cantar-des, cantar-em,* d'après l'archaïque *cante-mos, cante-des, cant-em* [2]); que celle du dialecte
messin, qui conjugue son infinitif négatif sur le modèle de
son impératif (*ne minjer me, ne minjanr me, ne minjeur me,*
d'après *minj, minjan, minjeu* [3]); que celle de l'anglais popu-

as-tu *ti?* avez-vous *ti?* irons-nous *ty?* viendras-tu *ti?* etc. Les exemples en sont
très-communs dans tous les écrits en langage populaire, depuis la Fronde jusqu'à
présent. » (Charles Nisard, *Étude sur le langage populaire ou patois de Pari*
et de sa banlieue, Paris, 1872, in-8°, p. 283). L'auteur a tort de restreindre cette
conjugaison à la seconde personne. Il donne lui-même comme exemple *irons-*
nous ty. — «Voulez-vous-t'y que je vous embrasse? » (A. Daudet, *Jack,* liv. I, ch. VII.)

1. *Aime-t-i*, on le sait, est l'archaïque *aimet-il,* c'est à-dire *amat ille.* Le français populaire *suis-je-ti, j'aime-ti* est donc étymologiquement le latin *sum-ego-*
(es)t-ille; ego amo-(a)t-ille!

2. Formes du subjonctif.

3. Le patois messin a un impératif négatif formé, comme l'italien, de l'infinitif,
accompagné de la négation : *ne minjer me* « ne manger mie, ne manger pas ».
c'est-à-dire ne mange pas. Cet infinitif *minjer* se conjugue sur le modèle de *minj*
« mange », *minjan,* « mangeons », *minjeu,* « mangez », et donne *ne minjanr me*
(ne pas manger nous), « ne mangeons pas »; *ne minjeur me* (ne pas manger vous)
« ne mangez pas ». — Voir E. Rolland, dans la *Romania,* V, p. 225.

laire qui de *ain't* « je ne suis pas », transformation phonétique de *I am not*, tire par analogie *you ain't*, « vous n'êtes pas », littéralement *you I am not*, « vous je ne suis pas »; *'tain't*, « ce n'est pas », littéralement *ce-ne suis pas*[1].

La théorie des pronoms, des démonstratifs, des mots invariables, la classification des conjugaisons, donneraient lieu à constater bien des phénomènes de même ordre.

c. L'étude de la syntaxe moderne reste à faire, et chaque point soulève des questions qui toutes ne se laissent pas encore résoudre. Suivant les règles de la grammaire, le participe passé construit avec l'auxiliaire *avoir* s'accorde, comme un attribut, avec son régime direct quand il en est précédé; suivant les lois de la langue, il doit être aujourd'hui invariable, parce que la langue n'y reconnaît plus un attribut, un adjectif, mais un verbe. L'ordre des mots de la proposition n'a pas encore été expliqué. Pourquoi, tandis que le dix-septième siècle disait : *il se va promener, je te dois écrire une lettre*, le dix-neuvième dit-il : *il va se promener, je dois t'écrire une lettre?* Pourquoi : *il nous le dit*, en plaçant *le* après le régime indirect, et *il le lui dit*, en le plaçant devant?

En regard des innovations de la syntaxe contemporaine, il serait intéressant de retrouver les débris de constructions antérieures disparues. Dans les formations du langage, les couches successives se superposent comme les strates dans le terrain neptunien, et de même qu'en géologie il arrive qu'un terrain primaire, perçant les couches supérieures, vienne affleurer à la surface du sol, ainsi, en linguistique, des restes de constructions primitives percent à travers les dépôts des formations nouvelles jusqu'aux temps les plus récents. Qui se douterait que cette expression *se nourrir de pain et d'eau* nous offre un fossile, mais *un fossile vivant*, qui remonte aux premiers temps de la langue? A l'origine, l'article partitif n'existant pas encore, on disait : *manger pain, boire eau; se nourrir avec pain et eau; vivre de pain et d'eau;* puis l'article partitif a pénétré dans toutes ces expressions : *manger du pain, boire de l'eau, se nourrir avec du pain et de l'eau;* mais l'instinct de l'euphonie se refusait à admettre *vivre de du pain et de de l'eau*, et sauva dans ce seul cas la construction archaïque de

1. L'anglais *say I*, « dis-je », sous l'influence de *says he*, « dit-il », est devenu dans la langue populaire *says I*, proprement « *dit-je* ».

la transformation qui atteignait les constructions analogues. Pourquoi disons-nous : *toute honteuse* et *tout interdite?* Pourquoi la vieille construction de Corneille et de Malherbe : *pour grands que* soient les rois, disparaît-elle, en ne se conservant que dans la locution *pour peu que?* Pourquoi le pronom *qui*, au sens du neutre absolu *quod* «ce qui»[1], ne se maintient-il que dans les expressions : *qui plus est, qui mieux est, qui pis est?*

d. Si l'on passe maintenant au matériel même de la langue, au lexique, quels sont les changements survenus dans le sens des mots et dans les procédés de formation? La première de ces études ne se fera pas de longtemps; car la science de la transformation des sens, cette science qui, le jour où elle sera fondée, fournira à la psychologie historique un instrument d'une incomparable puissance, cette science n'est pas encore constituée : elle n'existe pas. On ne s'est pas encore avisé d'étudier systématiquement le vocabulaire d'une langue de manière à suivre dans les changements de l'expression le mouvement de la pensée. La langue contemporaine fournira sans doute des faits nombreux à une étude de ce genre; mais tant que les principes de la science ne sont pas posés, elle ne peut guère qu'apporter des matériaux à une enquête plus vaste, sans faire l'objet d'une recherche se suffisant à elle-même.

e. Enfin il reste à parler des procédés au moyen desquels la langue crée des mots nouveaux. La langue moderne renouvelle-t-elle son vocabulaire, et par quels procédés? Quelle puissance possède-t-elle pour exprimer les idées nouvelles, les faits nouveaux? La force créatrice qui a produit le vocabulaire de la vieille langue et de la langue moderne est-elle toujours active, et dans quelle mesure?

C'est la question que nous nous proposons de résoudre dans le travail qui suit.

II

Tant qu'une langue est parlée par un peuple, c'est un organisme qui vit dans sa pensée et sur ses lèvres. Comme tout ce

____

1. « J'espère que nous en irons toutes ensemble, *quy* me fera fort grant plaisir. » (Marguerite d'Angoulême, *Lettres*, 97; édit. Génin, p. 278).

qui vit, elle se développe, elle change, et non-seulement sa prononciation, ses formes grammaticales, sa syntaxe, mais son lexique doivent subir d'incessantes transformations. Le français, langue parlée par trente-six millions d'hommes, langue *vivante*, doit donc poursuivre la série de ses évolutions naturelles, et ainsi avoir en lui-même les forces nécessaires pour les accomplir...

Aussi notre langue n'a jamais été fixée, pas plus par les chefs-d'œuvre de nos écrivains classiques au dix-septième siècle que par ceux de nos trouvères au douzième siècle et au treizième. « Les langues vulgaires se changent de siècle en siècle [1] », disait Estienne Pasquier vers 1590 ; « il escoule tous les jours de nos mains [2] » disait Montaigne, en parlant du français ; et cette mobilité de notre idiome dont se plaignaient également Vauquelin de la Fresnaye au seizième siècle [3], Pellisson [4] et Bossuet [5] au dix-septième, ne s'est pas arrêtée. La langue de *Zaïre* n'est plus celle du *Cid*, ni la langue d'*Hernani* celle de *Zaïre*. Ces modifications successives n'ont point cessé de frapper les écrivains, et, depuis l'époque classique, on entend des critiques et des grammairiens se plaindre du *néologisme* qui vient gâter la pureté de la langue, en même temps que d'autres, chose curieuse, déplorent sa pauvreté, son impuissance à créer des mots nouveaux, et accusent la délicatesse de cette « gueuse fière ».

Il ne sera pas inutile de jeter un coup d'œil sur cette histoire du néologisme.

1. *Lettres*, II, 12.

2. « Selon la variation continuelle qui a suivy le nostre (*nostre langage*) jusques a cette heure, qui peult espérer que sa forme presente soit en usage d'icy à cinquante ans? il escoule tous les jours de nos mains; et, depuis que je vis, s'est alteré de moitié. Nous disons qu'il est asture parfaict; autant en dict du sien chasque siècle. Je n'ay garde de l'en tenir là tant qu'il fuyra et s'ira difformant comme il faict. C'est aux bons et utiles escripts de le clouer à eulx. » (*Essais*, III, 19).

3.   Car depuis quarante ans desjà quatre ou cinq fois
     La façon a changé de parler en françois.

(Satires, t. I, p. 244; éd. Travers.)

4. « Nos auteurs les plus élégants et les plus polis deviennent barbares en peu d'années. » (*Histoire de l'Académie française*, III, *Travaux de l'Académie*; t. I, p. 114 de l'édit. Livet).

5. « Comment peut-on confier des actions immortelles à des langues toujours incertaines et toujours changeantes ; et la nôtre en particulier pouvoit-elle promettre l'immortalité, elle dont nous voyons tous les jours passer les beautés, et qui devenoit barbare à la France même dans le cours de peu d'années? » (*Discours de réception à l'Académie française*, 1671.)

Quand, en 1549, l'école de Ronsard s'éleva sur les ruines de l'école de Marot, elle se proposa, entre autres nouveautés, d'enrichir, d'*illustrer* la langue française, non pas, comme on le croit, en inondant le français de grec et de latin ; tout au contraire, Ronsard réagit contre les tendances des *rhétoriqueurs* et *latineurs*, Molinet, Cretin, André de la Vigne, J. Lemaire de Belges [1]. D'accord avec Geoffroy Tory et Rabelais pour livrer au ridicule les *écumeurs de latin* et les confrères de l'écolier limousin, il recommanda à ses disciples de cultiver la langue française et de mettre en œuvre toutes les ressources qu'elle peut trouver en elle-même [2]. Il les engagea à rejeter les mots grecs, latins, italiens, à n'admettre que des termes français ou de formation française, à recourir à la dérivation et à la composition, à restaurer les termes vieillis qui menaçaient de disparaître, à donner droit de cité aux mots dialectaux, aux termes de métier. La langue que Ronsard rêvait de créer pour la poésie française était une langue artificielle dans sa formation, mais toute française dans ses éléments. C'est par ces mêmes procédés de larges emprunts à toutes les sources nationales que Luther créait l'allemand littéraire, que Dante avait créé le *vulgaire illustre*, l'italien classique.

« Je suis d'advis, disait un des plus intelligents disciples de Ronsard, le président Pasquier [3], je suis d'advis que ceste pureté (*de notre langue*) n'est restrainte en un certain lieu ou païs, ains esparse par toute la France. Non que je vueille dire qu'en langage picard, normand, gascon, provençal, poitevin, angevin, ou tels autres, sejourne la pureté dont nous discourons. Mais tout ainsi que l'abeille volette sur une et autres fleurs dont elle forme son miel, aussi veux-je que ceux qui auront quelque asseurance de leur esprit, se donnent loy de fureter par toutes les autres langues de nostre France, et rapportent à nostre vulgaire tout ce qu'ils trouveront digne d'y estre approprié.... Je veux que celuy qui desire reluire par dessus les autres en

---

1. Voir plus bas, ch. XI, p. 72.

2. Voir l'*Art poétique* de Ronsard, la préface de la *Franciade* ; la préface que d'Aubigné a mise en tête de ses *Tragiques*, où il rappelle les recommandations de Ronsard de « défendre hardiment les vieux termes françois contre ces manants qui ne tiennent pas élégant ce qui n'est point escorché du latin et de l'italien. Tout cela est pour l'escolier limousin. » Cf. plus bas, ch. XI, et le *Tableau de la littérature et de la langue française au seizième siècle* de A. Darmesteter et A. Hatzfeld, partie I, II, 2 et partie II, I.

3. *Lettres*, II, 12. Œuvres complètes de Pasquier, éd. de 1723, t. II, col. 45 et suiv.

sa langue ne se fie tant en son bel esprit qu'il ne recueille et des modernes et des anciens, soit poëtes ou qui ont écrit en prose, toutes les belles fleurs qu'il pensera duire à l'illustration de sa langue... non pas pour nous rendre antiquitaires, d'autant que je suis d'advis qu'il faut fuir cela comme un banc ou escueil en pleine mer ; ains pour les transplanter entre nous, ny plus ny moins que le bon jardinier, sauvageon ou vieux arbre ente de greffes nouveaux qui rapportent des fruits souefs. Je veux encore que celuy même que je vous figure contemne nul quel qu'il soit en sa profession ; pour parler du faict militaire, qu'il haleine les capitaines et guerriers ; pour la chasse, les veneurs ; pour les finances, les thresoriers ; pour la pratique, les gens du palais ; voire jusques aux plus petits artisans en leurs arts et manufactures : car comme ainsi soit que chaque profession nourrisse diversement de bons esprits, aussi trouvent-ils en leur sujet des termes hardis dont la plume d'un homme bien écrivant scaura faire son profit en temps et lieu, et peut estre mieux à propos que celuy dont il les aura appris.... Qui suivra ceste voye, il attaindra, à mon jugement, à la perfection de nostre langue, laquelle bien mise en usage est pleine de mots capables de tous sujets. »

Si Ronsard et son école échouèrent dans leur entreprise, le vaste effort qu'ils avaient tenté ne resta point stérile. La langue de la seconde moitié du seizième siècle y gagna un caractère original. Rude, inculte, sans élégance, sans finesse, elle eut l'abondance, la richesse des métaphores, l'énergie pittoresque et expressive, familière et noble, brusque, vive, d'une variété infinie, œuvre savante, mais faite de matériaux populaires.

Mais, déjà à la fin du seizième siècle, et au commencement du dix-septième, les œuvres de Desportes, Duperron, Bertaut, Coeffeteau, marquent de nouvelles tendances dans la langue ; elle vise à l'élégance, au raffinement ; il se forme une aristocratie dans les mots. Avec Malherbe et Balzac triomphent des principes nouveaux. On soumet la langue à un minutieux travail d'épuration ; l'hôtel de Rambouillet s'ouvre, l'Académie se fonde, le règne des Précieuses commence. Sous l'influence des salons, de la cour, la langue s'épure ; on fixe la prononciation ; on décide du sort des particules ; on proscrit une partie du vocabulaire au nom de la noblesse et de l'élégance ; la langue de la cour fait loi, le *bel usage* a droit de vie et de

mort sur les mots[1]. Le *greffier* de cet usage fut Vaugelas qui,
quarante ans durant, se mit en devoir d'*écouter* et de juger le
langage de la cour. De ces observations faites avec soin et précision sortirent les *Remarques sur la langue françoise* (1647),
qui furent accueillies par les applaudissements à peu près
unanimes des lettrés[2]. Quelques rares partisans de la vieille
liberté du seizième siècle, Lamothe Le Vayer[3], Scipion Dupleix[4], protestèrent, mais en vain; la cause des puristes était
gagnée.

Un des premiers principes de la nouvelle école est de pro-
scrire la création des mots nouveaux. Le français cesse d'être
une langue ouverte : le lexique se ferme. « Puisque, dit Vaugelas dans la préface de ses *Remarques* (xi), puisque j'ai ré-
solu de traiter à fond toute la matière de l'usage, il faut voir
s'il est vrai, comme quelques-uns le croyent, qu'il y ait de
certains mots qui n'ont jamais été dits, et qui néanmoins ont
quelquefois bonne grace ; mais que tout consiste à les bien
placer. En voici un exemple d'un des plus beaux et des plus
ingénieux esprits de notre siècle, à qui il devroit bien être
permis d'inventer au moins quelques mots, puisqu'il est si
fertile et si heureux à inventer tant de belles choses en toutes
sortes de sujets, entre lesquels il y en a un d'une invention
admirable, où il a dit

> Dédale n'avait pas de ses rames plumeuses
> Encore traversé les ondes écumeuses.

Il a fait ce mot *plumeuses*, qui n'a jamais été dit en notre lan-

1. « Il y eut un gentilhomme qui dit hautement qu'il n'iroit point voir
M. de Montauzier, tandis que Mlle de Rambouillet y seroit, et qu'elle s'esvanouis-
soit quand elle entendoit un meschant mot. Un autre. en parlant à elle, hésita
longtemps sur le mot d'avoine, *avoine, avoine, avene*. « *Avoine, avoine*, dit-il,
« de par tous les diables ! on ne sçait comment parler céans. » (Tall. des Réaux
Historiettes, cv-cviii, M. et Mme de Montauzier; t. II, p. 53, de l'édit. de Mon-
merqué et P. Paris). — Voyez la *Comédie des Académistes* de Saint-Évremond, le
Rôle des présentations aux grands jours de l'éloquence françoise attribué à
Sorel, et la *Requête des Dictionnaires* de Ménage. Toutefois il faut tenir compte
des réponses très-justes que Pellisson fait à ces pamphlets dans son *Histoire de
l'Académie* (I, *Établissement de l'Académie*).
2. Pellisson, *Hist. de l'Acad. franç.* (édit. Livet), t. I, 113, 234; Furetière,
Nouv. allégor, 155; Ch. Sorel, *Bibl. franç.*, *Traité de la pureté de la L. fr.*, 19,
20; *De la connaissance des bons livres*, 51 ; cf. Baillet, *Jugements des savants*,
II, 655 ; Godeau, *Lettres*, p. 378-391 de l'édit. de 1713; etc.
3. Lamothe Le Vayer, *Lettre touchant les Remarques de la langue françoise*,
1647, in-8.
4. Scipion Dupleix, *La liberté de la langue françoise dans sa pureté, ou Dis-
cussion des Remarques de Vaugelas*, in-4, Paris, 1651.

gue[1] ; il est vrai que ce n'est pas un mot tout entier, mais seulement allongé, puisque d'un mot reçu *plume,* il a fait *plumeux,* suivant le conseil du poëte dont nous avons déjà parlé :

Licuit semperque licebit, etc.

Et certainement il l'a si bien placé que, s'il en faut recevoir quelqu'un, celui-ci mérite son passe-port. Mais avec tout cela je me contente de ne point blâmer ceux qui ont ces belles hardiesses, sans vouloir les imiter ni les conseiller aux autres, notre langue les souffrant moins que langue du monde et étant certain qu'on ne les sçauroit si bien mettre en œuvre que la pluspart ne les condamnent. *Il n'est permis à qui que ce soit de forre de nouveaux mots,* non pas même au Souverain ; de sorte que M. Pomponius Marcellus eut raison de reprendre Tibere d'en avoir fait un et de dire qu'il pouvoit bien donner le droit de bourgeoisie romaine aux hommes, mais non pas aux mots, son autorité ne s'étendant pas jusques-là. Ce n'est pas qu'il ne soit vrai que si quelqu'un en peut faire qui ait cours, il faut que ce soit un souverain, ou un favori, ou un principal ministre, non pas que de soi pas un des trois ait ce pouvoir, comme nous venons de dire avec ce grammairien romain ; mais cela se fait par accident, à cause que ces sortes de personnes ayant inventé un mot, les courtisans le recüeillent aussitôt et le disent si souvent que les autres le disent à leur imitation ; tellement qu'enfin il s'établit dans l'usage et est entendu de tout le monde ; car puisqu'on ne parle que pour être entendu et qu'un mot nouveau, quoique fait par un souverain, n'en est pas d'abord mieux entendu pour cela, il s'ensuit qu'il est aussi peu de mise et de service en son commencement, que si le dernier homme de ses États l'avoit fait. Enfin j'ai ouï dire à un grand homme qu'il est justement des mots comme des modes. Les sages ne se hazardent jamais à faire ni l'un ni l'autre ; mais si quelque téméraire ou quelque bizarre, pour ne pas lui donner un autre nom, en veut bien prendre le hazard, et qu'il soit si heureux, qu'un mot ou

1. Il s'agit de Des Marets de Saint-Sorlin. Malheureusement l'admiration de Vaugelas tombe à faux : « Cette observation (de Vaugelas) n'est pas véritable, d'Aubigné s'en estant servi (du mot *plumeux*) longtemps avant M. Des Marets dans son livre intitulé le *Baron de Féneste.* » (Ménage, *Observations sur la langue françoise,* I, *Additions et changements,* pour la page 341). D'Aubigné l'emploie également dans son *Histoire universelle,* III, 543 (Un vêtement sale et tout *plumeux*).

qu'une mode qu'il aura inventée, lui réussisse, alors les sages qui sçavent qu'il faut parler et s'habiller comme les autres, suivent non pas, à le bien prendre, ce que le téméraire a inventé, mais ce que l'usage a reçu ; et la bizarrerie est égale de vouloir faire des mots et des modes, ou de ne les vouloir pas recevoir après l'approbation publique. Il n'est donc pas vrai qu'il soit permis de faire des mots, si ce n'est qu'on veuille dire que ce que les sages ne doivent jamais faire soit permis. Cela s'entend des mots entiers [1] : car pour les mots allongez ou dérivez, c'est autre chose ; on les souffre quelquefois, comme j'ai dit, suivant le sens d'Horace et le bon exemple que j'en ai donné. »

Et ailleurs, à la remarque DXLV (*Du barbarisme*): « Il n'est jamais permis de faire de nouveaux mots, nonobstant cet oracle latin :

> Licuit semperque licebit,
> Signatum præsente nota producere verbum.

parce que cela est bon en la langue latine, et plus encore en la grecque, mais non pas en la nôtre, où jamais cette hardiesse n'a réussi à qui que ce soit, au moins en écrivant ; car en parlant on sait bien qu'il y a de certains mots que l'on peut former sur le champ, comme *brusqueté*, *inaction*, *impolitesse*, et d'ordinaire les verbaux qui se terminent en *ent*, comme *criement*, *pleurement*, *ronflement*, et encore n'est-ce qu'en raillerie. Outre que ce passage du poëte ne permet que d'étendre des mots qui sont déjà faits, et non pas d'en faire de tout nouveaux, qui est ce qui ne nous est point du tout permis, témoin le mauvais succès qu'ont eu tous les mots que Ronsard, M. du Vair et plusieurs autres grands personnages ont inventez, pensant enrichir notre langue. »

Ces principes allaient régir le dix-septième siècle. Vaugelas fit école ; à sa suite toute une série de grammairiens, le P. Bouhours, Ménage, Andry de Boisregard, Fr. des Caillères, L. Alemand, Delatouche, Th. Corneille, l'abbé Choisy, l'abbé Tallemand [2], etc., continuèrent l'œuvre d'épuration.

---

1. Vaugelas entend par là les mots empruntés directement au latin. Il distingue donc les dérivés français nouveaux qu'il est plus porté à tolérer, des mots entièrement latins dont il repousse l'introduction dans notre langue. Mais même cette tolérance qu'il affecte ici pour les mots *allongés*, la citation qui suit montre bien qu'elle est illusoire, et que Vaugelas proscrit dans la langue écrite tous mots nouveaux, même les dérivés de radicaux français.

2. Th. Corneille a réimprimé les Remarques de Vaugelas, en les faisant suivre .

Et cependant, au moment même où Vaugelas publiait ses *Remarques* et les imposait à la ville et à la cour qu'il faisait « la main haute obéir à ses lois, » déjà perçaient d'inconscientes révoltes. Je ne parle point de Martine, mais de ses maîtresses, qui, bien que fières de parler Vaugelas, n'en sont pas moins des rebelles. Les Précieuses, non pas celles de l'hôtel de Rambouillet, mais celles de la seconde génération, mettaient en circulation des mots nouveaux et nombre de métaphores hardies, raffinées, étranges, dont quelques-unes firent fortune[1]. Ce sont les Précieuses dont Somaize donna le dictionnaire, et que Molière livra aux risées du parterre. La cour, la ville, la province, applaudirent à l'exécution ; les Précieuses eurent beau se déguiser en *Illustres* ; avec Cathos et Madelon, elles succombèrent sous le ridicule.

A côté des Précieuses, une autre école défendait la même cause, une école bien différente dans ses allures et son caractère et dont le nom n'évoque guère le souvenir des vicomtes de Jodelet et des marquis de Mascarille. Je veux parler des solitaires de Port-Royal. Par leur éducation et leurs traditions, ils étaient portés à conserver la langue archaïque avec ses libertés et ses audaces, et le traducteur de l'*Imitation de Jésus-Christ*[2] s'était permis plus d'un néologisme que réprouvait le goût sévère du temps. On ne distingue pas assez, disait Nicole, les langues vivantes des mortes : « Dans celles ci l'usage ne change plus ; aussi le mot qui n'est pas bon selon l'ancien usage ne le peut plus devenir ; mais dans les autres, quelques fixées qu'elles semblent être, il est impossible qu'il n'arrive toujours quelque changement dans l'usage. Et ainsi ce qu'on ne trouve pas bon aujourd'hui, parce qu'il n'est pas

d'observations personnelles (1698). L'abbé Tallemand a publié des Remarques et décisions de l'Académie françoise sur la langue (1698). L'abbé Choisy a écrit un Journal de l'Académie françoise qu'a recuilli plus tard l'abbé d'Olivet dans ses Remarques sur la langue françoise (1791). Delatouche est un protestant qui se réfugia en Angleterre, à la révocation de l'Édit de Nantes, et qui composa un *Art de bien parler françois* en deux volumes (Amsterdam, 1696) : le premier est un recueil d'observations sur la grammaire ; le second sur la langue. Cet ouvrage a eu à l'étranger jusqu'à huit éditions. — Les ouvrages des autres auteurs ici nommés seront cités plus loin, dans le cours de cette étude.

1. *Tenir bureau d'esprit*; les yeux, *miroirs de l'âme*; *une taille élégante*; la poésie, *fille des dieux*; un poëte, *nourrisson des Muses*; *une vertu sévère*; *être sec de conversation*; *ces gens-là ont un procédé tout à fait irrégulier*, etc. — Quant aux mots nouveaux, ils n'ont pas duré : *délabyrinther les cheveux* (les démêler), une *quitterie* (séparation), un *alcôviste*, etc.

2. Lemaistre de Sacy, sous le pseudonyme de sieur du Beuil.

dans l'usage présent, deviendra bon dans quelque temps, parce que l'usage l'approuvera. Et ainsi rien n'est plus faux que la règle que M. de Vaugelas semble vouloir établir qu'on ne peut faire de nouveaux mots, puisqu'il reconnaît dans ses *Remarques* que quantité de mots qui n'étaient point autrefois en usage y sont devenus depuis. Il est donc avantageux, pour enrichir les langues vivantes, que des personnes judicieuses soient un peu plus hardies à se servir de nouveaux mots et de nouvelles phrases. Il y a bonheur et malheur. Les uns passent et d'autres ne passent pas. Mais les gens d'esprit doivent être plus portés à leur être favorables que contraires. C'est ce qui rend les langues belles et abondantes, comme il est arrivé de la grecque[1]. »

Ces théories hardies ne pouvaient passer inaperçues, surtout venant des jansénistes. Il y avait alors, parmi les disciples de Vaugelas, un écrivain ingénieux, raffiné, élégant, s'attachant plus à la politesse de l'expression qu'à la solidité du fond, écrivain de salon, bel esprit et puriste. C'est le P. Bouhours, de la Compagnie de Jésus. Après sa mort, il mérita d'entrer dans le *Temple du goût;* mais c'était pour suivre attentivement, le crayon à la main, Pascal et Bourdaloue s'entretenant sur le grand art de joindre l'éloquence au raisonnement, et pour marquer sur ses tablettes toutes les fautes de langage et toutes les négligences qui leur échappaient.

— Quittez, lui disait l'auteur de l'Anti-Lucrèce,

> Quittez d'un censeur pointilleux
> La pédantesque diligence.
> Aimons jusqu'aux défauts heureux
> De leur mâle et libre éloquence.
> J'aime mieux errer avec eux
> Que d'aller, censeur scrupuleux,
> Peser des mots dans ma balance[2].

Aux audaces des jansénistes, le jésuite puriste prit feu. M. de Sacy a osé écrire : « D'où viennent tous vos troubles, sinon des affections *immortifiées* de votre cœur? » *Immortifié,*

---

1. *Essais de morale ou Lettres écrites par Monsieur Nicole*, t. VIII (édition de 1715), p. 230, 231. Lettre xcx adressée à M. de la Chaize (*Filleau de la Chaise*), auteur d'une *Vie* de saint Louis (1688).

2. Voltaire eut, ce semble, un scrupule, et dans les variantes d'une des éditions de son *Temple du goût* mit cette réponse dans la bouche du P. Bouhours: « Permettez que je continue mes petites observations. Ce sont les grands hommes qu'il faut critiquer, de peur que les fautes qu'ils font contre les règles ne servent de règles aux petits écrivains. »

reprend le bon Père, c'est un mot de la façon dé ces messieurs aussi bien qu'*inexpérimenté, irréligieux, inallié, inalliable, incorrompu, inconvertible, intolérance, clairvoyance, inobservation, inattention, désoccupations, désoccuper, désaveugler, coronateur, insidiateur.* « A quoi l'on peut ajouter *elevement, abregement, brisement, dechirement, reserrement, attiedissement;* les adverbes *declarement, inexplicablement* et *incontestablement.* Car ils ne font point difficulté de faire des mots nouveaux, et ils prétendent même avoir ce droit là comme si des particuliers et des solitaires avaient une autorité que les rois mêmes n'ont pas [1]. »

Mais le P. Bouhours rencontra parmi les jansénistes un rude adversaire, l'académicien Barbier d'Aucourt. Les *Sentiments de Cléanthe sur les Entretiens d'Ariste* sont une vigoureuse réplique où l'ouvrage du père jésuite est soumis à une critique toujours impitoyable, rarement injuste. Il défend avec raison ces mots de *reserrement, déchirement, brisement, obscurcissement, attiédissement, enyvrement,* parce qu'ils expriment fortement les différents états du cœur humain, ce qui est le principal objet de la morale. Si quelques autres mots ne sont pas reconnus par l'usage, y a-t-il là sujet de raillerie et d'exclamation ? Des personnes habiles trouvent des mots nouveaux fort raisonnables, pleins de sens ; ils les proposent, les hasardent pour tâcher d'enrichir la langue. Y a-t-il là de quoi s'écrier publiquement, « Bon Dieu ! quelle façon de parler ! quel langage ! cela m'est insupportable ! [2] »

---

1. Entretiens d'Ariste, II. Cf. également les Doutes et les Remarques nouvelles sur la langue.

2. Sentiments de Cléanthe, p. 85. — L'abbé Villars répondit aux *Sentiments* par un *Traité de la délicatesse* (1671) qui ne mérite guère son titre, ni par le style, ni par le sentiment. L'écrivain janséniste lui répondit dans la seconde partie de ses *Sentiments* (1672) avec une véritable éloquence où l'on sent vibrer comme un écho de la langue des *Provinciales.* Il avait convaincu le P. Bouhours de plagiat, et montré que plusieurs pages de ses *Entretiens* sur la langue étaient volées à Est. Pasquier (*Recherches de la France*) et à Lelaboureur (*Avantages de la langue françoise sur la langue latine*). Villars essaya vainement de justifier le P. Bouhours : la forme du dialogue empêchait l'auteur des Entretiens de citer le nom de Pasquier: quant à M. Lelaboureur, dit modestement l'abbé Villars, « si j'estois en sa place, je me ferois beaucoup d'honneur dans le monde qu'un aussi bel esprit qu'est le P. B. eût trouvé dans quelqu'un de mes ouvrages quelque endroit assez beau pour être enchassé dans un livre aussi universellement estimé que le sont ses Entretiens. » (*Vous leur fîtes, seigneur, En les croquant, beaucoup d'honneur*). — « Toutes ces remarques, réplique Barbier, n'empêchent pas que le P. ne soit convaincu d'être plagiaire, et d'autant plus qu'il n'avait que trois ou quatre mots à dire pour ne l'être pas. Mais enfin il n'a pu réduire son orgueil à nommer trois ou quatre auteurs, de sorte que si l'on met cette faute avec celles

En dehors du cercle janséniste, le P. Bouhours eut à lutter contre un autre adversaire, Ménage[1]. La lutte fut vive et acharnée, et comme il arrive parfois des querelles entre grammairiens, elle servit plus souvent au divertissement du public qu'à son instruction : « Guerre civile, fort peu civile, » disaient les rieurs de la galerie[2]. Ménage a beau jeu de convaincre son adversaire d'ignorance, de prouver que la plupart de ses remarques sont contraires à l'esprit et à l'histoire de la langue. Bouhours riposte en se moquant des grotesques étymologies de Ménage. Celui-ci les défend avec une imperturbable assurance, et portant ensuite la question sur le droit de créer des mots nouveaux, proteste contre les décrets de proscription lancés par Vaugelas et son fidèle disciple : Ménage avait créé le mot *prosateur* et le faisait sonner haut. Mais est-ce au nom de la liberté de la langue qu'il fait entendre ses protestations? Ménage n'est pas homme à traiter la question dans le fond : il trouve plus facile et sans doute plus concluant de s'en référer aux autorités, et il accable son adversaire de citations de grammairiens latins, de Ronsard, de Du Bellay, et de l'inévitable

Licuit semperque licebit[3]...,

Toutes ces discussions sont théoriques. L'ouvrage de Fran-

qu'il a faites contre le style, le bon sens, la physique, la morale et la religion, on aura droit de conclure qu'il n'y eut jamais dans un livre tant de fierté avec tant de faiblesse ; et l'on peut lui appliquer justement ce mot de saint Jérôme : *Totus tumet, totus jacet.* »

1. *Observations sur la langue françoise,* 1672; deuxième partie, 1675. Entre les deux ouvrages avaient paru les *Doutes* et les *Nouvelles remarques* du P. Bouhours sur la langue française.

2. « Monsieur Ménage l'a pris aveuglément (*le parti de |Messieurs de Port-Royal*). Le P. Bouhours et lui se sont dit à ce sujet toutes les raisons et toutes les injures que l'on se pouvoit, raisonnablement ou non, dire de part et d'autre, et tout cela, qui le croiroit? sur de pures questions de langue; en sorte que si la guerre qui a esté entre les autres auteurs françois a esté civile, parce qu'elle estoit entre gens de mesme nation, on peut dire que la guerre qui a esté entre le P. Bouhours et M. Ménage, car ils sont à présent bons amis, a esté fort incivile par les manières choquantes avec lesquelles ils ont écrit l'un contre l'autre. » (*Nouvelles observations ou Guerres civiles des François sur la langue,* 1688, p. 20.) — L'ouvrage est de L. Alemand, avocat au parlement de Grenoble, qui publia en 1690 un recueil de *Nouvelles remarques* (posthumes) *de Vaugelas.*

3. Le P. Bouhours eut encore à combattre *Andry de Boisregard;* celui-ci avait publié en 1688 des *Réflexions et remarques critiques sur l'usage présent de la langue françoise* (par M. A. D. B.). Ces Réflexions soulevèrent les critiques du P. Bouhours (*Suite des Nouvelles remarques,* 1692), d'Alemand, et d'autres. Andry de Boisregard répliqua par sa *Suite des Réflexions critiques sur la langue* (1693).

çois des Caillères, *Des mots à la mode*[1], a un intérêt plus pratique. Il y raille certaines expressions nouvelles qui avaient cours parmi les gens du bel air : « Il y a canal; il y a caveau ; il y a toilette; il y a barbe, etc.; » c'est-à-dire : « La cour se divertit sur le canal ; on joue chez Monseigneur dans la petite chambre (appelée caveau); le Roy est à sa toilette; on fait la barbe à Monseigneur, etc. »; « Il chante à la perfection », au lieu de : « en perfection ». « Quand on est d'une certaine qualité », au lieu de « quand on est de qualité ». « Des personnes d'un gros relief », c'est-à-dire « d'une grande qualité »; un « gros » plaisir, une « grosse » santé. Jamais mot ne fut plus en vogue que *gros* à la fin du dix-septième siècle.

Le succès du petit livre de Fr. des Caillères fut si vif que Boursault porta cette satire sur la scène; il en fit sa comédie des *Mots à la mode*. « Un petit livre, dit-il, intitulé les Mots à la mode, que l'on vend chez Barbin, et qui a eu toute la réputation qu'il mérite, m'inspira la pensée de faire cette comédie. Quelque débit que ce livre ait eu, je crus qu'il ne feroit pas tout l'effet que son auteur s'étoit proposé, si l'on ne pesoit un peu plus sur ceux qui se rendent ridicules par des façons de parler aussi extravagantes que les personnes qui ont l'impertinence de les inventer; et je ne doutai point que, le théâtre étant un miroir plus grand que la boutique d'un libraire, ceux qui y venoient ne s'aperçussent mieux de leurs défauts[2]. »

La plupart des expressions relevées par des Caillères reparaissent dans la comédie de Boursault, avec quelques néologismes. Ces expressions, nées du caprice de la mode, n'ont pas eu plus de durée qu'elle; à peine si la langue en a gardé deux ou trois mots ou emplois nouveaux : *impolitesse, abdiquer* (au figuré), *aloi* (au figuré), *avoir du goût à quelque chose;* etc.

> A moins d'être du peuple, on ne dit point : ma femme,
> C'est une *impolitesse*[3] à faire rendre l'âme;

1. *Des mots à la mode et des nouvelles façons de parler*, Paris, 1692, in-12. L'ouvrage est anonyme. — En 1694, paraissait un autre livre de Fr. des Caillères, également anonyme : *Du bon et du mauvais usage dans les manières de s'exprimer; des façons de parler bourgeoises: Suitte des mots à la mode*, in-12. Cet ouvrage eut moins de succès que le précédent.

2. Avis au lecteur.

3. « Il y a des façons de parler élégantes qui servent à orner notre langue;... il y en a d'autres qui servent à l'enrichir, comme est le terme *impolitesse* qui

Cela sent son bourgeois du plus méchant *aloi*....
Pour peu qu'on ait de goût, au rang où je me vois,
On *abdique* aisément ce qu'on a de bourgeois....
Quoi que le nom de père ait de beau, de touchant,
Depuis un an ou deux cela *put* le marchand....
Vous nous offrez (*pour maris*) des gens d'une agréable allure,
Il nous faut des partis bien d'une autre *tournure*.
Puis-je prendre un époux, à moins que de son chef
Il ne soit noble, riche, et d'un *gros relief*?...
J'en sais (*des prétendants*) qui sous nos lois sont prêts à se ranger,
Faits comme une *peinture* et *jolis à manger;*
Au lieu que les amants dont vous faites l'ébauche
Ont un esprit si *louche!* un entretien si *gauche!*... etc., etc.

A l'époque où Boursault protestait contre ces emplois et contre ces mots nouveaux, La Bruyère, dans une page connue, regrette la perte ou la proscription de certains termes harmonieux, expressifs ou utiles : *ains, maint, moult, cil, heur, finer, fétoyer, ouvrer, souloir, poindre, ramentevoir, mauvaistié, huis, ost, prée*[1], etc., « tous mots qui pouvoient durer ensemble d'une égale beauté et rendre une langue plus abondante. » Qu'est-ce que la langue gagne à ces changements? demande La Bruyère. « Est-ce donc faire pour le progrès d'une langue que de déférer à l'usage? Seroit-il mieux de secouer le joug de son empire si despotique? Faudroit-il, dans une langue vivante, écouter la seule raison qui prévient les équivoques, suit la racine des mots, et le rapport qu'ils ont avec les langues originaires dont ils sont sortis, si la raison d'ailleurs veut qu'on suive l'usage[2]? »

La lutte des puristes et des néologues se poursuit au dixhuitième siècle.

En 1714, Fénelon déplore la pauvreté de la langue française : « Notre langue manque d'un grand nombre de mots et de phrases : il me semble même qu'on l'a gênée et appauvrie, depuis environ cent ans, en voulant la purifier. Il est vrai qu'elle étoit encore un peu informe et trop *verbeuse*. Mais le vieux langage se fait regretter, quand nous le retrouvons dans Marot, dans Amyot, dans le cardinal d'Ossat, dans les ouvrages les plus enjoués et dans les plus sérieux; il avoit je

commence à s'introduire heureusement; et je suis fort d'avis qu'on luy aide à faire fortune; car c'est un mot dont on a souvent besoin pour exprimer ce qui se passe parmi plusieurs de nos jeunes courtisans. » (Fr. des Caillères, *Des mots à la mode*, 2ᵉ édit., 1692, p. 43.)

1. Cf. plus bas, p. 35.
2. *Caractères, De quelques usages*, fin.

ne sais quoi de court, de naïf, de hardi, de vif et de passionné.
On a retranché, si je ne me trompe, plus de mots qu'on n'en
a introduit. D'ailleurs, je voudrois n'en perdre aucun et en
acquérir de nouveaux. Je voudrois autoriser tout terme qui
nous manque et qui a un son doux, sans danger d'équi-
voque.... ,

« Il faudroit que des personnes d'un goût et d'un discerne-
ment éprouvés choisissent les termes que nous devrions autoriser. Les mots latins paroîtroient les plus propres à être
choisis; les sons en sont doux; ils tiennent à d'autres mots
qui ont déjà pris racine dans notre fonds; l'oreille y est déjà
accoutumée. Ils n'ont plus qu'un pas à faire pour entrer chez
nous[1]. »

Onze ans après la *Lettre à l'Académie*, l'abbé Desfontaines,
mettant à exécution une idée de J.-B. Rousseau[2], faisait paraître son *Dictionnaire néologique*[3], ouvrage satirique où sont
ironiquement proposés à l'admiration publique les mots nouveaux, les métaphores nouvelles créées par les écrivains du
commencement du dix-huitième siècle. « Nous lisons les beaux
livres, mais faisons-nous attention aux choses précieuses qu'ils
renferment? Nous ne remarquons point les découvertes et les
enrichissemens de la langue, les expressions saillantes et les
constructions heureusement imaginées dont d'illustres écrivains ont depuis peu décoré leur style....

« La création des pensées est devenuë désormais impossible,
et notre esprit a beau penser, il ne travaille plus qu'en vieux.
Mais ce vieux sera neuf, ou du moins le semblera, si nous

1. *Lettre sur les occupations de l'Académie*, III, *Projet d'enrichir la lan-*
gue. Fénelon a mis en pratique les conseils qu'il donnait : « On dit que vous *per-*
grégues (pergræcamini) tous ensemble; les mœurs antiques pour les cènes ne
m'édifient pas. » (*Lettre à l'abbé de Langeron*, 12 oct. 1701.) — « N'allez ni à
Tulle ni à Sarlat.... Vous trouveriez des chemins *salébreux* et ennemis des roues. »
(*Lettre à l'abbé de Beaumont*, 1er juin 1714). Il faut avouer que ces néologismes
ne sont pas heureux.

2. « Il règne aujourd'hui dans le langage une affectation si puérile, que le jargon des *Précieuses* de Molière n'en a jamais approché. Le stile frivole et recher-
ché passe des caffés jusqu'aux tribunaux les plus graves; et si Dieu n'y met la
main, la Chaire des Prédicateurs sera bientôt infectée de la même contagion. Rien
ne peut mieux réussir à en préserver le public, que quelque ouvrage qui en fasse
sentir le ridicule; et pour cela il n'y a autre chose à faire que de lui présenter,
dans un Extrait fidèle, toutes ces phrases vuides et alambiquées, dont les nouveaux Scudéris de notre temps ont farci leurs ouvrages, même les sérieux. » (Lettre de Rousseau dans l'*Histoire littéraire de l'Europe*, La Haye; citée en tête
du Dictionnaire néologique.)

3. *Dictionnaire néologique à l'usage des Beaux-Esprits du siècle, avec l'éloge*
historique de Pantalon-Phébus, par un avocat de province

l'habillons de neuf, si nous sçavons le revêtir d'expressions rares, de mots heureusement hazardés et de tours d'élocution affranchis d'une certaine trivialité insipide, qui confond l'esprit sublime avec le rampant vulgaire.

« Mais, dira-t-on, il est interdit aux particuliers de s'ériger en créateurs de termes, et d'introduire dans le langage des façons de parler insolites? Sur quoi est fondée cette maxime? Sur un préjugé méprisable. Notre langue est fort différente de ce qu'elle étoit il y a cent ans. Elle a adopté une infinité de termes qui auparavant n'étoient pas connus. On a donc créé des mots dont nous nous servons aujourd'hui, comme s'ils étoient anciens; nous ne nous informons pas même de leur âge : notre langue en est devenuë plus riche et plus commode.

« Direz-vous que la langue Françoise est parfaite à présent, qu'elle renferme tous les mots nécessaires ou utiles, et qu'un enrichissement ultérieur ne feroit que la gâter? Ce dictionnaire fera voir clairement que ses besoins n'aguères étoient extrêmes, avant que les illustres auteurs que j'admire l'eussent soulagée par leurs brillantes largesses. J'ajoûte qu'elle est encore assez pauvre et que son indigence invite toutes les plumes à lui faire la charité. Car à qui appartient-il de faire des mots? Est-ce aux sçavans? Est-ce aux ignorans? Il me semble que c'est aux sçavans [1]. »

Voici quelques-uns des articles de ce dictionnaire :

« *Estomaquer* », expression qui a des grâces, surtout en vers (*Fable* III, *livre* v [de La Mothe], où il s'agit du Renard Prédicateur):

> C'est ainsi que *s'estomaquoit*
> Le Pythagore à longue queuë.
> Ses exclamations s'entendoient d'une lieuë,
> Et son zèle le suffoquoit.

« *Étrener*, au neutre. » Ce terme a toujours passé pour bas, et n'a été en usage que parmi les petits marchands en détail qui disent quelquefois : Je n'ai pas *étrené* de la semaine. Mais un fameux poëte ayant fait à cette expression l'honnéur de l'adopter, c'est à présent un mot élégant. Dans la fable 12 du ive livre, il dit :

> Et Minerve n'*étrena* pas.

1. *Dictionn. néolog.*, Préface.

« *Au travers* » : Un poëte célèbre dit bien ingénieusement (*Iliade*, livre III, p. 56) :

> Mais quand, *à la splendeur*, la fille de Léda
> *Au travers de la vieille* eut connu la déesse.

Connoître *à la splendeur* une déesse *au travers d'une vieille*, cela est bien dit. C'est ainsi qu'*au travers* d'un homme vanté, on connoît quelquefois, *à la splendeur de la critique*, un fort mauvais écrivain. »

Tel est le cadre de ce livre où l'auteur critique, souvent avec plus d'esprit que de jugement, tantôt la langue maniérée des Fontenelle et des La Mothe, leurs tournures raffinées, leurs métaphores forcées et désagréables, tantôt la manie du néologisme qui crée l'*érudit*, le *sentimenté*, le *sciencé*, etc. L'abbé Desfontaines mérita en cette occasion un demi-éloge de Voltaire : « Il parut, il y a quelques années, un Dictionnaire néologique dans lequel on montrait ces fautes dans tout leur ridicule. Mais malheureusement cet ouvrage, plus satirique que judicieux, était fait par un homme un peu grossier, qui n'avait ni assez de justesse dans l'esprit, ni assez d'équité pour ne pas mêler indifféremment les bonnes et les mauvaises critiques [1]. »

D'autres protestations s'élevèrent à côté de celles de l'abbé Desfontaines : celles de Goujet, de Laharpe, de Gresset ; enfin, et surtout, celles de Voltaire qui, tout en se plaignant de la délicatesse de la « gueuse fière », déplore les nouveautés qui déforment la langue : « Il me semble, dit-il, que lorsqu'on a eu dans un siècle une quantité suffisante de bons écrivains devenus classiques, il n'est plus guère permis d'employer d'autres expressions que les leurs, et qu'il faut leur donner le même sens, ou bien dans peu de temps le siècle présent n'entendrait plus le siècle passé [2]. »

« Cette envie de briller et de dire d'une manière nouvelle ce que les autres ont dit est la source des expressions nouvelles comme des pensées recherchées. Qui ne peut briller par une pensée veut se faire remarquer par un mot. Voilà pourquoi on a voulu, en dernier lieu, substituer *amabilités* au mot d'*agréments*, *négligemment* à *avec négligence*, *badiner les*

---

1. *Dictionnaire philosophique*, article *langue) française*; tout l'article est à lire.
2. *Ibid*

amours à *badiner avec les amours.* On a cent autres affecta-
tions de cette espèce. Si on continuait ainsi, la langue des Bossuet, des Racine, des Pascal, des Corneille, des Boileau, des
Fénelon, deviendrait bientôt surannée. Pourquoi éviter une
expression qui est d'usage, pour en introduire une qui dit
précisément la même chose ? Un mot nouveau n'est pardonna-
ble que quand il est absolument nécessaire, intelligible et so-
nore. On est obligé d'en créer en physique ; une nouvelle découverte, une nouvelle machine, exigent un nouveau mot :
mais fait-on de nouvelles découvertes dans le cœur humain ?
Y a-t-il une autre grandeur que celle de Corneille et de Bossuet ? Y a-t-il d'autres passions que celles qui ont été maniées
par Racine, effleurées par Quinault ? Y a-t-il une autre morale évangélique que celle du P. Bourdaloue ?

« Ceux qui accusent notre langue de n'être pas assez féconde doivent en effet trouver de la stérilité, mais c'est dans
eux-mêmes. *Res verba sequentur*[1]. »

Ici, comme ailleurs, Jean-Jacques est le contre-pied d'Arouet ;
il prend son parti du barbarisme avec son ton ordinaire de
sauvage dogmatique : « Ma première règle, à moi, qui ne me
soucie nullement de ce qu'on pensera de mon style, est de me
faire entendre. Toutes les fois qu'à l'aide de dix solécismes
je pourrai m'expliquer plus fortement ou plus clairement, je
ne balancerai jamais. Pourvu que je sois bien compris des
philosophes, je laisse volontiers les puristes courir après les
mots[2]. »

En 1770, Pons-Auguste Alletz recommence, après quarante-
quatre ans, l'œuvre de Desfontaines, mais sans esprit de satire ni de critique. Son *Dictionnaire des richesses de la langue*[3]
est une collection faite avec soin des néologismes, et surtout
des expressions figurées, des images nouvelles mises à la

---

1. *Dictionnaire philosophique*, au mot *Esprit*. Cf. également les Lettres à
l'abbé d'Olivet, 17 mars et 20 août 1761.

2. *Lettre sur une nouvelle réfutation*, t. I, p. 69 de l'édition Hachette, 13 vol.
in-12, 1865. — Ce que Rousseau dit en philosophe, saint Grégoire le disait en prê-
tre, dix siècles plus tôt. «Non metacismi collisionem fugio, non barbarismi con-
fusionem devito, situs motusque propositionum casusque servare contemno, quia
indignum vehementer existimo, ut verba cælestis oraculi restringam sub regulis
Donati. » (*Præf. Job*, I, 6.) Au fond, c'est l'avis de Martine qui le dit plus simplement que l'un et l'autre :

Quand on se fait entendre, on parle toujours bien.

3. *Dictionnaire des richesses de la langue françoise et du néologisme qui
s'y est introduit.* Paris, 1770, in-12. L'ouvrage est anonyme.

mode par les écrivains du dix-huitième siècle. « Depuis un demi-siècle, dit l'auteur, il s'est fait un changement considérable dans la langue ; quantité d'expressions qui n'étoient point en usage dans le dernier siècle se sont introduites, et elles ont si bien passé que ce n'est point être néologue que de s'en servir. Une infinité de métaphores qui auroient paru autrement trop hardies sont aujourd'hui en usage. »

En parcourant les cinq cents pages de ce livre, on voit combien on est loin de la langue classique de Racine et de Bossuet, et l'on ne peut s'empêcher de penser que l'abbé d'Olivet, à la même époque, s'abuse singulièrement quand, réduisant ce qui a vieilli dans la langue de Racine à un substantif et quelques particules, il conclut : « Je demande s'il y a là de quoi accuser la langue françoise d'aimer le changement. Car enfin, à remonter du jour où j'écris ceci (1767) jusqu'au temps où parurent les premières tragédies de Racine, nous avons un siècle révolu [1]. »

Cette prétendue immobilité de la langue n'empêchera pas l'auteur du *Méchant* de jeter, dix ans après, un cri d'alarme. Gresset, dans son discours de réception de M. Suard à l'Académie française (1777), déplore, en un style qui n'est plus celui de *Vert-Vert*, que « l'abus que fait du langage la dépravation qui nous gagne retranche de jour en jour à la langue française beaucoup de mots et de façons de s'exprimer dont on ne peut plus se servir impunément ; et les gens sensés, les gens vertueux seront bientôt réduits à ne pouvoir plus employer des termes du plus grand usage sans se voir arrêtés, interrompus, tournés en dérision par l'abus misérable de mots, les pitoyables équivoques si bêtement ingénieuses, les stupides allusions de ces demi-plaisants, de ces bouffons épais qui entendent grossièrement finesse à tout, et dont les plates gentillesses et la triste gaieté s'épanouissent dans la fange.

« Il s'en faut bien, messieurs, que ces pertes réelles de la langue soient compensées par ses modernes acquisitions. De quelles tristes richesses, inconnues il y a peu d'années, et de quelle ridicule bigarrure de noms ne se trouve-t-elle pas surchargée !

« Quel étrange idiome lui est associé par les délires du luxe et par les variations des fantaisies dans les meubles, les ha-

---

1. *Remarques sur Racine*, dans ses *Remarques sur la langue françoise* (1793), p. 245.

bits, les coiffures, les ragouts, les voitures! Quelle foule de termes nouveau-nés depuis l'*ottomane* jusqu'à la *chiffonnière*, depuis le *frac* et la *chenille* jusqu'au *caraco*, depuis les *baigneuses* jusqu'aux *iphigénies*, depuis le *cabriolet* et la *désobligeante*, jusqu'au *solo* et la *dormeuse!...* »

Gresset convient que le mal serait fort léger si les acquisitions nouvelles se bornaient à ces noms : « Ils iraient se ranger dans la classe de tous les mots techniques dont le dépôt littéraire de notre langue n'est point obligé de se charger (1) ; mais ce qu'il faut regretter, c'est l'abus d'expressions qui, « dénaturées aujourd'hui par un emploi qui leur est étranger, dégradent la langue française en lui ôtant sa justesse et sa précision.... A chaque instant, pour les choses les plus simples, les événements les plus indifférents, pour des misères, pour des riens, on se dit *charmé, pénétré, comblé, transporté, enchanté*, ou *désolé, excédé, confondu, désespéré, anéanti*, etc. »

Et Gresset, sur ce ton, continue ses doléances durant six ou huit pages. Qu'aviez-vous fait de votre plume, ô poëte de la *Chartreuse?*

Nous arrivons à la Révolution. Elle va mettre en circulation un nombre considérable de mots nouveaux appelés par la situation nouvelle, matérielle et morale. Il se publie alors divers Dictionnaires néologiques [1] qui sont avant tout des œuvres politiques, des écrits de combat.. Derrière ces mots nouveaux, ennemis et amis du nouvel ordre de choses attaquent ou défendent les choses nouvelles qu'ils expriment.

En 1794, paraît un livre d'un caractère tout différent qui ouvre la voie à toute une série de travaux du même genre. C'est l'œuvre d'un philologue qui propose aux écrivains un nombre considérable de mots nouveaux ; c'est le néologisme érigé en système. Le *Vocabulaire des nouveaux privatifs français* du savant Pougens [2] est une œuvre de travail et de science

---

1. Petit dictionnaire des grands hommes et des grandes choses qui ont rapport à la Révolution, par une société d'aristocrates. Paris, imprimerie de l'administration judiciaire, 1790. — Dictionnaire national et anecdotique pour servir à l'intelligence des mots dont notre langue s'est enrichie depuis la Révolution, etc...., par M. de l'Épithète, élève de feu M. Beauzée, à Politicopolis, chez les marchands de nouveauté, 1790. — Nouveau dictionnaire pour servir à l'intelligence des termes mis en vogue par la Révolution, dédié aux amis du Roy, de la religion et du sens commun, 1792. — Dictionnaire laconique, véridique et impartial, ou Étrennes aux démagogues..., l'an 3e de la prétendue liberté. — Dictionnaire néologique des hommes et des choses, Paris, an VIII, tome I (A-BE).

2. Ch. Pougens, *Vocabulaire de nouveaux privatifs français imités des*

où l'auteur réunit un millier de mots composés avec *dé* (*dés*), *dis*, *in*, *mé* (*més*), qu'il forme d'après l'analogie des mots de même famille existant déjà en français, ou des mêmes mots existant en latin, en italien, en espagnol ou même en allemand et en anglais. Le meilleur éloge qu'on puisse faire de ce livre est que la plupart de ces composés ont été consacrés par l'usage.

Ce que Pougens faisait pour une classe de mots, Mercier, l'auteur du *Tableau de Paris*, le tentait avec une singulière hardiesse, sur tout le domaine de la langue. Il y revendique le droit absolu au néologisme ; la seule règle qu'il s'impose est que les mots nouveaux ne violent pas les lois fondamentales de la langue, qu'ils soient conformes à l'analogie, qu'ils soient clairs. « La liberté en ce genre, quoique poussée un peu loin, est cent fois moins dangereuse que la gêne et la contrainte. » D'après ces principes, l'auteur propose une collection de mots nouveaux, les uns dus à des contemporains ; d'autres, en petit nombre, repris aux auteurs du seizième siècle et disparus de la langue ; la plupart créés par lui et accompagnés d'exemples de son invention, destinés à en marquer l'emploi. Il faut reconnaître que cette *Néologie*[1], à côté d'expressions téméraires et mal venues, en contient plus d'une bien frappée, énergique, nette, et qui a mérité de faire fortune.

Charles Pougens, en 1822, continue l'œuvre de Mercier et la sienne propre dans son *Archéologie française*[2]. C'est une collection de mots tombés en désuétude et qui méritent, selon Pougens, d'être rendus au langage moderne. Le choix est fait avec science et goût.

L'ouvrage de Mercier a un caractère littéraire ; ceux de Pougens un caractère scientifique. On n'en peut dire autant de ceux qui suivent.

En 1842, M. J. B. Richard, de Radonvilliers, publie un petit volume in-8° intitulé : « Enrichissement de la langue française, Dictionnaire de mots nouveaux, système d'éducation, pensées politiques, philosophiques, morales et sociales. »

---

angues latine, italienne, espagnole, portugaise, allemande et anglaise. Paris, 1794, in-8.

1. Mercier, *Néologie ou Vocabulaire des mots nouveaux*. Paris, 1801, 2 vol. in-8.

2. Ch. Pougens, *Archéologie française, ou Vocabulaire des mots anciens tombés en désuétude et propres à être restitués au langage moderne*, tome I, 1821 ; tome II, 1825 ; in-8.

L'auteur déclare dans l'avant-propos présenter au public un recueil de mots « pris dans les écrivains modernes, dans un grand nombre d'orateurs distingués, enfin, dans toutes les notabilités de la presse » Peut-être dans la liste qu'il publie quelques-uns sont, en effet, pris à des auteurs contemporains; mais la plupart offrent les traces évidentes de création personnelle. Après les articles l'auteur ajoute, en exemples, des réflexions d'un style qui lui appartient en propre[1].

La seconde édition a paru en 1845 sous le même titre[2], mais le sous-titre a disparu avec les exemples qui le justifiaient. L'auteur se reconnaît comme l'inventeur des mots proposés : il a voulu créer des mots nouveaux en suivant — ce dont on ne saurait trop le louer — les lois de l'analogie de la langue. Il termine son avant-propos par cette judicieuse observation :

« Dans une aussi grande quantité de mots nouveaux que celle que je présente, sans doute quelques-uns paraîtront d'abord durs, d'une prononciation peut-être difficile, et l'inhabitude elle-même ne contribuera pas peu à produire cet effet. Mais si on répète quelquefois seulement ces mots et si on considère leurs sens, ce qu'ils expriment, cet inconvénient disparaîtra vite, parce qu'ils seront dans l'esprit, et on se familiarisera avec eux aussitôt qu'on aura fait la part à l'inhabitude. »

Dans les *vingt mille* mots que M. Richard, de Radonvilliers, présente au lecteur et avec lesquels il l'engage à se familiariser, en dépit de *l'inhabitude*, près de *deux mille cinq cents* sont des privatifs nouveaux composés avec *dé;* l'auteur a préposé la particule négative à tous les mots du dictionnaire ; avec *re* l'auteur en compose environ *deux mille.* La méthode,

---

1. En voici un échantillon :

« *Abdération,* subst. fém.; action d'*abdérer,* de tenir caché, enseveli, de ne pas laisser connaître. » (*Abdérer,* d'où l'auteur tire *abdération, abdératif,* est le latin *abdere.*)

« *Abdératif, ive,* adj. qui est de l'*abdération,* qui concerne l'*abdération,* qui marque l'*abdération.* »

« Pour tout ce qui *actionne* par l'*invrai,* l'*a dératif* est un indispensable auxiliaire; car tous les faux ne conduiraient à rien s'ils n'étaient bien cachés, *impénétrabilisés.* On ne trompe jamais par la vérité; aussi toujours elle s'*inabdère* et s'*évidencie.* Mais le mensonge s'*abdère,* parce que son évidence, sa publicité, lui amèneraient tous les obstacles, toutes les sévérités, toutes les énergies, et toutes les justices de la vérité. »

2. Avec un petit changement dans le nom de l'auteur : en 1842, J. B. Richard, de Radonvilliers ; en 1845, J. B. Richard de Radonvilliers : néologisme par simple suppression de virgule, procédé assez commun dans l'onomastique contemporaine

comme l'on voit, est d'une simplicité parfaite, comme toutes les méthodes vraiment fécondes. Quelques-unes de ces créations sont d'une élégante originalité : *fléauser*, ce qui signifie : dévaster comme un fléau ; exemple : « la guerre *fléause* les peuples » ; *héréditariation* ; *s'amouréiser*, *amouréisation* ; *mauvaisujettisme*, *mauvaisujettiser*, *mauvaisujettisation*, *mauvaisujettisable* ; *immalpropreté*, mot indiquant la « qualité de ce qui n'est pas malpropre, de ce qui est propre », car deux négations se détruisent et valent une affirmation ; *maingratisable*, c'est-à-dire « qui est susceptible de prendre le penchant, le caractère de l'abbé Maingrat, de se livrer, comme lui, au viol, à l'assassinat de ses pénitentes ! »

Cette tentative passa inaperçue. De nos jours un publiciste, qui a été plus heureux sur d'autres domaines, a de nouveau enrichi le lexique français de quelques milliers de mots[1]. De son travail il n'a paru que quelques livraisons, l'auteur s'étant contenté de tracer un sillon et de marquer la voie. Espérons que les disciples viendront compléter l'œuvre du maître, et que la lettre A ne sera pas la seule à s'enorgueillir de ses nouvelles conquêtes : *amérissement*, *amérissabilité*, *assaillatif*, *affrayant*, *affligible*, etc.[2].

Il est inutile de faire observer que ces théoriciens du néologisme, en essayant d'épuiser systématiquement toute la série des barbarismes possibles, ne tombent que rarement sur des formes capables de naître. Ce n'est point dans ces collections que l'écrivain, à court d'expression, ira jamais chercher le barbarisme nécessaire ; il le créera de lui-même, sur le besoin de l'instant et sous l'action inconsciente de l'analogie. Ce n'est point dans ces œuvres artificielles et par suite monstrueuses qu'il faut étudier le néologisme ; c'est dans les œuvres réelles et vivantes, dans les barbarismes des écrivains et du peuple.

Les polémiques des deux siècles derniers se sont naturellement poursuivies dans le siècle présent, mais moins vives et moins continues. Jamais, cependant, le néologisme n'a été plus envahissant, et n'aurait dû, semble-t-il, provoquer une

---

1. Cinq mille mots logiquement inhérents à la langue française, omis par tous les dictionnaires et restitués par Alexandre Weil, Paris, 1873. — Il a paru quatre fascicules de cet ouvrage.

2. Au milieu d'assertions plus qu'originales, il faut noter d'excellentes observations telles que la suivante : « Tout mot qui n'est pas compris par les enfants et les femmes est mauvais et anti-national » (p. 72).

réaction plus énergique. Mais c'est que les conditions, d'un siècle à l'autre, ont changé ; une série de révolutions dans l'ordre politique, industriel et social, en jetant dans la circulation une infinité d'objets nouveaux et d'idées nouvelles, et sans cesse renouvelées, a fait éclater, sans résistance possible, les barrières anciennes du lexique.

Ces objets nouveaux et ces idées nouvelles doivent nécessairement se faire leurs noms. Nul mot existant dans la langue ancienne ne pouvait exprimer ce qu'expriment *mitrailleuse, porte-monnaie ; vélocipède, photographie, télégraphe ; square, tunnel ; réactionnaire, socialisme, nihiliste ; budget.*

A côté de ce néologisme de *choses,* néologisme nécessaire parce qu'il correspond à un objet réel, continue, comme dans les siècles précédents, ce qu'on peut appeler le néologisme d'expression, qui prétend fonder sa légitimité sur une analyse nouvelle des sentiments et des sensations.

Ce néologisme, dans son principe, n'est point propre à notre siècle, mais appartient à toute langue et à toute littérature savante. C'est lui que dénonce Desfontaines dans son *Dictionnaire,* contre lequel s'élève éloquemment Voltaire, quand il demande si l'on a fait de nouvelles découvertes dans le cœur humain. C'est ce néologisme qui domine dans le style de Fontenelle, de La Motte, et que Marivaux pousse à l'abus. Il a pris un singulier développement de nos jours où les vues vraies ou fausses, saines ou maladives, et les habitudes d'esprit plus profondes ou plus raffinées, amenées par le renouvellement des systèmes philosophiques, des théories scientifiques, de l'analyse psychologique, ont changé non le fond, éternel et immuable, des sentiments et des sensations qui font l'homme, mais leurs apparences, leurs formes, leurs jeux, leurs combinaisons. C'est ce néologisme qui caractérise la langue des écrivains romantiques, depuis Chateaubriand[1]. Les lignes suivantes de Th. Gautier sur le poëte des *Fleurs du mal* nous donnent l'expression de cette théorie[2] :

« Il aimait ce qu'on appelle improprement le style de décadence, et qui n'est autre chose que l'art arrivé à ce point de maturité extrême que déterminent à leurs soleils obliques les civilisations qui vieillissent : style ingénieux,

1. Surtout dans ses *Mémoires d'outre-tombe.*
2. En même temps qu'un exemple frappant de ce style malsain, *morbide,* qui est devenu l'idéal de la plus grande partie de nos poëtes (?) contemporains.

compliqué, savant, plein de nuances et de recherches, reculant toujours les bornes de la langue, empruntant à tous les vocabulaires techniques, prenant des couleurs à toutes les palettes, des notes à tous les claviers, s'efforçant à rendre la pensée dans ce qu'elle a de plus ineffable, et la forme en ses contours les plus vagues et les plus fuyants, écoutant pour les traduire les confidences subtiles de la névrose, les aveux de la passion vieillissante qui se déprave, et les hallucinations bizarres de l'idée fixe tournant à la folie ; le style de décadence est le dernier mot du verbe sommé de tout exprimer et poussé à l'extrême outrance. On peut rappeler, à propos de lui, la langue marbrée déjà des verdeurs de la décomposition et comme faisandée du bas-empire romain et les raffinements compliqués de l'école byzantine, dernière forme de l'art grec tombé en déliquescence ; mais tel est bien l'idiome nécessaire et fatal des peuples et des civilisations où la vie factice a remplacé la vie naturelle et développé chez l'homme des besoins inconnus Ce n'est pas chose aisée, d'ailleurs, que ce style méprisé des pédants, car il exprime des idées neuves avec des formes nouvelles et des mots qu'on n'a pas entendus encore. À l'encontre du style classique, il admet l'ombre, et dans cette ombre se meuvent confusément les larves des superstitions, les fantômes hagards de l'insomnie, les terreurs nocturnes, les remords qui tressaillent et se retournent au moindre bruit, les rêves monstrueux qu'arrête seule l'impuissance, les fantaisies obscures dont le jour s'étonnerait, et tout ce que l'âme, au fond de sa plus profonde et dernière caverne, recèle de ténébreux, de difforme et de vaguement horrible. On pense bien que les quatorze cents mots du dialecte racinien ne suffisent pas à l'auteur, qui s'est donné là rude tâche de rendre les idées et les choses modernes dans leur infinie complexité et leur multiple coloration [1]. »

Les mêmes idées, dans ce qu'elles ont de légitime, nous sont données par un autre écrivain bien supérieur en bon sens et en goût, et qui certes représente l'esprit français mieux que les enfants perdus du romantisme : « J'ai autrefois, dit Brillat-Savarin, entendu à l'Institut un discours fort gracieux sur le danger du néologisme et sur la nécessité de s'en tenir à notre langue telle qu'elle a été fixée par les auteurs du bon siècle.

1. *Étude sur Charles Baudelaire* en tête des Œuvres complètes de C. Baudelaire.

« Comme chimiste, je passai cette œuvre à la cornue; il n'en resta que ceci : *Nous avons si bien fait qu'il n'y a pas moyen de mieux faire, ni de faire autrement.* Or, j'ai vécu assez pour savoir que chaque génération en dit autant et que la génération suivante ne manque jamais de s'en moquer.

« D'ailleurs, comment les mots ne changeraient-ils pas, quand les mœurs et les idées éprouvent des modifications continuelles? *Si nous faisons les mêmes choses que les anciens, nous ne les faisons pas de la même manière;* et il est des pages entières dans quelques livres français qu'on ne pourrait traduire ni en latin, ni en grec. [1] »

Les protestations contre cette invasion du néologisme furent rares. La grande querelle littéraire du siècle porte ailleurs, sur une question d'esthétique, non sur la langue. Une voix néanmoins se fit entendre, celle de M. Viennet, qui le 14 août 1855, en séance solennelle de l'Institut, dénonça à Boileau, avec une verve mordante, les attentats des néologues :

> Il faut des noms nouveaux à ces nouveaux artistes,
> Ils se nomment entre eux *bohèmes, fantaisistes;*
> Ils ont, pour se louer, des termes inconnus
> Que la tour de Babel n'a pas même entendus....
> Chacun fait son argot, sa grammaire nouvelle,
> Chacun peut à son gré, sans crainte d'un revers,
> *Dégingander* sa prose et *déhancher* ses vers,
> *Barbariser* son style, *empenner* son génie
> Et, comme ses lecteurs, flouer la prosodie :
> Des critiques charmés viendront, le lendemain,
> Vanter de ses écrits le *lyrisme* et l'*entrain*....
>   Je maudis ces auteurs dont le vocabulaire
> Nous encombre de mots dont nous n'avons que faire;
> Qui sur de vains succès *basant* un fol orgueil,
> D'un œil ambitieux *fixent* notre fauteuil;
> Qui pour *utiliser* leur frivole existence
> Des corrupteurs du goût *activent* la licence,
> *Formulent* leur pensée en style de Purgon;
> Ou qui, gardant au cœur la foi de Saint-Simon,
> S'indignent que la femme à l'homme soit soumise,
> Demandent que l'État la *désubalternise*....
>   On n'entend que des mots à déchirer le fer :
> Le *railway*, le *tunnel*, le *ballast*, le *tender*,
> *Express, trucks* et *wagons;* une bouche française
> Semble broyer du verre ou mâcher de la braise....

1. *Physiologie du goût*, préface, p. 27 de l'édition Charpentier, 1847, in-12.

> Faut-il pour cimenter un merveilleux accord [1]
> Changer l'arène en *turf* et le plaisir en *sport*?
> Demander à des *clubs* l'aimable causerie?
> Flétrir du nom de *grooms* nos valets d'écurie,
> Traiter nos cavaliers de *gentlemen-riders*?
> Et de Racine enfin parodiant les vers,
> Montrer, au lieu de Phèdre, une lionne anglaise
> Qui dans un *handicap* ou dans un *steeple-chase*
> Suit de l'œil un *wagon* de *sportsmen* escorté
> Et fuyant sur le *turf* par un *truck* emporté?

L'*Épître à Boileau* eut un succès retentissant; on s'égaya pendant plusieurs semaines aux dépens du néologisme qui n'en mourut pas.

Pourquoi?

<h2 style="text-align:center">III</h2>

Les néologismes peuvent se diviser en deux classes suivant qu'ils désignent des faits *nouveaux*, objets ou idées, ou qu'ils désignent *autrement* des faits anciens.

Les faits nouveaux veulent des noms nouveaux: le néologisme en ce cas est, non-seulement légitime, mais nécessaire: tels sont *porte-monnaie, photographie, tramway, socialisme*.

Ces noms sont créés par des Français (ils sont alors formés d'éléments français, latins ou grecs), ou ils sont reçus des étrangers. Ils sont étrangers quand l'objet l'est lui-même; ils viennent et s'acclimatent avec lui.

M. Viennet déplore l'invasion anglaise; le français ne suffirait-il pas à dénommer les objets venus d'outre-Manche? Notre langue

> Sera-t-elle plus riche, alors que nos marins
> Auront du nom de *docks* baptisé leurs bassins?

Généralisons l'objection: pourquoi ne pas donner un nom français à l'objet étranger? Pourquoi ne pas dire *carré*, au lieu de *square* qui signifie proprement *carré*? *voiture* au lieu de *wagon* qui a absolument le même sens?

Nous touchons ici à un fait de psychologie du langage.

Le jardin anglais, importé en France, est un objet nouveau; on l'importe avec son nom; et ce nom, nouveau comme l'objet, frappe, comme lui, par sa nouveauté. Le peuple apprend l'un en même temps que l'autre; et le signe et la chose signifiée se

---

1. Entre la France et l'Angleterre.

gravent sans peine dans sa mémoire. A *square* essayez de substituer *carré*; ce mot, compris de tous, a des significations multiples; pour en faire le nom de l'objet nouveau, le peuple sera obligé de faire un travail intellectuel qui, par une extension dans la signification, approprie le mot à la chose; il faudra qu'il repasse par l'état d'esprit qui, chez nos voisins anglais, a donné à *square* sa signification spéciale. *Il y a là un effort intellectuel inutile*, et comme l'esprit d'instinct va droit au plus simple, comme la nature cherche à dépenser un *minimum* d'effort, le peuple trouve plus facile d'apprendre un mot inconnu avec l'objet nouveau dont il est le nom précis, l'expression adéquate, que d'ajouter à un mot connu et de compréhension déjà large une signification nouvelle.

Passons à la seconde sorte de néologisme : il consiste à substituer à un mot ancien, à une périphrase ancienne, un mot nouveau. Ce néologisme est soit littéraire, soit populaire, c'est-à-dire soit créé par les écrivains, soit créé par le peuple.

Le néologisme de l'écrivain est une création littéraire, consciente, et qui tend à une fin esthétique ; il relève des lois de la critique. Celui qui l'essaye doit pouvoir justifier la liberté qu'il a prise avec la langue. Autrement dit, il faut que le mot soit nécessaire dans la circonstance donnée, qu'il soit l'expression la plus nette ou la plus forte de l'idée à représenter. A cette condition, il sera pardonné; bien plus il méritera de durer et durera : c'est par des audaces de ce genre que nos grands écrivains ont enrichi la langue.

Parfois le néologisme littéraire est amené par l'ensemble de la phrase, l'enchaînement des idées et s'impose de lui-même. M. Villemain, dans la préface du *Dictionnaire de l'Académie* (édition de 1835), parlant des langues qui se constituent, se transforment et périssent suivant les lois qui règlent la vie des choses humaines, écrit la phrase suivante : « Dans une contrée de l'immobile Orient où nulle invasion n'a pénétré, où nulle barbarie n'a prévalu, une langue parvenue à sa perfection, s'est *déconstruite* et altérée d'elle-même, par la seule loi du changement, naturelle à l'esprit humain. » *Déconstruire* manque au *Dictionnaire de l'Académie;* il n'est pas admis par l'usage qui n'en sent point la nécessité *permanente;* et toutefois ici il est si bien amené par l'ensemble des idées qu'on le trouve tout naturel; c'est le seul terme propre et toute périphrase serait vicieuse. C'est un de ces mots éphémères qui naissent avec le

besoin instantané et meurent dès qu'il cesse; ce ne sont pas
des mort-nés ; ils ont vécu un moment et peuvent revivre avec
la circonstance qui les a créés.

Si le néologisme littéraire relève de la critique et lui doit
compte de ses créations, le néologisme populaire ne relève que
de lui-même, et c'est à la science à en rendre compte.

Les anciens l'avaient déjà reconnu : le peuple est souverain
en matière de langage : *Populus in sua potestate, singuli in
illius* [1], disait Varron, et avant lui Platon : *Le peuple est en matière de langue un très-excellent maître* [2]. Voltaire le constate
en le regrettant : « Il est triste qu'en fait de langues, comme
en d'autres usages plus importants, ce soit la populace qui
dirige les premiers d'une nation [3]. »

Le suffrage universel n'a pas toujours existé en politique;
il a existé de tout temps en matière de langue ; là le peuple est
tout-puissant, et il est infaillible, parce que ses erreurs, tôt ou
tard, font loi. Le langage en effet est une création naturelle et
non une construction rationnelle et logique. Les hommes,
pour communiquer entre eux leurs idées, recourent d'instinct
à un ensemble, à un système de signes naturels qui se modi-
fient sans cesse, dans le temps et dans l'espace, sous l'action
de lois physiologiques et de lois psychologiques; mais du moment que la plus grande partie des hommes se comprennent
à l'aide de ce système, celui-ci a rendu les services qu'on est
en droit de lui demander. Voilà pourquoi même les erreurs de
logique, les anomalies, du moment qu'elles sont acceptées
de tous, cessent d'être anomalies, et deviennent formes
légitimes de la pensée. Tel est le fondement du principe qu'au
pouvoir de l'usage seul est la règle du langage :

> Quem penes arbitrium est et jus et norma loquendi.

Mais cet usage varie sans cesse : *Consuetudo loquendi in
motu est* [4]. Ainsi notre langue, depuis les origines, a obéi à
certaines tendances qui ont transformé sa phonétique, ses
formes grammaticales, sa syntaxe, son lexique : sa phonétique,
sous l'influence permanente qu'a exercée le besoin d'une pro-

---

1. *De lingua latina*, IX, 6. Et plus loin : Ego populi consuetudinis non sum ut
dominus ; at ille meæ est
2. Τούτου μὲν (= τοῦ ἑλληνίζειν) ἀγαθοὶ διδάσκαλοι οἱ πολλοί, καὶ δικαίως ἐπαι-
νοῖντ' ἂν αὐτῶν εἰς διδασκαλίαν (*Alcibiades*, I).
3. Tome XVII, p. 212 de l'édition Hachette, 1866 (40 vol. in-12).
4. Varron, L. L. IX, 17.

nonciation plus rapide; ses formes grammaticales et sa syntaxe, sous l'action d'un esprit d'analyse qui lentement a désorganisé sa vieille construction à demi synthétique, héritage du latin, pour lui substituer une construction plus *logique* et toute raisonnée ; son lexique, sous l'action de cette vie, toujours mobile et changeante, de l'esprit acquérant sans cesse des idées nouvelles, apprenant des faits nouveaux, voyant et percevant les choses sous de nouveaux aspects.

Les transformations de ce dernier ordre, celles du lexique, autrement dit les néologismes, ont des causes aussi multiples, aussi infinies que les faits innombrables qui constituent la vie intellectuelle d'un peuple. Pour nous en tenir aux néologismes qui substituent de nouvelles expressions à d'anciennes qui tombent en désuétude, pourquoi, par exemple, *ainsi* a-t-il disparu devant *mais*, *moult* devant *beaucoup*, *planté* devant *abondance*, *choir* devant *tomber*, *heur* devant *événement*, *huis* devant *porte*, *chère* devant *visage*; *veer* devant *défendre*, *ost* devant *armée*, *restor* devant *restauration*, *navrer* devant *blesser*, etc.? Pourquoi *clore* disparaît-il à présent devant *fermer*, *faillir* devant *manquer*, *chaloir* devant *importer*, *fonder* devant *baser*, *aviver* devant *activer*, etc.[1] ?

Bien que chacun de ces faits ait sa cause spéciale et déterminante, toutefois, si l'on embrasse l'ensemble de ces transformations dans leurs successions historiques, on voit dominer une ou deux causes générales, dont les applications varient à l'infini, mais dont l'action paraît constante.

Le peuple veut une langue à la fois *expressive* et *claire*.

Il aime à s'exprimer par *images*; les mots qu'il emploie doi-

---

1.
         Depuis trente années,
On a, par diverses menées,
Banni des romans, des poulets,
Des lettres douces, des billets,
Des madrigaux, des élégies,
Des sonnets et des comédies,
Ces nobles mots : *moult, ains, jaçoit,*
Ores, adonc, maint, ainsi soit,
Atant, si que, piteux, icelle,
Trop plus, trop mieux, je quiers, isnelle,
Il ne m'en chaut, je n'en puis mais,
A grand randon, à toujours mais,
Mauvaistié, blandice, empirance,
Tollir, cuider, angoisse, usance,
Piéça, servant, illec, ainçois,
Comme étant de mauvais françois.
      (Ménage, *Requête des Dictionnaires.*)
Cf. plus haut, p. 19.

vent parler à l'*imagination* et représenter les objets par quelque caractère sensible, parce que c'est par quelque caractère sensible qu'il les perçoit. Une pièce d'or devient chez lui un *jaunet*, une pièce d'argent un *blanc*, une grosse montre un *oignon*, le balayeur des rues est un *peintre*. Mais la métaphore s'use à la longue. L'esprit ne voit plus dans le nom de la chose l'image où elle se peignait, mais la chose elle-même ; la *tête* n'est plus le tesson de-pot, *testa* ; c'est la tête, le chef. Le terme, ayant cessé d'être expressif, ne désignant plus une qualité spéciale, devient général, abstrait, et donne la représentation complète, adéquate de l'objet. Il faut donc que la métaphore usée se renouvelle ; le tesson fait place à la *boule*, à la *trogne*.

Dans la langue commune, même besoin de l'image, quoique plus effacée et plus discrète ; elle aussi aspire à la couleur et passe sans cesse de l'expression où elle s'est ternie, à celle où elle éclate et reluit ; et cela même dans l'expression des idées abstraites. Autrefois on disait *exprimer sa pensée* ; à présent, on commence à la *formuler*. Pourquoi? C'est que dans *exprimer* on ne sent plus la force première, étymologique du mot. *Exprimer sa pensée*, n'est plus la presser, la faire sortir par pression et la condenser dans des mots ; c'est simplement la faire connaître par des mots : le terme énonce le fait sans image, dans une nudité abstraite. Au lieu de l'*exprimer*, on la *formule*, c'est-à-dire qu'on la jette dans le moule d'une forme rigide, mathématique. La phrase où la pensée se *formule*, se détache devant l'imagination comme une ligne d'équation sur le tableau noir de l'algébriste. Mais il est évident que si l'expression est admise, elle finira peu à peu par s'user, deviendra le synonyme exact d'*exprimer sa pensée*, et fera place à une image nouvelle, sans fin et sans terme.

D'un autre côté, le langage doit exprimer les choses d'une façon *claire*, imposant peu de travail à l'esprit. Il arrive sans cesse que des mots, parents par l'étymologie et par le sens, et dont la parenté est visible par les ressemblances de la forme, se trouvent inégalement et diversement usés par l'action des lois phonétiques, de sorte que le lien réel qui les unit ne se marque plus dans le lien apparent de la forme. Par exemple, le rapport de *clore* à *clôture*, de *courbattre* à *courbaturer*, de *émouvoir* à *émotion*, ne paraît plus dans la forme d'une façon assez immédiate ; le peuple abandonne le verbe usé et le refait sur l'analogie du substantif : *clore* est remplacé par *clôturer*, *courbattre* par *courbaturer*, *émouvoir* par *émotionner*, etc.

C'est à ces causes qu'il faut, croyons-nous, rapporter les néologismes populaires : ils ont donc leur raison d'être, puisqu'ils reposent sur des besoins naturels de l'esprit. Mais, comme tout ce qui a vie, le langage est soumis à deux forces contraires, la force qui innove et, celle qui conserve; la marche du langage consiste à céder graduellement à la première en se laissant contenir par la seconde; autrement les transformations seraient trop promptes et les langues n'auraient plus d'unité.

C'est ce qu'on voit dans le passage du latin populaire aux langues romanes. Lors des invasions barbares, toute civilisation, toute tradition disparaît, les forces conservatrices du langage comme le reste; et l'idiome populaire, que rien ne contient plus, se précipite, si bien qu'en l'espace de trois ou quatre siècles il aboutit à des idiomes absolument nouveaux. Or cette transformation rapide est l'anarchie; puisqu'une langue ne peut se fixer, il faut du moins qu'elle change aussi lentement que possible. C'est à la langue littéraire qu'est réservé le rôle de conservatrice. Elle doit s'opposer aux néologismes populaires et ne les accepter que quand ils deviennent un fait universel. On disait autrefois : *il me souvient*, le peuple a dit : *je me souviens*, et la langue littéraire l'a répété après lui; aujourd'hui la langue littéraire *se rappelle* le passé; la langue populaire *se rappelle du* passé. La langue littéraire doit-elle l'imiter? Non, jusqu'au jour où l'académicien lui-même, dans l'abandon de la conversation familière, aura dit : « je m'*en* rappelle. »

IV

Le néologisme peut s'étudier de deux façons, dans ses causes et dans ses procédés de formation. La première étude intéresse l'historien et le psychologue : le psychologue, qui se demande pourquoi le mot ancien a cessé de marquer exactement l'idée ancienne, quel mouvement s'est accompli dans la pensée populaire; l'historien, qui recherche les changements matériels auxquels correspondent les néologismes de faits; chacun de ces mots nouveaux n'est que le signe et le produit d'un fait nouveau; c'est le retentissement de l'histoire dans la langue. Mais on conçoit qu'une pareille étude soit à la fois infinie et sans unité propre, au moins dans l'état actuel de cette partie de la science.

Les procédés de formation donnent lieu au contraire à une étude une et simple. Quels sont les procédés que met en œuvre la langue moderne pour enrichir ou renouveler son matériel? Quelle en est l'origine, le cercle d'action, la force relative? Quels sont les changements généraux que leur action a produits ou est en voie de produire dans le caractère de la langue française? Tel est l'objet de notre étude.

Elle comprend trois parties : dans la première, nous parlons de la formation française; dans la seconde, de la formation latine et grecque; dans la troisième, des emprunts faits aux langues étrangères modernes.

Ces trois parties correspondent à trois procédés différents d'enrichissement de la langue. Il est inutile de nous arrêter pour le moment au dernier; les deux autres demandent quelques mots d'explication.

La langue française, sortie du latin populaire, possède en elle-même un certain nombre de procédés de formation, par dérivation ou par composition, qui s'exercent sur des radicaux français. C'est ainsi que de *table* elle tire *tableau*, de *chaud*, *échauder* ; de *naître*, *naissance* ; de *poison*, *contre-poison*, etc. C'est la formation française proprement dite.

À côté de cette formation, il en existe une autre tout artificielle, qui consiste à emprunter des mots au latin et au grec, ou à tirer des dérivés et des composés de mots latins et grecs : tels sont *administration*, *légiste*, *géographie*, etc. Cette formation a été appelée *savante* par opposition à la première, qui a reçu le nom de formation *populaire*. Le terme de *formation savante* peut être juste; celui de *formation populaire* ne l'est pas, parce qu'il donne à entendre que cette sorte de formation appartient seulement au populaire, à la plèbe; en fait, elle appartient à toute la nation. Un lettré seul a pu créer *administration*, mais un lettré, comme un homme du peuple, a pu former le verbe *échauder*. Nous distinguerons donc les deux formations sous les noms de formation *française* et formation *latine et grecque*.

Comme il faut distinguer deux formations, il faut aussi distinguer deux langues, la langue littéraire ou commune, celle des livres, des classes élevées, de la bourgeoisie, et la langue populaire, celle de l'ouvrier, du paysan. La première, plus ou moins savante, s'apprend surtout par les grammaires, les livres; l'autre s'apprend par tradition orale.

La première a subi une forte action de la formation latine et grecque, qui chez elle a notablement restreint la formation française. La seconde, restée plus complétement à l'abri de cette influence étrangère, a maintenu la formation française avec plus de pureté et d'intégrité.

Pour étudier la formation française, nous devrons interroger la langue populaire; nous aurons donc à citer plus d'un mot qu'on s'étonnera peut-être de rencontrer dans une étude grave et sévère; mais il n'y a rien de vil dans la cité de la science; la science purifie tout ce qu'elle touche. La langue populaire, même dans ses créations les plus audacieuses et les plus grossières, relève de la philologie au même titre, bien mieux, à plus juste titre que la langue commune, et surtout que la langue littéraire; car c'est une formation plus naturelle et soumise à des lois plus stables et plus fixes, moins troublées par les hasards de la volonté et du parti pris.

Certains de nos exemples pourront passer pour de l'*argot*. Il nous arrivera même de citer parfois le livre de M. Lorédan Larchey, *Dictionnaire de l'argot parisien* [1]; mais il ne faut pas se tromper sur la signification de ce mot, qui, dans les limites mal déterminées de sa définition, renferme des ordres de faits absolument différents. Il importe de distinguer la langue populaire de l'argot.

L'argot est à proprement parler une langue de *convention*, une langue artificielle, qu'une certaine classe de la société — qui a d'excellentes raisons pour cela — crée afin d'échapper aux oreilles indiscrètes. Il échappe du même coup à la science, qui atteint seulement ce qui est soumis à des lois naturelles, et ne connaît pas des actes de la *volonté humaine*. Le véritable argot peut être considéré comme le modèle de cette langue de convention qu'ont rêvée des philosophes. On peut reconnaître l'argot français à ce trait que la plupart des mots qui le composent sont formés contrairement aux lois de la dérivation française, à l'aide de suffixes qu'elle n'a jamais connus : *mar, muche, anche*, etc.

Certains termes d'argot ont pénétré dans la langue populaire, tout comme y pénètrent des mots de formation latine ou grecque. Mais confondre la langue populaire avec l'argot parce qu'elle renferme des mots d'argot, c'est commettre la même erreur que si on la confondait avec la langue savante,

---

1. Sixième édition des *Excentricités du langage parisien*, 1872, ouvrage excellent, fait avec soin et précision. L'auteur toutefois aurait dû donner d'une façon plus complète les indications des exemples qu'il cite. L'ouvrage de M. Alfred Delvau, *Dictionnaire de la langue verte*, est de beaucoup inférieur.

sous prétexte que des mots savants y sont entrés[1]. La langue populaire est une forme de la langue française, et qui n'est pas des moins intéressantes.

Si l'argot ne rentre pas dans le cercle de nos recherches, la langue populaire y a sa place de droit. Nous devons l'étudier dans ses procédés de formation, et peut-être cette excursion au milieu d'un idiome qu'on n'apprend guère que par des livres spéciaux nous apportera plus d'un enseignement de haute valeur sur l'état et l'avenir de notre langue.

Avant d'entrer dans l'examen des faits, il est inutile de faire remarquer que nous ne prétendons pas donner la liste complète des néologismes, mais seulement étudier les procédés qui les produisent. Pour la même raison, nous n'avons pas eu à dépouiller toute la littérature moderne; les forces que nous étudions ne sont pas dans l'écrivain, mais dans la langue[2].

1. C'est cette distinction de l'argot et de la langue populaire que n'a pas faite l'auteur du *Dictionnaire de l'argot parisien*, qui confond dans son ouvrage tous les termes populaires, métaphores, locutions, termes spéciaux, avec les mots de convention de l'argot. M. Alfred Delvau, dans la préface de son *Dictionnaire de la langue verte*, va plus loin, et trouve autant d'argots parisiens que de classes, de professions, de corps d'état. C'est la même théorie qu'expose Victor Hugo dans le livre VII de la IVᵉ partie des *Misérables* (*l'Argot*). M. Delvau a été suivi et dépassé par un professeur allemand, M. L. Botzon qui, dans une grotesque *Étude*, écrite dans un style plus grotesque encore, *sur le langage actuel de Paris* (Francfort-sur-l'Oder, 1873, in-4), reconnaît dans le français parisien *deux cent quatre-vingt-quatre* argots différents !

2. Nous devons plusieurs indications bibliographiques à M. Ch. Marty-Laveaux, des exemples de néologisme à MM. Banquier et Wogue; qu'ils veuillent bien recevoir ici nos remercîments. Nous avons aussi tiré un grand profit des travaux de M. Franz Scholle sur la langue française. M. Scholle, un des plus éminents disciples de Fuchs, a rompu plus d'une lance en faveur des langues romanes et spécialement du français contre l'école germanique de Steinthal. Dans le *Programme* annuel de la « Dorotheenstædtische Realschule », il a publié une intéressante étude sur la question suivante : *Faut-il voir dans le changement de forme et de sens qu'ont subi les mots latins en passant au français une infériorité de cette langue* (Berlin, 1866, in-4), et chemin faisant, il montre par une liste de néologismes, *que les forces créatrices du français sont toujours actives*. Cet opuscule est le canevas d'un beau livre publié en 1869 par l'auteur, sous ce titre : « Sur le concept de langue fille, dans les langues romanes et spécialement en français » (écrit en allemand; Berlin, 1869). Préoccupé de cette question de l'énergie toujours vivante de notre langue, il a donné dans le tome XXXIX (p. 425-438) et dans le tome XLII (113-134) des *Archives* de Herrig (*Archiv für Studium der neueren Sprachen*) une collection assez étendue de néologismes, que nous avons mise à profit. Nous citons la première des trois études de M. Scholle sous le titre de *Programme*.

PREMIÈRE PARTIE.
FORMATION FRANÇAISE.

Les procédés d'origine française dont se sert la langue pour créer des mots nouveaux rentrent dans deux classes : la *dérivation* et la *composition*.

PREMIÈRE SECTION.
DÉRIVATION IMPROPRE.

La dérivation est *propre* ou *impropre* suivant qu'elle recourt ou non à des *suffixes*. *Herbette* de *herbe*, *lainage* de *laine*, sont des exemples de la dérivation *propre*; le substantif *appel*, tiré de l'infinitif *appeler*, l'adjectif *caressant, caressante*, tiré du participe présent *caressant*, sont des exemples de la dérivation *impropre*. Nous commençons par celle-ci, et nous examinons comment les diverses parties du discours peuvent fournir, sans addition de suffixes, des noms et des adjectifs.

CHAPITRE PREMIER.
SUBSTANTIFS.

La langue tire des substantifs, soit de noms propres, soit de noms communs, soit d'adjectifs, soit de verbes, soit de mots invariables.

§ 1. *Noms communs tirés de noms propres.*

1. Les noms propres, pour devenir communs, suivent des voies diverses. Tantôt ils passent par une sorte d'apposition : *un fusil Chassepot*; ici le nom propre est le déterminant d'un nom commun; celui-ci ensuite se sous-entend : *un chassepot*. Tantôt ils sont immédiatement transformés en noms communs : *un mac-farlane.* Quelquefois, et dans certains cas seulement, ils gardent leur forme primitive précédée de l'article féminin : *fusée à la Congrève; coiffure à la Titus, à la Fontange.* La préposition et l'article peuvent ensuite se supprimer : *une coiffure Fontange, une Fontange.* C'est par un procédé analogue qu'on dit, par exemple : *un style à la Chateaubriand, un style Chateaubriand*[1].

2. A toutes les époques, la langue a transformé des noms propres en noms communs : *assassin, besant, cordon(nier), esclave, galetas, renard, tournois,* etc., au moyen âge; *béguin, bicoque, calepin, cannibale, épagneul, espiègle, jarnac, lambin, gatelin, perse, pistolet, sarrasin, vaudeville,* etc., à la fin du moyen âge et au seizième siècle; *amphitryon, bougie, barême, cachemire, calicot, carcel, céladon, cravate, escobard, fontange, guinée, guillemet, mousseline, praline, quinquet, séide, silhouette, tartuffe,* etc., au dix-septième et au dix-huitième siècle.

3. La langue du dix-neuvième siècle n'est pas moins riche en formations de ce genre. La liste en est même plus considérable; c'est que le développement de l'industrie contemporaine met sans cesse en circulation le nom de nouvelles inventions et d'inventeurs nouveaux. D'autres noms, dus à la mode, à la vogue littéraire, peuvent avoir une vie aussi éphémère qu'éclatante, mais sans survivre aux idées et aux goûts de l'époque qui les a vus naître.

Noms d'inventeurs devenus noms des objets inventés :

bréguet, montre de précision.

chassepot; ce mot sera peut-être bientôt détrôné par celui de *gras.*

colichemarde « lame d'épée extrêmement large; elle ne peut guère servir que pour la parade. » (Mercier, *Néologie,* II, 359); corruption de *Königsmark.*

1. Cf. A. Darmesteter, *Traité de la formation des mots composés,* p. 205, et n. 2.

daumont, on dit aussi bien *une daumont* que *une voiture à la Daumont*. « Figurez-vous que nous menions en *daumont* à quatre chevaux ventre à terre, tout le temps. » (A. Daudet, *Jack*, III, § 7.)

gibus, ou *chapeau gibus* : « chapeau à forme pliante », comme le désigne l'inventeur (Description des brevets, 1ʳᵉ série, t. XLI, p. 187[1]; 23 juillet 1834).

giffard; injecteur pour machines à vapeur (voir *Littré*, supplément).

godillots, souliers de troupe; au fig., *un godillot*, un soldat novice.

massicot, machine à rogner les livres; altération de *Massignot*, nom de l'inventeur (Description des brevets, 1ʳᵉ série, t. LXX, p. 447).

raspail, « liqueur de Raspail », eau-de-vie.

> Ami, prends un sou de raspail
> Pour rincer de tes dents l'émail.
> *(La maison du Lapin-Blanc.)*

(Lorédan Larchey, *Dictionnaire de l'argot parisien*, au mot *raspail*).

rigollot, sorte de sinapisme.

ruolz et *maillechort*. Ce dernier mot est une bizarre combinaison de *Maillot* et *Chorier*, noms des deux inventeurs. *Ruolz* s'emploie au figuré dans la langue familière : « Une vertu en *ruolz*. »

> Cette altesse en *ruolz*, ce prince en chrysocale.
> (V. Hugo, *Châtiments*, III, 4.)

taconnet, képi des chasseurs d'Afrique.

4. Quelques personnages historiques ont fait entrer un instant leurs noms dans la langue. Sous la Révolution, les assignats de cent sous, signés *Corsets*, s'appelaient des *corsets*. A l'administration de M. de Rambuteau nous devons non-seulement la rue de Rambuteau, mais les colonnes également baptisées du nom de *Vespasiennes*. « Dans toutes les *colonnes Rambuteau*, le long du boulevard, une main malicieuse avait mis : « Mon cher Perrottin » (J. Vallès, *la*

---

1. 1ʳᵉ série. Description des machines et procédés pour lesquels des brevets ont été pris sous le régime de la loi de 1791. Paris, 1811 à 1863, in-4, 93 volumes pour les années 1791-1844. — 2ᵉ série. Description des machines et procédés pour lesquels des brevets d'invention ont été pris sous le régime de la loi du 5 juillet 1844. Paris, 1850-1876, in-4, 84 volumes pour les années 1844-1874.

Rue, les Galériens)[1]. Sous l'Empire, les *louis* d'or font place aux *napoléons*. Les *victorias* rappellent la reine d'une grande nation voisine. Le souvenir des *bolivars* et des *murillos* n'est pas encore entièrement effacé. « C'était le temps de la lutte de l'Amérique méridionale contre le roi d'Espagne, de Bolivar contre Murillo. Les chapeaux à petits bords étaient royalistes et se nommaient des *murillos;* les libéraux portaient des chapeaux à larges bords qui s'appelaient des *bolivars.* » (V. Hugo, dans Lorédan Larchey, *Argot parisien*).

Les noms géographiques fournissent un contingent important. A la fin du siècle dernier la guerre d'indépendance de l'Amérique nous envoie le jeu de *boston;* sous le premier Empire paraissent les *pékins*[2]. Les *cotrets* nous viennent, dit-on, de *Villers-Cotterets.* Les draps de *Louviers,* d'*Elbeuf*, ont conquis la faveur populaire : « En beau linge, en fin *louviers.* » (L. Desnoyers, *les Béotiens de Paris*). « Si l'étoile de mérite n'orne pas mon *elbeuf* usé. » (Festeau, dans L. Larchey, *Argot parisien*). Combien d'aliments, fruits, boissons, denrées, etc., portent dans leur nom leur état civil : les *neufchâtels*, le *cognac*, le *brie*, le *gruyère*, la *quessoy*, la *montmorency*, le *fontainebleau*, la *valence*, etc.

La littérature n'est pas moins féconde. Les *riflards* nous viennent d'une pièce de Picard, la *Petite ville* (1801), où le personnage *Riflard* était armé d'un énorme parapluie. *Chauvin* a d'abord été, au temps de la Restauration, un type de caricatures populaires. En 1825, « un libéralisme plus large commença à se moquer de ces éloges donnés aux Français par des Français, de ces railleries lancées par les Français contre des étrangers. Charlet, en créant le conscrit *Chauvin*, fit justice de ces niaiseries de l'opinion. » (A. Jal, *Paris moderne*, 1834, dans L. Larchey). Des *Mystères de Paris*, d'Eugène Suë, est sorti le populaire *pipelet*. Nestor Roqueplan, en 1841, baptise du nom de *lorettes* certaines habitantes du quartier de Notre-Dame-de-Lorette[3].

> La grisette, doux rêve! Elle avait ses apôtres,
> Balzac et Gavarni mentaient comme les autres;
> Mais un jour Roqueplan, s'étant mis à l'affût,
> Fit un mot de génie, et la *lorette* fut!
>
> (Th. de Banville, *Évoé, Sat.* v, 1866.)

1. Voir sur ce mot le *Courrier de Vaugelas*, 1872, n° 13.
2. Sur l'origine de ce mot, voir le *Courrier de Vaugelas*, 1871, n° 5.
3. Voir Roqueplan, *Nouvelles à la main.*

C'est dans les *Scènes populaires* d'Henry Monnier que paraît pour la première fois le maître d'écriture célèbre sous le nom de *Joseph Prudhomme*[1]. En 1850, Gustave Nadaud, dans sa jolie chanson des *Deux Gendarmes*, met à la mode le nom de *Pandore*[2] :

> Brigadier, répondit *Pandore*,
> Brigadier, vous avez raison.

« La ville, l'autorité, l'État, apparaissent sous la forme de deux *Pandores* alsaciens qui vont à pied, deux à deux, en regardant dans les fossés, derrière la haie. » (J. Vallès, *la Rue*, *Le dernier soir*). En 1854, les *Parisiens* de Th. Barrière nous enrichissent des *gandins*[3]. A l'auteur des *Misérables* on doit le *gavroche*. Le *Calino* date de 1858 où une pièce de Th. Barrière et d'Antoine Fouchery le mit à la mode[4]. La *Famille Benoiton* de Sardou (1866) a fait souche : une *Benoiton*, une *toilette benoitonne*, *benoitonner*, *benoitonnerie*.

Rappelons encore quelques créations bizarres dans cet ordre de faits. Lors de la fondation de l'École polytechnique, l'infortuné époux de Jocaste, *Laïus* ayant inauguré la série des compositions françaises, a donné son nom aux exercices de style dans les écoles militaires, et de là ce nom est passé dans la langue de nos lycéens. Le mot *capharnaüm*, qui manque au Dictionnaire de l'Académie de 1835, et au dictionnaire de N. Landais de 1836, vient en droite ligne de l'Évangile (*Ev. de S. Marc*, II, 2).

Ces exemples, qu'on pourrait multiplier, suffisent à montrer l'activité de la langue dans les créations de ce genre.

§ 2. *Noms communs tirés de noms communs.*

Les noms communs forment des mots nouveaux soit par changement de sens, soit par changement de genre. Les changements de sens n'entrent pas dans notre étude[5], nous ne nous

---

1. Lire les ingénieuses réflexions de M. Fr. Sarcey sur ce nom de Prudhomme : *Le mot et la chose*; *Prudhomme*.

2. Le *Pandore* de Nadaud n'est-il pas un souvenir des *Pandours*?

3. *Gandin* est le nom d'un élégant; peut-être l'auteur a-t-il songé, en créant ce nom, au boulevard de *Gand*.

4. Le personnage qu'ils portaient sur la scène du Vaudeville était d'ailleurs depuis longtemps légendaire parmi les peintres et les sculpteurs parisiens. Voir le *Courrier de Vaugelas*, 1874, n° 4 et 1876, n° 20.

5. Voir plus haut, p. 7.

y arrêterons pas. Quant aux changements de genre, les exemples intéressants sont peu nombreux.

On a récemment donné le nom de *tribun* à l'employé qui, dans certaines maisons de commerce, siége à la *tribune* ou estrade. Ici le masculin dérive du féminin, et ce *tribun* n'a plus qu'un rapport éloigné de parenté avec le *tribun* du peuple. Dans certains magasins, l'employé qui tient les livres à la tribune est une femme; bientôt à côté du *tribun* on aura aussi la *tribune*.

Des substantifs masculins on tire facilement des féminins; cette formation n'a rien que de normal; citons seulement un exemple : dans les ateliers de typographie, les ouvriers s'appellent des *typos*, les ouvrières des *typotes*[1]; ce féminin est formé sur l'analogie de *Charlot, Charlotte*.

Au siècle dernier, ce semble, de *vaurien* on a fait *vaurienne*, par abus, dit M. Littré, « comme si *vaurien* était un adjectif en *ien*. » Y a-t-il eu abus ? Nullement. Quand on a tiré le féminin du masculin, *vaurien* avait déjà perdu sa signification étymologique de *vau et rien (vale nihil)*; devenu substantif, avec la signification beaucoup plus vague de personne corrompue, il a pu avoir un féminin qui ne pouvait être que *vaurienne*. C'est ainsi que *fainéant* a donné *fainéante* qui étymologiquement est barbare, puisque *fainéant* se décompose en *fai néant*=*fac nihil*.

§ 3. Noms communs tirés d'adjectifs.

Les exemples d'adjectifs pris substantivement abondent dans l'histoire de la langue. Notre époque en a vu créer un nombre considérable. Tantôt ils désignent des personnes : *les conservateurs, les réactionnaires, les révolutionnaires; les alliés; les ruraux; les romantiques, les chevelus; les fédérés, les Versaillais; les manifestants; les Parnassiens; les déclassés, les crevés, les petits crevés*, etc.; tantôt des choses : *un périodique*, c'est-à-dire *un journal périodique; un imperméable*, c'est-à-dire *un pardessus imperméable; un ordinaire*, c'est-à-dire *un diner ordinaire* (bouillon et bœuf); *le brutal* (le canon); *la royale* (coupe de la moustache), *l'impériale* (barbiche), *l'impériale* (des

---

1. Boutmy, *Les Typographes parisiens, avec un Dictionnaire de la langue verte typographique*, in-8, 1874.

omnibus); *l'Internationale, la Marseillaise, la Citoyenne, la Brabançonne* [1].

La *garde nationale*, la *garde mobile* ont donné les masculins *gardes nationaux, gardes mobiles* (d'où, par simplification, *les mobiles*). L'*armée territoriale* vient de donner directement naissance aux *territoriaux*, sans passer par l'intermédiaire d'un adjectif masculin.

Il est une formation de noms tirés d'adjectifs en *eur, euse*, qui a un caractère tout à fait populaire, et qui donne à la nomenclature des arts et métiers de nombreuses dénominations. Ainsi, de nos jours, on a créé les substantifs suivants :

brindilleur, machine inventée en 1847 (Description des brevets, 2ᵉ série; t. XIII, p. 92).

condenseur : « appareil pour la fabrication des produits chimiques. » (Descript. des brev., 1846; 2ᵉ série; table pour le t. VIII, p. 27).

décortiqueur : « appareil pour enlever l'écorce de certains produits. » (Descript. des brev., 1846; 2ᵉ série; t. IX, p. 242).

diviseur, « instrument propre à diviser les racines, tubercules, etc., servant à la nourriture des animaux. » (Descript. des brev., 1834; 1ʳᵉ série; t. XXXVIII, p. 357).

embatteur : « machine dite *embatteur* des roues. » (Descript. des brev., 1832; t. XXXII, p. 305).

enrayeur, sorte de galet (Descript. des brev., 1845; 2ᵉ série; t. VII, p. 44).

folioteur, appareil propre à *folioter* les pages des registres, etc.

macérateur : « appareil dit *macérateur* continu, à effet constant, propre à extraire, sous l'action de la presse, la totalité du suc des fruits, et notamment de la betterave. » (Descript. des brev., 1835; 1ʳᵉ série; t. XXXVI, p. 307).

numéroteur, appareil propre à marquer de numéros d'ordre des papiers, etc.

---

1. Il est inutile de signaler l'emploi de l'adjectif pris absolument ou au neutre comme substantif :

> Au fond de l'*immanent* et de l'*illimité*.
> (V. Hugo, *Légende des siècles, La trompette du jugement*.)

> Insatiablement avide
> De l'*obscur* et de l'*incertain*.
> (Baudelaire, *Fleurs du mal*, LXXXIV.)

pétrisseur : « *pétrisseur* mécanique. » (Descript. des brev., 2ᵉ série, t. X, p. 216).

réducteur : « appareil distillateur, dit *réducteur*, propre à réduire le titre de l'esprit-de-vin. » (Descript. des brev., 1813 ; 1ʳᵉ série ; t. X, p. 91).

vérificateur : « appareil dit *vérificateur*, et qui a pour objet d'intercepter le contact de l'air avec le vin, etc. » (Descript. des brev., 1828 ; 1ʳᵉ série ; t. XXVI, p. 5).

balayeuse, machine dite « *balayeuse* des rues » (Descript. des brev., 1835 ; 1ʳᵉ série ; t. XLIII, p. 54) ; « *balayeuses* mécaniques » (Bottin, Annuaire du Commerce, 1875, p. 682).

barboteuse, machine employée dans le blanchissage.

batteuse, machine employée à battre le blé.

broyeuse : « *broyeuses* à plâtre, matières dures, etc. » (Bottin, 1875, p. 1322).

couseuses : « *couseuses* mécaniques. » (Bottin, 1875, p. 888).

couveuse : « *couveuse* artificielle. » (Descript. des brev., 1850 ; 2ᵉ série ; t. XVIII, p. 176).

débourreuse : « *débourreuse* mécanique. » (Descript. des brev., 1849 ; 2ᵉ série ; t. XVI, p. 120).

découpeuse : « machine dite *découpeuse*, propre à découper les châles, bordures et autres tissus brochés. » (Descript. des brev., 1829 ; 1ʳᵉ série ; t. XL, p. 398).

décrotteuse : « brosses minérales dites *décrotteuses*. » (Descrip. des brev., 1844 ; 1ʳᵉ série ; t. XL, p. 445).

délisseuse : « machine à diviser les chiffons, dite *délisseuse* mécanique. » (Descript. des brev., 1834 ; 1ʳᵉ série ; t. XXXV, p. 128).

épentisseuse : « machine appelée *épentisseuse*, destinée à dégager les tissus de toute espèce de nœuds, vrilles et autres aspérités. » (Descript. des brev., 1826 ; 1ʳᵉ série ; t. XXVI, p. 129).

épinceteuse : « *épinceteuse* mécanique, mécanisme propre, par l'application de pièces mouvantes, à remplacer l'épince-tage manuel dans la fabrique des étoffes et des tissus de toute espèce. » (Descript. des brev., 1825 ; 1ʳᵉ série ; t. XIX, p. 248).

égreneuse (Bottin, 1875, p. 713).

étoffeuse, voir *gratteuse*.

faucheuse, machine à faucher.

finisseuse, « machine à tondre les draps, dite *finisseuse*. » (Descript. des brev., 1828 ; 1ʳᵉ série ; t. XXXVIII, p. 198).

glaneuse (Descript. des brev., 1840 ; 1re série ; t. LII, p. 449).

gratteuse, machines dites « *gratteuses* ou *étoffeuses*. » (Descript. des brev., 1829 ; 1re série ; t. XXVIII, p. 104).

laineuse, « machine à lainer ou garnir les draps, dite *laineuse* à double effet. » (Descript. des brev., 1824 ; 1re série ; t. XVIII, p. 173).

laveuse, machine employée dans les filatures (Descript. des brev., 1845 ; 2e série ; t. IV, p. 93).

moissonneuse : « mécanique, *moissonneuse* destinée à couper le blé, etc. » (Descript. des brev., 1834 ; 1re série ; t. XXXV, p. 315).

mitrailleuse, « nom récemment donné à une bouche à feu dite aussi canon à balles, qui peut, à l'aide d'un mécanisme spécial, lancer à une grande distance des balles avec une grande rapidité. » (Littré, *supplément*).

ploqueuse (de laine) (Descript. des brev. ; 2e série ; t. LXVI, p. 37).

promeneuse, sorte de bougeoir.

traineuse, « machine propre à accélérer et à perfectionner le bobinage de la trame, etc. » (Descript. des brev., 1825 ; 1re série ; t. XXIX, p. 318).

trieuse, machine pour filature (Descript. des brev., 1844 ; 2e série ; t. II, p. 94).

verseuse, sorte de cafetière. — Etc., etc.

On voit, par cette liste qu'il serait facile de doubler, combien est simple et commode cette formation de qualificatifs, et quel heureux parti en sait tirer l'industrie.

§ 4. *Noms communs tirés de déterminatifs et de pronoms.*

Les adjectifs numéraux, certains adjectifs démonstratifs, possessifs, indéfinis, peuvent se prendre substantivement, comme les qualificatifs : *Le conseil des Cinq-Cents ; Ferragus, le chef des Onze ; le vote des douzièmes.* Cette formation n'offre rien de particulier.

§ 5. *Noms communs tirés des verbes.*

Le verbe fournit des noms, au présent de l'indicatif, à l'impératif, à l'infinitif, au participe présent, au participe passé.

1. *Présent de l'indicatif.* — Les langues romanes connais-

sent un procédé curieux de formation qui a été étudié pour la première fois par Diez[1], et qui depuis a été l'objet de recherches approfondies de la part de divers savants, notamment de M. Egger[2]. Ce procédé consiste à tirer un substantif du radical du verbe. M. Egger voit dans ce radical celui de l'infinitif; Diez, avec plus de raison, celui du verbe aux personnes du singulier de l'indicatif présent.

Comment, en effet, expliquer autrement les formes telles que *maintien*, *soutien*, *relief*, qui supposent l'accent sur le radical du verbe et non sur la terminaison? *Revient* conserve la forme de l'indicatif sans changement. L'espagnol *pido* vient, non de l'infinitif *peder*, mais du présent de l'indicatif *pide*[3].

Cette dérivation, comme l'a montré M. Egger, est toujours vivante; la force créatrice qui l'anime depuis les origines de la langue ne s'est pas épuisée :

balade, action de se balader, de se promener. Terme populaire. « Un petit tour de *balade* l'après-midi. » (E. Zola, *l'Assommoir*, p. 78.)

boulange, mot nouveau blâmé par M. Viennet :

> Que dire à l'ouvrier qui, pour son industrie,
> Fait les mots de *boulange* et de droguisterie ?
>
> (*Épître à Boileau*.)

Il y a deux mots *boulange*, l'un dialectal, qui désigne un mélange de foin et de paille, préparé pour la nourriture des bestiaux, et qui est masculin, « *Faire du boulange* » (Jaubert, *Glossaire du centre de la France*). De ce mot est sorti le verbe *boulanger*. L'autre est le substantif verbal *féminin* de *boulanger*, la *boulange*, l'action de pétrir la pâte. Ce dernier est de formation récente.

---

1. Grammaire des langues romanes, t. II, liv. III, § I, 1, 2; première édition (1838).

2. M. Mætzner dans sa *Französische Grammatik* (Berlin, 1856); M. Egger, une première fois en 1864 dans les *Mémoires de l'Académie des inscriptions et belles-lettres*; M. A. Brachet, dans son *Dictionnaire étymologique* où il ajoute aux recherches de ces savants; M. Egger, une seconde fois, dans un mémoire fort étudié et rempli de faits, qui a paru en 1874 dans la *Revue des langues romanes* (*Les substantifs verbaux formés par apocope de l'infinitif*). Nous citons l'étude de M. Egger, d'après le tirage à part (Montpellier et Paris, 1875).

3 Toutefois on y pourrait voir aussi bien le radical du singulier de l'impératif ou du subjonctif, puisqu'il présente les mêmes conditions phonétiques que le singulier de l'indicatif présent. Mais l'impératif a déjà sa formation propre, comme nous le verrons plus loin; quant au subjonctif, il est difficile de comprendre que ce mode *indirect* puisse logiquement donner naissance à un dérivé nominal. Toutes les vraisemblances sont donc pour le présent de l'indicatif; en tout cas, on ne peut d'aucune manière admettre l'infinitif.

bous, s. m. pl. « *Des bous de sucre*, du sucre qui a bouilli, DORMOY, *Revue contemporaine*, 15 août 1870, p. 489, » (Littré, *supplément*). M. Littré ne s'explique pas sur l'origine de ce mot d'apparence si bizarre ; c'est le radical de *bouillir* au présent de l'indicatif *bouil-t, bout*, et l'origine de *bouillon*.

boxe, dérivé de *boxer* qui est l'anglais *to box*.

casse, bris accidentel d'objets fragiles. « Je ne réponds pas de la *casse*. » « Tant pour la *casse*. »

cavalle, évasion, action de se *cavaler* ; terme populaire.

chauffe : « la surface de *chauffe*. »

cogne, la gendarmerie, la police ; terme populaire. Le gendarme est le *cognard*, celui qui saisit le voleur, et le jette dans le coin, le *cogne* ou, comme on dit encore, le *rencogne*. De là, un *cogne*, un gendarme, un agent de police : « Les *cognes* sont là. » (V. Hugo, *les Misérables*, III, VII, 20)..

colle : « simulacre d'examen, examen préparatoire à un examen véritable ; appelé ainsi parce qu'on cherche à *coller* (embarrasser) l'étudiant. » (L. Larchey, *Argot parisien*).

débine, action de *débiner* quelqu'un, état de celui qui est débiné : « Les moindres bisbilles, maintenant, finissaient par des attrapages, où l'on se jetait la *débine* de la maison à la la tête. » (E. Zola, *l'Assommoir*, p. 339). Terme populaire. — *Débiner* est un mot d'origine dialectale ; il vient, ce semble, des patois du Nord.

déblai, remblai, mots « sortis de nos ateliers de construction et du cabinet de nos ingénieurs. » (Egger, p. 82).

détourne : « le vol à la *détourne*. »

épate, action d'*épater* quelqu'un, de l'étonner. « Faire de l'*épate* » ; terme populaire.

flâne : « Les discussions et la *flâne* avaient apporté là cette banalité qui erre dans les salles d'estaminet. » (A. Daudet, *Jack*, I, § 11).

gare, terme de chemins de fer ; l'expression « *gare* d'évitement » a conservé la signification première de ce mot.

gratte, « pièce grattée, retenue en cachette par la couturière sur les étoffes confiées par la pratique. » (L. Larchey, *Argot parisien*). Par extension, tout profit fait par abus de confiance. Terme populaire.

jappe, action de japper ; au figuré, action de bavarder. « Tais ta *jappe*. » Terme populaire.

loue, action de *louer*, de prendre en location. « La *loue* des serviteurs (G. Sand, *Petite Fadette*). » Le mot est dialectal, et peut-être ancien.

mouille. M. Littré donne à ce mot les deux significations suivantes : « 1° Terme rural, particulièrement du canton de Genève. Source qui ne fait que suinter dans une prairie et qui y produit une herbe précoce et excellente ; 2° endroit d'une rivière où l'eau a quelque profondeur. Dans les mouilles, il (*le tirant d'eau du fleuve*) est souvent de 0 m. 80 c. (E. DE GRANGER, *Voies navigables en France*, p. 317.)» Il faut y ajouter un troisième sens : action de mouiller, en parlant de la pluie qui détériore les marchandises laissées en magasin. C'est un terme d'administration des chemins de fer, qui n'est pas une extension des deux premières significations, mais un mot nouveau, tiré directement de *mouiller*; excellent mot que M. Viennet a tort de blâmer, quand il reproche au shérif d'affranchir « le transport des risques de la *mouille*. » (*Épître à Boileau.*)

pousse. La *pousse* est la police, comme la *cogne* est la gendarmerie. Ce terme populaire, il n'est pas inutile de le dire, ne vient pas d'une extension de sens du substantif verbal *pousse*, action de pousser, de grandir, mais dérive de *pousser*, verbe actif.

protêt, acte par lequel on proteste ; date de la fin du siècle dernier.

réclame : « Le mot de *réclame* est si récent qu'on ne le trouve point encore dans le Dictionnaire de l'Académie au sens où nous le prenons aujourd'hui. C'est pourtant un mot fort bien fait ; il signifie au propre *cri répété.* La réclame n'est pas autre chose. La Révolution de 89, en donnant à tous les métiers et à tous les commerces la liberté du travail, fit naître la concurrence, et elle élargit en même temps le cercle du public auquel on dut s'adresser. Il fallut crier pour se faire entendre ; crier fort et souvent ; crier partout et toujours. » (Fr. Sarcey, *Le mot et la chose, Réclame*).

relaxe, action de cesser les poursuites contre un accusé prisonnier (Littré, *supplément*).

remblai, voir *déblai*.

repêche, action de repêcher (Littré, *supplément*).

report, déport, termes de bourse.

repousse : « *repoussé* des cheveux. » (*réclame* d'un parfumeur, aux annonces des journaux) ; mot expressif et bien fait.

revient : « le prix de *revient*. »

Les substantifs verbaux qui précèdent[1] offrent les mêmes caractères que les nombreux dérivés analogues qui existent dans la langue. Ils ont pour la plupart une signification abstraite ; ils sont presque tous de la première conjugaison. Ce qui leur est propre, c'est qu'ils appartiennent à la langue populaire ou à la langue de l'industrie et du commerce. Ici l'on saisit sur le fait l'action perturbatrice de la formation savante qui restreint et étouffe la formation française. M. Egger cite le mot *dénonce* qui figure dans un document révolutionnaire du 22 germinal, an II de la République, et il exprime le regret que ce mot « ne se soit pas accrédité de préférence à *dénonciation*, mot plus long et plus lourd, qui a juste le même sens. Ce fait n'est malheureusement pas isolé. *Diffamation* a fait disparaître *diffame* qui s'est dit jusqu'au commencement du dix-septième siècle : « *Diffame*, infamie, obloquie, reproach, discredit, ignominie, dishonour, disgrace, an ill report, an evill name, an imputation. » (Cotgrave). — *Consultation* a chassé *consulte* : « (Il) passait au Mans pour faire une *consulte* au médecin sur sa maladie. » (Scarron, *Rom. comique*, VII). C'est l'italien *consulta* : *la sacra consulta*. — *Prononciation* a pris la place de *prononce* :

> (La langue) Que ce peuple ignorant, par mauvaise *prononce*
> Des vulgaires plus bas, diversement énonce.
>
> (V. de la Fresnaye, Art poét., II.)

Restauration s'est substitué à *restor* : « *Restor*, a recovery, or remedy against a vouchee or any one by whom a man is damnified. » (Cotgrave).

loue disparaît devant *location* ; *purge* cède la place à *purgation* ; *conserve* a restreint sa signification devant *conservation* ; *viol* devant *violation*.

C'est ainsi qu'un procédé de dérivation, qui avait donné à la langue tant de mots élégants, nets, courts et simples[2], se ré-

---

1. *Hausse, baisse*, cités par M. Egger comme mots « créés presque de nos jours », existaient déjà au siècle dernier ; *conserve* de même appartient à la vieille langue. *Parcours*, donné parmi les substantifs verbaux de création récente, est un substantif *participial* : *parcours* est à *parcourir* ce que *cours* (cursus) est à *courir*.

2. Accord, accueil, adresse, affront, amas, amende, annonce, appel, approche, appui, arrêt, aveu, blâme, cesse, charge, combat, concert, conte, couche, cri, décor, dégoût, demande, déni, dépouille, désir, destin, détour, dispute, effort, élan, emprunt, entrave, espoir, fatigue, foule, intrigue, juge, mépris, offre, pardon, pli, pose, pousse, prêt, recel, recul, reflet, relais, rempart, réserve, séjour, souci, soutien, trépas, etc., etc. Cf. Egger, *op. cit.*, p. 21-29, où sont cités plus de *trois cents* exemples.

duit devant les envahissements de la langue savante, et ne trouve pour dernier refuge que la langue du peuple ou la langue spéciale.

2. *Impératif*. — La formation des mots à l'aide de l'impératif ne donne guère que des mots composés : *porte-monnaie, serre-papier;* nous l'étudierons plus loin[1].

3. *Infinitif*. — Dans la vieille langue, l'infinitif pouvait, comme en grec, s'employer substantivement, en se faisant précéder de l'article. Dans un texte bas-latin de l'an 584, on lit : « qui eis donavit *ipsum vivere vel regnare*. » (Bréquigny, 81 d)[2]; *ipsum* est l'article, ce qui prouve que *vivere* et *regnare* sont pris substantivement. Dans les *Serments* de 842, *savir* et *podir*[3] sont des substantifs. Voici des exemples du onzième, du douzième et du treizième siècle :

Dreit à Lalice revint li sons *edrers* (*Saint-Alexis*, 38 c).
Demain quant li rois Hugun (lire *Hugues*) serrat a *son deignier.*
(Charlem. à Jérus., 584.)

Li cuens Guillames se hasta *de l'entrer.* (*Aliscans*, 1645.)
Fintement parolent et *lor coisier* n'est pas simple.
(Dialogus anime conquerentis, V, 12.)

S'ore estes povres, ains demain *l'avesprer.* (*Huon de Bordeaux*, 7282.)

Li panrcs ni *l'ocires* de moi. (*Floovant*, 1059.)

Après *le mangier* amedui
Parlerent ensemble et vellierent.
(Chrestien de Troyes, Graal, dans Bartsch[1], 145, 7.)

L'infinitif peut même s'employer au pluriel : *les boivres* (Marie de France, II, 91).

Cette construction se maintint jusqu'au seizième siècle, où elle reprit avec une singulière recrudescence, sous l'influence de la construction latine que les écrivains essayaient alors de transporter dans notre langue. « *Le longtemps vivre* et *le peu de temps vivre* est rendu tout un par la mort. » (Montaigne, I, 19). « *L'estre mort* ne les fasche plus; mais oui bien *le mourir*. » (*Id.*, II, 13). « Que diray-je de cest autre grand

---

1. Page 161.
2. Cf. Diez, *Grammaire*, III, p. 199 de la traduction française.
3. In quant Deus savir et *podir* me dunat.

Monarque, qui desiroit plus *le renaistre* d'Homère, que le gaing d'une grosse bataille? » (Du Bellay, *Illustr.*, II, 5).

Mais, vers la fin du seizième siècle, cette construction tend à disparaître. L'esprit d'analyse qui, dès les derniers temps du moyen âge, transforme la syntaxe de notre langue, ne pouvait laisser subsister une construction aussi synthétique, qui confond dans une seule et même expression la forme et l'idée du verbe avec la forme et l'idée du nom. Dans *blanchissage*, la notion nominale et la notion verbale sont réunies; mais la forme reste nominale : « action de blanchir »; dans *le blanchir*, à l'idée double s'ajoute encore une forme à la fois verbale et nominale; et c'est cette complication que repousse aujourd'hui l'esprit analytique de la langue. Désormais la construction de l'infinitif avec l'article qui le change en substantif n'est plus vivante.

C'est donc en vain que des écrivains, regrettant la concision pittoresque de cette construction archaïque, ont cherché à la rajeunir. La Fontaine a créé *le dormir* [1] :

> .... Le financier se plaignoit
> Que les soins de la Providence
> N'eussent pas au marché fait vendre *le dormir*
> Comme le manger et le boire. (Fables, VIII, 2.)

Fénelon a dit *le sentir* et *le consentir* : « Ce n'est pas *le sentir*, mais *le consentir* qui nous rend coupables. » (*Lettres spir.*, 136). Voltaire, imitant le style marotique, a écrit :

> Sous la raison les grâces étouffées
> Livrent nos cœurs à l'insipidité.
> *Le raisonner* tristement s'accrédite.
> (*Ce qui plaît aux dames*).

Lamartine a dit :

> Et toute notre vie était *un seul aimer*. (Harmonies, IV, 14.)

ou, s'inspirant de l'italien (*al cader del sole*) :

> Ou plutôt que ne puis-je, *au doux tomber du jour*.
> (*Méditations*, I, 120.)

Récemment encore Mme Ackermann écrivait :

> Si son œil éternel considère, impassible,
> *Le naître* et *le mourir*.
> (*L'Amour et la Mort*) [2].

---

1. Il l'a peut-être pris à Rabelais : « De ma nature, je dors salé, et *le dormir* m'a valu autant de (*que*) jambon. » (Pantagruel, I, 22.)

2. Sous l'influence de l'allemand, la langue philosophique a créé *le devenir* l'être, le non-être.

Toutes ces hardiesses sont condamnées par la langue. Celle-ci ne garde plus qu'un certain nombre d'infinitifs devenus substantifs, derniers débris d'un âge où la langue jouissait d'une liberté aujourd'hui disparue.—Et ces infinitifs ont si bien revêtu leur forme nouvelle de substantifs qu'ils peuvent presque tous s'employer au pluriel, et que pour quelques-uns c'est la critique scientifique seule qui permet d'y reconnaître d'anciens infinitifs : *un avoir, des baisers, le boire, des déjeuners, des devoirs, des dîners, des dires, les êtres, des loisirs, le manger, des manoirs, des pensers, des plaisirs, des pouvoirs, des repentirs, des soupers, des souvenirs, des vivres*[1].

4. *Participe présent.* — Le participe présent se transforme aisément en adjectif, comme nous le verrons plus bas, et par suite en substantif. Tantôt il prend directement la valeur du substantif : *exécutant, les exécutants* (dans un orchestre), *une exécutante; débutant, un débutant, une débutante; manifestant, les manifestants.* « On comprendra qu'avec ces idées je fasse bon marché de la philosophie et des *philosophants.* » (J. Vallès, *la Rue, Proudhon*). « La solennité méthodique qu'apportait à ses moindres actions cet éternel *pontifiant.* » (Daudet, *Jack*, I, § 8). Tantôt il passe par l'adjectif : *constituant, l'Assemblée constituante, les constituants.* Cette formation n'offre rien de particulier.

5. *Participe passé.* — On a appelé d'un nom barbare *substantifs participiaux,* les substantifs masculins ou féminins tirés du participe passé : *un fait, un reçu; une armée, la criée.* Cette formation n'est pas propre au français, elle se retrouve dans les autres langues romanes, et elle remonte au latin populaire, qui transformait volontiers ses participes passés en substantifs, généralement féminins[2].

Il est arrivé souvent que la langue a reformé à plusieurs reprises ses participes suivant les principes qui ont dirigé la refonte de sa conjugaison ; et ces diverses formes ont laissé

---

1. Pour sentir la différence de l'infinitif *employé substantivement* et de l'infinitif *devenu substantif,* que l'on compare l'italien *il pentirsi* ou l'espagnol *el demayarse* avec le français *le repentir.*

2. Voy. Diez, *Grammaire*, t. II, p. 330 et suiv. de la traduction française ; Mætzner, *Französ. Grammatik*, p. 268 ; A. Brachet, *Dictionnaire étymologique,* au mot *absoute* ; Canello, *Storia di alcuni participii nell' italiano e in altre lingue romanse*, dans la *Rivista di filologia romanza*, I, 9-20.

des traces de leur existence dans les substantifs qui en ont été tirés.

Tendere, à l'époque classique, faisait au participe, dans le latin littéraire, *tensus*, dans le latin populaire *tesus*, d'où le substantif *tesa* qui est resté en français dans *toise*. A l'époque romane, *tesus* semblait trop s'éloigner du radical de *tendere*, et le participe fut refait sur le modèle de *venditus*, de *vendere*. De là *tenditus* qui donna un substantif *tendita* conservé dans *tente*, comme *vendita* est conservé dans *vente*. Plus tard le participe *tent*, *tente*, fut encore modifié d'après l'analogie des participes en *u* : il devint *tendu*, et sous cette forme il a donné un troisième substantif : *une tendue*.

C'est ainsi encore que *fendere* donne, par *fissus fissa*, le féminin *fesse*, par *fenditus fendita*, le féminin *fente*, pour aboutir à *fendu*; que *ponere* donne successivement *posita = poste* (au onzième siècle, au sens de *ponte*); *pont ponte* conservé dans « une *ponte* d'œufs »; et enfin *pondu*; etc. Chacun de ces mots *toise, tente, tendue; fesse, fente, fendu; poste, ponte, pondu*, etc., nous reportant à des âges divers de l'histoire de la langue, sont autant de monuments des formations successives qui se sont superposées depuis les origines jusqu'à nos jours.

La dérivation par le participe est toujours féconde. Depuis la Révolution, la langue a reçu de nombreux *substantifs participiaux*. Nous ne nous arrêterons pas aux participes qui, devenus substantifs, désignent des personnes : *les émigrés, les insurgés, les fédérés* (de 1790 et de 1871), *les appelés sous les drapeaux* (*Loi sur le recrutement de* 1831), *les diplômés, les médaillés de Sainte-Hélène; l'adjoint au maire; le tiré* (celui à qui une lettre de change est adressée), etc., etc. Le participe devient un adjectif pris substantivement, par l'ellipse normale de *gens, hommes*. C'est ainsi que Balzac a dit : « On asseyait *le gratifié* dans un fauteuil en lui disant, pendant un certain temps : Devine ce que nous t'allons donner. » (*Les Employés*, éd. de 1856, p. 212).

Dans les mots suivants, qui désignent des choses, on se trouve en présence de vrais neutres :

Un *aggloméré*, sorte de charbon fait de poussier de charbon agglutiné avec du bitume.

Un *communiqué* du ministère.

Un *cliché*; s'emploie au figuré, pour désigner une phrase banale, qu'on lit partout.

Le *dégourdi*, terme de céramique.

Le *parcours* d'une ligne ferrée; voir plus haut, p. 53, n. 1.

Le *pointé* d'un instrument trigonométrique (Blerzy, *Revue des Deux Mondes*, 1er avril 1864, p. 631; cité par Scholle, *Archives de Herrig*, t. XXXIX, p. 434).

Le *tracé* d'une voie ferrée.

Voici enfin des féminins tout à fait analogues aux vieux mots que nous avons cités plus haut : *toise, tente, tendue, ponte*, ou aux suivants : *course, criée, pointe, source, vente, rente, dette, emplette*.

champlevée, action de creuser, dans des émaux, les intervalles qui doivent être remplis de matière vitrifiable.

donnée; la *donnée* d'un problème.

flambée, feu qui flambe et s'éteint aussi vite (Eug. Suë, dans Scholle, *Programme*, p. 15).

grondée : « Si elle savait que j'ai logé un homme, c'est moi qui aurais une fière *grondée*. » (Ed. About, *l'Assassin*, sc. 2).

rayée : « Elle avait aperçu une *rayée* de poussière oubliée par le plumeau sur un de mes cartons. » (Émile Souvestre, *Souvenirs*, II).

retombée : « Ce sont ces jets de vagues, ces luttes, ces *retombées* épouvantables dont les marins parlent. » (Michelet, *La Mer*, 2e édit., p. 63). *Retombée* existe déjà dans des significations tout à fait spéciales et éloignées; l'emploi propre qu'en fait ici Michelet montre bien que ce n'est pas une extension du terme d'architecture ou d'imprimerie, mais une dérivation directe du verbe *retomber*.

Si la langue commune ne fournit aujourd'hui qu'un petit nombre de mots, la langue populaire est d'une richesse incontestable : une *brossée*, une *cuite*, une *dégelée*, une *floppée*[1], une *peignée*, une *raclée*, une *rincée*, une *rossée*, une *roulée*, une *saucée*, une *tapée*[2], une *trempée*, une *tripotée*, etc. Voilà donc

1. Telle est l'orthographe de Halbert d'Angers (*Nouveau dictionnaire complet d'argot*, 1840, Le Bailly) et de Lorédan Larchey (*Dictionnaire de l'argot parisien*, 1872). M. Zola, dans *l'Assommoir*, écrit *flopée*. Les gens du peuple, à Paris, prononcent *flaupée* ou *flôpée*, aux deux sens de *volée de coups* et *foule de monde*.

2. Signifie : grande quantité d'objets : « Regarde-moi cette caisse (*de livres*), petit. Il y en a une vraie *tapée*, hein ? » (Daudet, *Jack*, I, § 11.)

encore un procédé de formation disparaissant à peu près de la langue commune pour ne plus trouver place que dans la langue populaire.

§ 6. *Noms communs tirés de mots invariables.*

Le nombre de substantifs tirés de mots invariables est naturellement restreint; la plupart des mots qu'on en pouvait tirer, l'ont été depuis longtemps : *les si, les car,* pour *un oui,* pour *un non, le pourquoi, le comment, les hi! les ha! mettre le hola!* etc., etc. Voici quelques exemples nouveaux :

> Qu'ai-je à faire vraiment de *votre là-haut* morne,
> Moi qui ne suis qu'élan, que tendresse et transports?
> (Mme Ackermann, *Poésies philosophiques, Paroles d'un amant.*)

« Il y a de l'*au-delà* dans Molière. » (P. Albert, *La Littérature française au dix-septième siècle,* 1873, p. 259). « De loin en loin l'homme entrevoit cet *au-delà* et se relève du fond de son cloaque. » (Taine, *Littérature anglaise,* II, v, § 3). La vénération, la préoccupation de l'obscur *au-delà.* » (*Id., ibid.,* § 4).

CHAPITRE II.

ADJECTIFS.

§ 1. *Adjectifs tirés de substantifs.*

Les langues romanes, écrivait Fuchs en 1846 [1], doivent une partie de leur richesse et de leur grâce à l'avantage qu'elles possèdent d'employer directement comme adjectifs nombre de substantifs, notamment les mots en *tor;* cette faculté, quoique plus restreinte, n'était pas inconnue en latin; l'allemand l'ignore. Kolbe a raison d'y voir une supériorité pour les langues romanes. « On a déjà remarqué, dit-il, qu'en français « un substantif peut devenir adjectif : *un homme rêveur,* une « *divinité vengeresse; un animal imitateur.* En latin aussi

----

[1]. August Fuchs, *Die romanische Sprachen in ihrem Verhältniss mit dem Latein,* 1846, § 59.

« cette forme avait double emploi : *liberator animus*, *vic-*
« *trices lauri*. Un grand nombre de mots planent ainsi entre
« l'adjectif et le substantif. Cette liberté d'employer dans deux
« sens différents un seul et même mot doit être regardée
« comme un avantage important; elle est malheureusement
« étrangère à l'allemand [1]. »

Cette remarquable propriété des langues romanes, qui a
frappé depuis longtemps les philologues allemands, a échappé
à peu près complétement à l'attention de nos grammairiens.
Aussi laissent-ils sans explication nombre de tournures, d'expressions, de faits d'apparence étrange, dont elle rend aisément compte. Que l'adjectif devienne substantif, cela est tout
naturel; et l'on sait que tout substantif est un ancien adjectif
qui, ayant d'abord désigné un objet par une de ses qualités, a fini par le désigner tout entier; mais qu'un substantif
se transforme absolument en adjectif, sans laisser aucune
trace de sa fonction primitive, il y a là un renversement de
l'ordre naturel qui méritait d'éveiller l'attention. Comment
ont-ils pu prendre leur fonction présente, tous ces adjectifs
qui, désignant des couleurs, ont commencé par exprimer des
objets : *écarlate*, *cramoisi*, *pourpre*, *violet*, etc. ? Comment a-t-on
pu faire un adjectif du mot *vermeil*, qui signifie à l'origine
« un petit ver, » (*vermiculus*)? Cette transformation devient
chose toute naturelle dès qu'on a reconnu la propriété que
possède le substantif de devenir, par l'*apposition*, qualificatif
d'un autre substantif. On dit : « un ruban *lilas*, un ruban
rose; » *lilas*, *rose* étant des substantifs qui qualifient *momenta-*
nément le substantif *ruban*; puis, suivant l'emploi plus ou
moins fréquent de cette construction, le substantif apposé
passe complétement à l'adjectif, ou reste à mi-chemin sur la
voie de la transformation ; *rose* devient adjectif; *lilas*, non [2].

C'est en suivant la même voie que *canaille*, *cochon*, *drôle*,
espiègle, *fainéant*, *ladre*, etc., sont devenus adjectifs.

La langue contemporaine use et abuse de cet emploi de
substantif.

« Le réformateur ne s'arrêtera que lorsque la France sera
assez *caserne* pour que les généraux disent : A la bonne heure,

---

1. K. W. Kolbe, *Ueber dem Wortreichthum der deutschen und französischen
Sprache, und beider Anlage zur Poesie*, 2ᵉ Ausgabe, Berlin, 1818-1820; 3 vol.;
t. 1, p. 277.

2. Cf. Diez, *Grammaire*, t. II, p. 265 de la traduction française; A. Darmesteter, *Traité de la formation des mots composés*, p. 122 et suiv.

et assez *séminaire* pour que les évêques disent : C'est assez. »
(V. Hugo, *Napoléon le Petit*, II, 10). « Florine l'avait guéri du
genre *Régence*. » (Balzac, *Maison de Nucingen*, 1856, p. 52). » Je
serai si fatal et si vague, j'aurai l'air si *ange déchu*, si *volcan*,
si échevelé qu'il n'y aura pas moyen de se rendre ... »(Th. Gautier, *les Jeune France*, preface; 1839, p. 30). « Il lui apprit à
faire du *rêveur*, de l'intime, de l'*artiste*, du dantesque, du
fatal, et tout cela dans la même matinée. » (Ibid., 147). « Mon
très-cher, lui dit-il, c'est plus que *faux toupet*, c'est *empire*,
c'est *perruque*, c'est rococo, c'est *Pompadour* [1]; il faut être
momie ou fossile, membre de l'Institut ou fouilles de Pompéi
pour trouver du plaisir à de pareilles billevesées. » (Ibid., 135).»
« Finot restera classique, constitutionnel et *perruque*. » (Balzac,
Maison de Nucingen, p. 53). « Une chanteuse *genre Thérésa*. »
(Veuillot, *Odeurs de Paris*, III, 5). « Ne prenez donc pas cet air
sainte-nitouche. » (Gondinet, *Gavaud, Minard et C*., I, 3).
« Mitral, homme à perruque sinistre, à visage de la couleur
de la Seine, et où brillaient deux yeux *tabac d'Espagne*, froid
comme une corde à puits, et sentant la souris, gardait le
secret de sa fortune. » (Balzac, *les Employés*, 1856, in-18,
p. 211).

Ces derniers exemples nous montrent l'apposition en voie
de formation ; les expressions sont déjà des demi-composés ;
de là un procédé de composition que nous étudierons plus
loin [2].

La langue populaire contemporaine a réduit certains substantifs à l'état de véritables adjectifs :

---

1. Voici une page de Th. Gautier, précieuse pour l'histoire de la langue vers
l'an 1830, aux beaux jours de l'école romantique. « Il lui révéla le sens intime de
l'argot en usage cette semaine-là ; il lui dit ce que c'était que ficelle, chic, galbe,
art, artiste et artistique ; il lui apprit ce que voulait dire cartonné, égayé, damné ;
il lui ouvrit un vaste répertoire de formules admiratives et réprobatives, phos-
phorescent, transcendantal, pyramidal, stupidifiant, foudroyant, annihilant, et
mille autres qu'il serait fastidieux de rapporter ici ; il lui fit voir l'échelle ascen-
dante et descendante de l'esprit humain, comment à vingt ans l'on était jeune
France, Beau jeune mélancolique jusqu'à vingt-cinq ans, et Childe Harold de vingt-
cinq à vingt-huit, pourvu que l'on eût été à Saint-Denis et à Saint-Cloud ; comment ensuite l'on ne comptait plus et que l'on arrivait par la filière d'épithètes qui
suivent : ci-devant, faux toupet, aile de pigeon, perruque, étrusque, mâchoire,
ganache, au dernier degré de la décrépitude, à l'épithète la plus infamante, académicien ou membre de l'Institut, ce qui ne manquait pas d'arriver à l'âge de
quarante ans environ. » (Les Jeune France, *Daniel Jovard*, 1832.) Voir également
une lettre d'Alexandre Duval à V. Hugo, *De la littérature dramatique*, Paris
1833.

2. Chap. viii, sect. i.

bœuf : « monstrueux, énorme comme un bœuf. » (L. Larchey, *Argot parisien*).

camelotte : « Mon ami, quel mariage *camelotte* j'allais faire. » (Cogniard frères et Bourdois, *Le monde camelotte*, III, 16).

crâne : hardi, fort, beau : « Il portait son joli costume d'un air si fendant et si *crâne*. » (A. Daudet, *Jack*, II, § 5).

monstre, monstrueux : « un dîner *monstre*. »

panade : sans consistance, sans force. « Notre gouvernement *panade*. » (Ricard, dans L. Larchey).

popote : « Ce qui prouvait combien ça devenait *popote* et *bonhomme*, c'était qu'elle ne détestait pas plus Coupeau que Lantier. » (E. Zola, *l'Assommoir*, p. 369.)

pot-au-feu : casanier, retiré. « Ce n'est pas cet imbécile qui m'aurait éclairée... il est d'ailleurs bien trop *pot-au-feu*. » (Balzac, dans Larchey).

§ 2. *Adjectifs tirés de participes.*

De tout adjectif on peut tirer un autre adjectif par transformation de sens ; nous n'avons pas à nous occuper de ce procédé qui rentre dans l'étude de la signification des mots. Les déterminatifs et les pronoms ne peuvent fournir d'adjectifs. Le verbe n'en forme qu'au participe présent et au participe passé ; ces deux temps sont une source abondante d'adjectifs.

1. *Participe passé.* — Par suite de la disparition du passif latin en roman, les deux formes du présent et du parfait, *laudor, laudatus sum*, sont venues se fondre dans une forme unique : *je suis loué.* Or, les verbes transitifs, susceptibles de prendre la conjugaison passive en latin, se rangent dans deux classes, suivant qu'ils expriment, soit une action momentanée ou de courte durée, soit une action prolongée, et qui peut se poursuivre plus ou moins longtemps, sans que la pensée se porte sur l'idée de l'achèvement : à la première classe appartiennent, par exemple, *cædo, vinco, ferio*, etc. ; à la seconde, *amo, video, audio*, etc. Le passif français, *je suis aimé*, traduira aussi bien *amor* que *amatus sum*, parce qu'il exprime aussi bien l'idée de l'amour qui commence que de l'amour qui se poursuit. Mais *je suis frappé*, ne rendra que *cæsus sum* ; et *cædor* ne pourra se traduire que par *on me frappe*. Ainsi, tandis que les passifs des verbes de la première

classe expriment une action qui se continue, ceux de la seconde classe expriment l'action qui vient d'avoir lieu, et l'état qui résulte de cette action. *Je suis frappé*, veut dire : *je suis dans l'état d'un homme qui vient d'être frappé*. Que maintenant l'on fasse abstraction de l'idée d'action, pour ne plus considérer que l'état, le participe deviendra un véritable adjectif. De là cette propriété des participes passés des verbes de la seconde classe de se transformer en adjectifs, quand ils n'expriment plus l'action. Dans cette proposition, « la potion est *composée* par le médecin, » *composée* est participe ; dans « l'homme est *composé* de corps et d'âme, » *composé* est adjectif. Dans « le temple fut *orné* ce matin de fleurs ; » *orné* est participe ; dans : « du temple, *orné* partout de festons magnifiques, » il est adjectif.

Il résulte de cette analyse [1] que c'est une propriété *permanente* de certains participes passés d'être employés adjectivement. Cette propriété tient à une cause historique et à une cause logique. La cause historique est la suppression du passif dans les langues romanes ; la cause logique est le fait que les verbes se classent d'après leur sens, dans l'une ou l'autre des deux catégories que nous avons indiquées. Par suite, nous n'avons pas à parler de participes qui seraient adjectifs dans la langue actuelle : tous les participes passés de verbes exprimant une action de courte durée peuvent être pris en qualité d'adjectifs, à tout moment de l'histoire de la langue.

2. *Participe présent.* — A l'origine, et dans la vieille langue, le participe présent était variable. Il pouvait exprimer l'action : « Ils mettoyent en avant aucunes lettres interceptées, *venantes* de Rome et d'Espagne. » (La Noue, *Discours*, XXVI, 2); ou l'état : « personne *charmante* » ; dans ce dernier emploi les grammairiens modernes lui donnent le nom d'adjectif verbal. Mais, à côté du participe présent, existait le gérondif en *ant* = *ando* (*endo*) qui exprimait toujours l'action, et qui, en vertu de son origine, était invariable. Peu à peu le gérondif se substitua au participe présent, dans le cas où ce temps exprimait l'action, si bien que vers la fin du dix-septième siècle le *participe actif* devint décidément invariable. Le 3 juin 1679, par

1. Cf. Diez, *Grammaire*, t. III, p. 186 de la traduction française.

décret de l'Académie française, *la règle est faite, qu'on ne déclinera plus les participes actifs*[1].

Certes, il est bizarre de voir des grammairiens trancher en souverains des questions de la langue ; cette décision pourtant était moins arbitraire qu'elle ne le semble d'abord. L'Académie ne fit ici que réduire en règle une tendance qui poussait la langue à distinguer le participe exprimant l'action, c'est-à-dire faisant fonction du verbe, du participe exprimant l'état, c'est-à-dire faisant fonction d'adjectif. Cette distinction, on la voit naître dès la fin du moyen âge, et s'affirmer de plus en plus nettement jusqu'au dix-septième siècle[2] ; elle était inspirée par cet esprit d'analyse dont nous avons déjà reconnu plusieurs fois l'action et qui a transformé la syntaxe du français.

Mais si l'adjectif verbal a seul maintenant le privilége des variations flexionnelles, il ne faut pas croire, comme l'admettent trop facilement les grammairiens, qu'il n'y a d'adjectifs verbaux que ceux que consacre l'usage, c'est-à-dire ceux qui sont devenus de véritables adjectifs : « une lumière *éclatante* » ; « une femme *charmante* » ; « des personnes *obligeantes* ». *Tout* participe présent, du moment qu'on l'emploie absolument, sans l'accompagner d'un complément qui mette en lumière sa fonction de verbe, peut exprimer un état, et par suite devenir adjectif. La langue populaire transforme le participe présent en adjectif avec une singulière facilité[3], et la langue technique lui emprunte cette faculté, non sans raison. La langue littéraire en use volontiers, surtout chez les écrivains romantiques. Le caractère propre du *romantisme* n'est-il pas, pour Dupuis et Cotonnet, l'emploi excessif de *l'adjectif*[4] ?

Voici une liste — fort incomplète — de participes présents employés comme adjectifs et dont l'Académie n'a pas encore sanctionné l'usage dans ce sens.

1. *Opuscules sur la langue françoise*, par divers académiciens, Paris, 1754 in-12. p. 343.

2. C'est ainsi que le participe présent, au seizième siècle, s'accorde souvent en nombre, mais non en genre, la variation du nombre n'étant pas indiquée par la prononciation : « Femmes *venans* à être veuves. » (Montaigne, III, 5.) « Passions *servans* seulement à.... » (Id., ibid., 1.)

3. Elle use d'ailleurs fort rarement du participe présent, c'est-à-dire de la forme en *ant* accompagnée d'un complément : elle n'emploie guère, quand elle veut exprimer l'action verbale du participe présent, que le gérondif en *ant* précédé de la préposition *en*.

4. A. de Musset, *Lettres de Dupuis et Cotonnet*.

abracadabrant : « Le flûtiste Gérold doit exécuter les variations les plus *abracadubrantes.* » (*Figaro*, 1867, dans L. Larchey). « C'est écrasant, renversant, horripilant, *abracadabrant*, de plus fort en plus fort. » (*Almanach du Hanneton*, 1867, *ibid.*) — Cet adjectif, plus que familier, est tiré de *abracadabra*, sans que le verbe *abracadabrer* existe[1].

acidulant : « Des substances *acidulantes.* » (Littré).

activant : « L'engrais possède des qualités *activantes* qui... » (Littré).

administrant : « Dans le ministère de l'instruction publique il y a la partie enseignante et la partie *administrante.* » (Littré).

affadissant : « Une saveur *affadissante.* Des louanges *affadissantes.* » (Littré).

agglutinant : « Les langues *agglutinantes.* »

aiguillonnant : « Des passions *aiguillonnantes.* » (Littré).

alléchant : « Le plaisir *alléchant* d'un bon dîner. » (Littré).

arrangeant : « C'est un homme *arrangeant.* Une marchande *arrangeante.* » (Littré).

asphyxiant : « Odeur *asphyxiante.* » (Littré).

aveuglant :

> Ce milieu
> De rayons *aveuglants*, d'éphémère verdure.
> (Phil. Boyer, A une patricienne, I.)

« Misérable passion *aveuglante* et despotique, dont il sent le poids et la honte et dont pourtant il ne pouvait ni ne voulait se délivrer. » (Taine, *Littér. angl.*, II, IV, § 1).

bouleversant : « cette nouvelle est *bouleversante.* » (Littré).

canulant, synonyme très-populaire d'*ennuyeux*.

calfeutrant : « Plinthes *calfeutrantes.* » (Bottin, *Annuaire du Commerce*, 1875, p. 1322).

capitulant : « Les cantons *capitulants* de la Suisse. »

captivant : « Sans doute Andréina était bien *captivante* et bien belle. » (J. Claretie, *Le beau Solignac*, 1876, t. I, p. 309).

chiffonnant : « Voilà qui est *chiffonnant* »; synonyme populaire de *ennuyeux*.

clapotant : « Une mer *clapotante.* » (Littré).

coassant : « Le peuple *coassant* des grenouilles. »

compromettant : « Homme *compromettant*, tenu compro-

---

1. Cf. plus bas, p. 71.

mettante. » (Littré); adjectif proposé comme néologisme par Richard, en 1845.

contrastant : « Figures *contrastantes.* » (Littré).

croassant : « Le peuple *croassant,* les grenouilles.» (Littré).

décomposant : « Les forces *décomposantes.* » (Littré).

dégradant : « Une conduite *dégradante.* » (Littré).

delassant : « C'est un exercice *délassant.* » (Littré).

démoralisant : « Des influences *démoralisantes.* » (Littré).

dépilant : « Poudre *dépilante.* » (Littré).

dépravant : « La civilisation des siècles précédents était fausse et *dépravante.* » (Littré).

désopilant : « Une nouvelle *désopilante.* » (Littré).

désoxydant : « Une action *désoxydante.* » (Littré).

détonant : « Mélanges *détonants.* »

développant : « Courbe *développante.* »

ébahissant : « C'est un spectacle *ébahissant.* »

ébouriffant : « Néologisme du langage comique. Qui ébouriffe, qui surprend extrêmement. Succès *ébouriffant.* Expression *ébouriffante.* » (Littré). « Il était, pour parler son beau langage, *ébouriffant,* rutilant, fulgurant, et même truculent. » (Ch. de Bernard, *Les ailes d'Icare,* I, xii).

écœurant : « Une odeur *écœurante;* un spectacle *écœurant.* »

écrasant : « Il est d'une force *écrasante.* »

effarouchant : « Une brusquerie *effarouchante.* »

électrisant : « Une éloquence *électrisante.* »

émouvant : « Une scène *émouvante.* » (Littré).

empoignant : « Une réalité *empoignante.* » (*Journal officiel,* 24 juin 1872, p. 4259, 2ᵉ col. ; Littré, *Supplément*).

énervant : « Les sons d'une musique *énervante* et câline. » (Ch. Baudelaire, *Les Fleurs du mal,* 2ᵉ édit., p. 131).

engaînant : « Feuille *engaînante,* coquille *engaînante.* » (Littré).

engourdissant, voir *paralysant.*

enseignant : « Vous apprécierez les motifs qui m'ont induit à refuser coup sur coup deux professions honorées pour m'enrôler dans la bohème *enseignante.* » (Ed. About, l'*Infâme,* III). Cf. *administrant.*

envahissant : « L'armée *envahissante;* une ambition *envahissante.* »

enveloppant : « La ligne *enveloppante* et la ligne enveloppée. »

épatant : « Une nouvelle *épatante.* »; très-populaire.

graciant : « Vous allez ajouter d'une main candide sur la liste *graciante* les noms des ministres de Charles X. » (A. de Musset, 3ᵉ *lettre de Dupuis et Cotonnet*.

grandissant : « Une puissance *grandissante.* » (Littré). Proposé comme néologisme par Richard, en 1845.

grelottant : « Elle est toute *grelottante* de froid. » (Littré).

> Là frissonnent, plus bas que les égouts des rues,
> Familles de la vie et du jour disparues,
> Des groupes *grelottants !*
>
> (V. Hugo, *Châtiments*, III, ix, 2.)

grossissant : « verres *grossissants.* »

horripilant, voir *abracadabrant.*

palpitant n'est un néologisme qu'au sens figuré : ouvrage d'un intérêt *palpitant.* Au propre, il est ancien. « Dans son cœur *palpitant* (d'Iphigénie) consultera les dieux. » (Racine, *Iphig.,* IV, 4).

papillonnant : « Des femmes dont les coiffes étoffées, *papillonnantes,* avaient la blancheur et le scintillement du sel. » (Daudet, *Jack,* II, § 1).

paralysant : « Il lui lance (le poulpe à son adversaire), avant tout combat, ses effluves *paralysantes,* engourdissantes, un magnétisme qui dispense du combat. » (Michelet, *la Mer,* 2ᵉ édit., p. 202).

protégeant : « Elle avait eu jusqu'alors pour son mari une affection tranquille et *protégeante.* » (Daudet, *Jack,* II, § 2).

renversant, voir *abracadabrant.*

rougissant : « Des nuages *rougissants* au lever du soleil. » (Littré).

sommeillant : « La littérature portait dans son sein une bâtardise encore *sommeillante.* » (A. de Musset, 1ʳᵉ *lettre de Dupuis et Cotonnet*).

souillant : « Voltaire, le polémiste le plus diffamant, le plus *souillant,* le plus emporté qui fut jamais. » (Veuillot, *Odeurs de Paris,* I, 7).

surplombant : « Aux dunes de Scheveningen on voit ses eaux (du Zuiderzée) *surplombantes,* toujours prêtes à franchir la digue. » (Michelet, *la Mer,* 2ᵉ édit., p. 24).

torturant : « Les remords *torturants.* » (Littré). « Cette *torturante* envie de pleurer qui n'ôte point l'envie de bâiller. » (Veuillot, *Odeurs de Paris,* IV, 6).

troublant : « Cette image *troublante.* Astre *troublant.* »
(Littré).

végétant : « C'était bien cela, une race *végétante,* embryon-
naire, inachevée. » (Daudet, *Jack,* I, § 2).

vexant : « Voilà qui est *vexant.* », populaire.

Si le participe présent se change si facilement en adjectif,
on comprend aussi bien qu'il passe à l'état de substantif.
Nous en avons vu plus haut des exemples.

CHAPITRE III.

PRONOMS, VERBES, MOTS INVARIABLES.

Les déterminatifs et les pronoms sont en nombre limité. Les
verbes nouveaux ne se forment que par dérivation ; on les
étudiera plus loin. Les adverbes se tirent d'adjectifs, à l'aide
de la particule *ment;* ils seront également étudiés plus loin.
Pour les adjectifs employés adverbialement, la langue contemporaine se contente des expressions anciennes : chanter
faux, bas, haut; filer *doux;* voir *clair;* frapper *fort;* boire
sec; etc. Les prépositions simples ne présentent pas de néologismes : *concernant* est déjà ancien. Quant aux interjections,
il faut signaler un mot populaire, d'origine récente, d'étymologie inconnue : *zut!*

DEUXIÈME SECTION.

DÉRIVATION PROPRE.

L'auteur de la grammaire comparée des langues romanes a
mis en pleine lumière l'incomparable richesse de dérivation
que possèdent les idiomes issus du latin. C'est là une faculté
qui leur donne leur physionomie propre en regard du latin et
des langues germaniques. La liste des différents suffixes
étudiés par Diez, telle qu'elle est donnée à la fin de la gram-

maire[1], s'élève pour l'espagnol au nombre de *cent soixante-trois*, pour l'italien à celui de *cent cinquante-huit*. Le français est moins bien partagé et ne compte que *cent quatorze suffixes*, nombre fort respectable encore, ce nous semble [2].

Des nombreux suffixes qui ont servi ou servent encore à former les mots français, les uns sont propres à la langue populaire, les autres à la langue savante; les uns vivaient aux premiers temps de la langue ou durant le moyen âge, et, épuisant graduellement leur fécondité, sont morts aujourd'hui; d'autres sont nés à une époque relativement moderne et sont aujourd'hui en pleine vigueur. Quelques-uns ont vu se réduire ou s'étendre leur domaine; un certain nombre, nés avec le français, ont traversé quinze siècles d'existence sans rien perdre de leur activité ni de leur énergie créatrice.

Les suffixes de dérivation se divisent en suffixes nominaux et verbaux, selon qu'ils forment, soit des noms ou des adjectifs, soit des verbes. Avant de commencer l'étude des suffixes de la langue populaire qui, aujourd'hui, servent à créer des noms, des adjectifs, des verbes nouveaux, quelques observations générales sont indispensables.

CHAPITRE IV.

OBSERVATIONS GÉNÉRALES SUR LA DÉRIVATION.

La dérivation des divers suffixes que nous allons étudier présente des caractères généraux et des traits communs qu'il importe de mettre en lumière.

1. Les noms concrets éveillent dans la pensée *l'image* des objets qu'ils désignent : *fleur, table, cheval, maison*; les suffixes rappellent à l'esprit une notion générale abstraite. *Esse* dans *sagesse, richesse, rudesse*, représente l'idée abstraite de qualité; *oir* dans *fermoir, grattoir, polissoir*, celle d'instrument d'action ; *ier* dans *pommier, prunier, cerisier*, celle de

1. A la fin du tome II de la troisième édition allemande.
2. Ces listes, il est vrai, présentent quelques doubles et même quelques triples emplois : les suffixes français *oi, oie, aie*, par exemple, ne sont que des formes différentes d'un même suffixe *ètum eta*. Les cent quatorze suffixes donnés par Diez se réduisent à environ quatre-vingt-dix.

producteur. Le suffixe s'ajoute donc au radical (nom, adjectif, verbe) pour en modifier l'idée par l'idée secondaire qui lui est propre.

Pour qu'un suffixe soit vivant, *il faut et il suffit* que l'idée abstraite générale soit présente à l'esprit, qu'elle se détache nettement de l'image éveillée par le radical; autrement dit, que le dérivé présente une double idée.

Cette condition est *nécessaire;* car si la notion du suffixe et celle du radical s'évanouissent toutes deux devant l'unité d'image que présente le dérivé, celui-ci cesse d'être dérivé; il devient mot simple. *Agneau, taureau, soleil, menton*, sont aujourd'hui des mots simples, parce qu'on n'y reconnaît plus la présence des radicaux *agn(us), taur(us), sol, ment(um)*, ni par suite la présence des suffixes. Bien plus, des mots où le radical est reconnaissable peuvent devenir simples, quand le suffixe ne s'en détache plus avec netteté : *épouvantail, plumail, gouvernail, soupirail, vitrail*. Qu'ajoute *ail* à *épouvante, plume, gouvern-er, soupir-er, vitre?* On ne le voit plus bien. Dès lors on perd aussi de vue la signification des radicaux, et l'esprit substitue à la double idée qu'offrait le radical enrichi du suffixe l'idée *une* ou l'image *une* du dérivé devenu simple [1].

Cette condition est *suffisante;* car, pour être vivant, le suffixe n'a pas besoin de produire des mots nouveaux. Son énergie reste latente et ne paraît au dehors que quand une circonstance extérieure, le hasard d'une nouvelle idée, d'un nouvel objet à exprimer, lui en offre l'occasion. Dans *herbette, fillette, garçonnet*, le radical garde sa valeur propre et éveille dans l'esprit l'image de l'herbe, d'une fille, d'un garçon; le suffixe y ajoute l'idée générale de quelque chose de petit, de jeune, idée qui vient s'ajouter à la première image et la modifier. Il ne faut rien de plus; le suffixe *et, ette*, est bien vivant dans la langue. S'il n'agit pas, il peut agir, et il donnera de nouveaux dérivés lorsque le besoin s'en fera sentir.

2. Un certain nombre de dérivés supposent des radicaux de même nature. Les dérivés en *oir*, en *eur*, en *age*, par exemple, supposent des radicaux verbaux, et non adjectifs : *grattoir, fermoir, brunissoir, polissoir*, etc., de *gratt-er*, de *ferm-er*, de *brunir* (par *bruniss-ant*), de *polir* (par *poliss-ant*); *marcheur,*

---

1. L'esprit suit la même marche dans la réduction des mots composés à des mots simples. Voir A. Darmesteter, *Traité de la formation des mots composés en français*, p. 12, et cf. plus bas, p. 124.

menteur, joueur, chercheur, de *march-er, ment-ir, jou-er, cherch-er; lavage, coulage, lessivage, brossage*, de *lav-er, coul-er, lessiv-er, bross-er*. Les dérivés en *esse* supposent des adjectifs : *tendr-esse, rud-esse, sag-esse, fin-esse*.

Toutefois il arrive qu'un dérivé soit créé sans que le radical qu'exigerait la loi de l'analogie du suffixe existe ou ait jamais existé. Le suffixe *age* suppose un verbe; cependant on a fait *factage* sans le verbe *facter, charronnage*, sans *charronner*. Les adjectifs verbaux en *ant* supposent également des verbes : *charmant*, qui *charme; obligeant*, qui *oblige;* cependant *croustillant* vient directement de *croustille; abracadabrant* de *abracadabra. Aimable* vient d'*aimer, louable* de *louer, blâmable* de *blâmer*; mais *charitable?* mais *équitable?* On a créé récemment *posticheur*, fabricant de *postiches, chinoiseur*, fabricant, marchand de chinoiseries ; où sont les verbes *posticher, chinoiser*, qu'ils supposent?

Ces anomalies diverses s'expliquent aisément. A l'origine, les dérivés en *age*, en *ant*, en *eur*, en *able*, appelaient nécessairement un verbe, qui servit à leur formation. Mais quand le nombre en est devenu assez considérable pour que l'idée verbale que le suffixe doit au verbe radical soit elle-même devenue parfaitement visible dans le suffixe, il n'est plus besoin que le dérivé s'appuie sur le verbe; il prend pour point de départ le substantif ou l'adjectif d'où aurait pu sortir ce verbe, et y ajoute son suffixe. C'est ce qui arrive pour certains adjectifs verbaux en *ant*. Ou bien il sous-entend le verbe, et le suppose momentanément par abstraction. Ainsi on crée *chinoiseur*, en partant de *chinois* et en supposant ou en sous-entendant un verbe *chinoiser*. Il peut arriver aussi qu'il y ait extension analogique. *Aimable, louable*, viennent bien de verbes; *raisonnable* aussi; mais dans *raisonnable* on pense en même temps au substantif *raison;* on perd de vue la première dérivation pour voir dans *raisonnable* un substantif suivi d'un suffixe, et *raisonnable* ainsi expliqué entraîne *charitable, équitable, favorable*. Enfin l'analogie s'exerce par la comparaison de plusieurs suffixes. On dit *laveur* et *lavage* (tous deux de *laver*); or, on dit *facteur;* donc, on dira *factage*, malgré l'absence d'un verbe *facter*. En un mot, la dérivation ne se renferme pas dans les limites dictées par une logique rigoureuse, mathématique; l'analogie en étend le cercle de mille manières; cette extension analogique, diverse et multiple, n'est qu'une forme même de la dérivation, qui en montre en même temps la puissance toujours active, l'énergie toujours créatrice, puisque le principe essentiel de la dérivation est précisément l'analogie.

3. Diez fait remarquer[1] que les langues romanes intercalent volontiers entre le radical et le suffixe des mots dérivés certaines syllabes ayant valeur de suffixes, et dont la consonne est *ç* (*s*, *z*) ou *r* ; ainsi l'italien : *don-z-ello, libr-icc-iuolo, bab-ic-ina, nom-ic-iatto*; l'espagnol : *av-ec-ica, hombr-ec-illo, hombr-ez-uelo, vellon-c-ino, muger-c-ita*; le roumain : *văl-c-ică, domn-ic-ea, căn-iş-or*; ou bien l'italien : *diavol-er-ia, infant-er-ia, leccon-er-ia, camp-er-eccio, cas-er-eccio, acqu-er-ella, oss-er-ello, nav-er-esco*; l'espagnol : *flech-er-ia, porqu-er-ia, sed-er-ento, med-r-oso*; le provençal : *parelh-ar-ia, porc-ar-ia, trich-ar-ia, bal-ar-esc, camb-ar-ut*, etc.

Le français a connu ou connaît trois intercalations de ce genre : *a.* celle du *ç* (*s*); *b.* celle de l'*r*; *c.* celle du *t*.

a. L'intercalation du *c* se rencontre dans des mots de formation ancienne : *ham-eç-on, dem-ois-elle*. Elle a disparu de la langue moderne.

b. L'intercalation de l'*r* est encore vivante : *mouche-r-on* de *mouche*, *aile-r-on* d'*aile*, *puce-r-on* de *puce*, *laide-r-on* de *laide*, etc.; *poête-r-eau* de *poête*, *flamme-r-ole* de *flamme*, *fave-r-ole* de *fève*, *mouche-r-ole* de *mouche*, etc. Cet allongement de *on*, *ole*, *eau*, etc., en *eron erole*, *ereau*, etc., est dû sans doute à une fausse analogie : de *forgeur* on tire régulièrement *forgeron*, de *bûcher*, *bûcheron*, de *voleur*, *volereau*; puis on oublie la dérivation immédiate de ces mots pour les rattacher à *forge*, *bûche*, *vol*; et le suffixe cesse d'être *on*, *eau*, pour se transformer en *eron*, *ereau* : *mouche*, *mouch-eron*, *puce puc-eron*, *poête poét-ereau*; *eron*, *ereau*, à leur tour, entraînent *erole*.

Cette erreur d'analogie est visible dans la substitution du suffixe *erie* au suffixe *ie*. Le point de départ est donné par les mots tels que *chevalier chevalerie, bonnetier bonneterie*, où la terminaison *ier* (= *árius*) s'allonge régulièrement en *erie* (= *aría*) par l'addition du suffixe *ie* (= *ia*). Mais l'on perd de vue que, dans les innombrables dérivés en *erie*, la syllabe *er* appartient au radical, et que *ie* seul constitue le suffixe; et *erie* peu à peu prend la place de *ie*, si bien qu'aujourd'hui ce *dernier suffixe*

---

1. *Grammaire*, t. II, p. 259 de la traduction française.

n'existe plus. Nous verrons plus bas les preuves de cette affirmation.

c. L'intercalation du *t* repose sur une erreur du même genre. On la retrouve dans les mots suivants :

abri — abri-ter. Jusqu'à la fin du seizième siècle, on dit *abrier ; abri-ter* semble inconnu au dix-septième siècle qui se servait de la périphrase *mettre à l'abri ;* il ne paraît qu'à la fin du siècle dernier.

agio — agio-ter, agio-teur ; agio a pénétré en France dans les vingt premières années du dix-huitième siècle, et y a donné immédiatement les deux dérivés.

bambou — bambou-tier[1].

bigarreau — bigarreau-tier.

biseau — biseau-ter.

bijou — bijou-tier, bijou-terie. Bijou existe déjà au seizième siècle ; pour *bijoutier,* M. Littré ne donne d'exemples que du dix-septième siècle (cardinal de Retz).

caillou — caillou-tage, caillou-tée, caillou-ter, caillou-teur, caillou-teux, caillou-tis. Cailloutage paraît au seizième siècle sous la forme *caillotage.*

café — cafe-tier, cafe-tière, café-terie. Cafèterie avait été précédé de *caféière.* Les formes qui présentent le *t* datent de la seconde partie du siècle dernier.

caoutchouc — caoutchou-ter ; mot récent.

clou — clou-ter, clou-tère, clou-terie, clou-tier, clou-tière. Clouterie existe au treizième siècle sous la forme *cloueterie.*

coco — coco-tier. Datent de la fin du siècle dernier.

domino — domino-terie, domino-tier. Existent déjà au seizième siècle.

** ergo — ergo-ter, ergo-terie, ergo-teur, ergo-tiser. Ergoter* est dans Rabelais ; on trouve au quinzième siècle *hargoteur* au sens de *ergoteur,* ce qui indique une autre étymologie que le latin *ergo. Hargoteur* a pu se changer en *ergoteur* par suite d'une confusion avec *ergo.*

écho — écho-tier ; mot de création toute récente.

ferblanc — ferblan-terie, ferblan-tier.

filou — filou-tage, filou-ter, filou-terie, filou-tier. — Filoutage est dans Retz, *filoutier* dans Scarron.

---

1. Voir plus bas, p. 105 et p. 152.

folio — folio-tage, folio-ter, folio-teur : néologismes.

glouglou (cri du dindon) — *glouglou-ter* ou *glouglo-ter* (pousser un *glouglou,* se dit du dindon), *glouglouter* est plus usité.

indigo — indigo-tier, indigo-terie.

jus — ju-teux, M. Littré cite un exemple du quatorzième siècle. — *verjuter.*

numéro — numéro-tage, numéro-ter, numéro-teur; mots d'origine récente.

panneau — panneau-ter, panneau-teur; mots de formation récente.

pap(ier) — pape-tier, pape-terie; datent du siècle dernier.

peau — dépiau-ter; mot de formation récente.

pinceau — pinceau-ter, pinceau-tage; mots de formation récente.

rateau — rateauter, néologisme populaire qui commence à se répandre.

rein — érein-ter, érein-teur, érein-tement. Éreinter d'où sont sortis, de nos jours, *éreinteur* et *éreintement,* date du siècle dernier. On disait antérieurement *éreiner.*

tabac — tabatière. Fr. des Caillères dans ses *Mots à la mode* [1] emploie *tabaquière,* qui est la forme primitive.

tableau — tableautin, néologisme.

A cette série, ajoutons encore les deux féminins usités dans la langue populaire, *voyou-te, typo-te.*

Quelle est l'origine de ce *t?* Selon Diez, il dérive probablement du *t* flexionnel du verbe. « L'oreille, en effet, s'était faite à la variation *il est* et *est-il, il y a* et *y a-t-il,* et ce *t* fut transporté dans le domaine de la dérivation [2]. » Cette explication ne ressort pas des faits que nous venons de réunir. On n'a pas d'exemple en effet de dérivés verbaux en *ter* antérieurs au dix-septième siècle; on a au contraire des exemples de dérivés nominaux remontant au seizième siècle et au moyen âge : *domino-tier, cloueterie, caillotage. Caillotage* est un dérivé régulier de l'archaïque *caillot* qui a été ensuite remplacé par *caillou; caillou* a entraîné le changement de *caillotage* en *cailloutage,* d'où tous les autres dérivés de la famille. *Cloueterie* et *clouetier,* qu'il suppose, viennent de *clouet,* c'est-à-dire *clavettus; clouetier* devient *clauetier, clouetier* et finalement *cloutier* qui se trouve rattaché indû-

---

ment à *clou*, comme *cailloutage, cailloutis, caillouter*[1] à *caillou*. Si l'on songe, d'un autre côté, aux nombreux dérivés en *t-ier* = *t-arius*, dans lesquels *t* appartient au radical, et qui étaient déjà usités au moyen âge : (*arbalestier, argentier, blactier, bonnetier, cabaretier, cartier (quartier), chantier, charpentier, chaussetier, côtier, couretier (courtier), doigtier, forestier, fruitier, gantier, hatier, héritier, pannetier, pelletier, portier, rentier, routier, sentier, tabletier, testière,* etc., etc.), on s'expliquera que, grâce à l'erreur produite par des formes telles que *cloutier*, la terminaison *tier* ait été considérée comme un suffixe simple, et se soit ajoutée à des radicaux terminés par une voyelle. Pour les verbes, la terminaison *oter* (ou *otter*) des verbes dérivés de noms en *ot* joue le même rôle que *tier* pour les substantifs : *glouglou* donne *glougloter*, comme *jabot jaboter*. Ainsi se forme peu à peu cette série de nouveaux suffixes commençant par un *t* et dont l'emploi, dès le dix-septième siècle, devient normal. De nos jours la dérivation en *tier, terie, ter, teur, tage*, est régulière pour les radicaux terminés par une voyelle (pure ou nasale). C'est ainsi que, *abrier* étant sorti de l'usage, *abri* donne *abriter*, que *éreiner* est remplacé par *éreinter*; bien plus, *miroir, papier*, donnent non *miroirier, paperier*, qui auraient manqué d'harmonie, mais *miroiter* (et de même *miroitier, miroitement,* etc.), et *papetier (papeterie)*. C'est pour une cause analogue que *tabaquière* cède la place à *tabatière*, et que le peuple, ayant oublié l'origine des mots en *eau*, en tire non des dérivés en *eller, ellier*, mais des dérivés en *eauter, eautier*, etc.

4. De cette intercalation de consonne, due à une fausse analogie, il faut distinguer l'intercalation de suffixes secondaires entre le radical et le suffixe final. Les langues romanes enchaînent volontiers plusieurs suffixes au thème du nom : français : *roi-t-el-et;* italien : *besti-ol-ucci-accia ;* espagnol : *moc-et-on-azo ;* roumain : *naz ion-al-ic ;* déjà en latin : *agn-ic-ell-ul-us*. Ces additions ne sont pas toujours successives: si *roitelet* est un diminutif de *roitel, roietel*, et celui-ci de *royel ; chevrillard, chambrillon, cendrillon, moussaillon, aigrelet, archelet, corselet, gantelet, maigrelet, tiercelet, verdelet,* dérivent non de *chevrille*, etc., *aigrel*, etc., mais de *chèvre, aigre*. Les

---

1. De même dans *roi-t-el-et* il faut voir, non un *t* euphonique, mais le reste du suffixe *et : roi-et-el-et*, dérivé de *roietel :*

> Si n'avoit aillors grans escoles
> De *roieliaus* et tourteroles. (*Rose*, 652.)

suffixes *ill, el* ne servent que de traits d'union entre le radical
et le suffixe final.

5. On dit *croyable* alors que le latin *credibilis* ferait sup-
poser *croyible*; on dit *faiseur, liseur* alors qu'avec *factorem,
lectorem*, on s'attendrait à *faiteur, liteur*. Quelle est la cause
de cette déviation? Ici nous voyons les conséquences d'une
vaste action analogique qui a transformé toute une partie de
la dérivation du latin populaire dans son passage au français.

Dès les origines de la langue, les participes présents de la
seconde, de la troisième et de la quatrième conjugaison
avaient été assimilés à celui de la première. Le nombre des
participes en *antem* était si considérable que les populations
de langue d'oil, entraînées par l'analogie, dirent *vedantem,
legantem, finiscantem, vestantem*, au lieu du *vedentem, legen-
tem, finiscentem, vestientem*; de là des formes *ve-ant* (plus
tard *voy-ant*), *lis-ant, finiss-ant, vest-ant* (*vêt-ant*). Les autres
langues romanes restèrent fidèles au type latin; seul le sarde,
par une assimilation inverse, a transformé la terminaison de
la première conjugaison en celle qui est commune aux trois
autres [1].

Or, cette action que la première conjugaison en français a
exercée sur les autres au participe présent, elle l'a exercée
également dans la dérivation [2]. Le latin dit : *am-a-bilis, fl-e-
bilis, vis-i-bilis, aud-i-bilis, vol-u-bilis*, en ajoutant le suffixe
bilis, au thème du verbe ou du participe terminé en *a, e, i,
i, u*. De ces diverses terminaisons, la langue populaire, dès
les premiers temps (vi-viiie siècle), n'a retenu que la première,
a-bilis. Quelques mots en *i-bilis* ont bien passé avec leur terminaison *ible*; ainsi *horribilis*, devenu *orible*, (plus tard transcrit
horrible); mais dans ces mots le peuple ne reconnaissait plus
le suffixe verbal; *horribilis* n'était plus rattaché à *horrere*; il
était considéré comme simple adjectif, au même titre que *bo-
nus, sanctus, fortis*, et n'avait par suite qu'à passer par les
transformations physiologiques de la phonétique sans se sou-
mettre aux lois psychologiques de l'analogie. Pour les autres

1. Ascoli, *Del posto che spetta al ligure nel sistema dei dialetti italiani*, dans
l'*Archivio glottologico italiano*, II, p.133, note. L'analogie s'étend également à la
première personne du pluriel de l'indicatif présent : *mañemu mañeddi* = *man-
giamo mangiate*.

2 Cf. Darmesteter. *La protonique non initiale, non en position*, Romania, V,
p. 143.

dérivés en *bilis* qui avaient cours dans la langue populaire, et que le peuple décomposait en thème verbal et en suffixe, *ebilis*, *ibilis* firent place à *abilis*; et c'est ainsi que l'on trouve, dès le début du douzième siècle, *credable*, d'où plus tard *croyable*, *desfendable*, *pendable*, *vendable*, *faisable*, *mettable*, *contraignable*, *convenable*, *prenable*, *secourable*, *abolissable*, et autres mots en *issable*, *connaissable*, etc. On peut exprimer le fait en disant que, par suite de la transformation de *bilis* en *abilis*, le suffixe *able* s'adjoint au thème du participe présent des verbes, c'est-à-dire qu'on remplace la terminaison *ant* par la terminaison *able*, quelle que soit la conjugaison : *aim-ant*, *aim-able*; *finiss-ant*, *finiss-able*; *recev-ant*, *recev-able*; *pren-ant*, *pren-able*. Les dérivés en *ible* sont de formation savante[1].

Mêmes modifications analogiques se produisent pour les suffixes *ment*, *eur*, *ure*, *oir*, *is*.

Mentum s'ajoute en latin au thème verbal; *delecta-mentum*, *monu-mentum*, *nutri-mentum*, *ali-mentum*, *frag-mentum*. Le français, dès les premiers temps, partant des formes de la première conjugaison (*delecta-mentum*), a considéré la voyelle *a* comme appartenant non plus au thème, mais au suffixe, qui devient *amentum*. Par suite *i-mentum*, *i-mentum*, *u-mentum*, disparaissent devant *amentum-ement*, suffixe nouveau, de formation analogique, qui s'ajoute au thème du participe présent des diverses conjugaisons : *batt-ant*, *batt-ement*; *connaiss-ant*, *connaiss-ement*; *banniss-ant*, *banniss-ement*. *Blanchiment*, *sentiment* et les analogues sont de formation savante.

Ura, *or*[2], *orius*, *icius*, s'ajoutaient au thème du participe passé ou du supin :

nat-um nat-ura, pict-um pict-ura, fact-um fact-ura; mens-um mens-ura, etc.

imperat-um imperat-or, bibit-um bibit-or, tradit-um tradit-or, cess-um cess-or, doct-um doct-or, etc.

amat-um amat-orius, transit-um transit-orius, cens-um cens-orius, advent-um advent-orius, etc.

advent-um advent-icius, fact-um fact-icius, fict-um fict-icius, etc.

Or, dès les premiers temps, le français a remplacé ces quatre

---

1. Je ne vois guère que *paisible* et *loisible* qui puissent être considérés comme mots de formation populaire.

2. *Ura*, *or*, suffixes *romans* sortis des suffixes *latins -tura, -tor*, dans lesquels le *t* a été rattaché au radical du verbe : *t-ura, t-or*.

suffixes dans les verbes des trois dernières conjugaisons par les suffixes de la première ; partout, reprenant la forme *antem* du participe présent, il lui a substitué les suffixes *atura, ator atorem, atorius atorium, aticius aticium*. Ceux-ci sont devenus dans le cours de la langue successivement : *edure eüre eure ure* (*armedure, armeüre, armeure, armure*); *ere* au nominatif, à l'accusatif *edor eor eeur eur* (*armere; armedor, armeor, armeeur, armeur*); *edoirs* au nominatif, à l'accusatif *edoir eoir oir* (*fermedoirs; fermedoir, fermeoir, fermoir*); *ediz, eïz, eïs, is*, (*levediz, leveïz, leveis, levis*.)

Sauf dans quelques mots comme *morsura morsure, scriptura écriture, facticius faitis, pictura* **pinctura peinture, ficicius fincticius feintis*, etc., qui, dans le latin populaire, étaient considérés comme substantifs ou adjectifs, et où le peuple ne reconnaissait plus un thème verbal accompagné d'un suffixe, le génie de la langue a transformé la dérivation, en généralisant les suffixes de la première conjugaison, et en les appliquant à toutes les formations nouvelles. Preuve de la puissance que l'analogie, ou que le besoin de simplification et de clarté a exercée sur notre idiome[1]. Nous verrons, au contraire, que la tendance de la langue savante a été d'aller à l'encontre de ce grand mouvement. Elle a essayé de faire revivre ces distinctions de suffixes particulières au latin, de faire revivre dans la dérivation les diverses conjugaisons d'une langue morte : et malheureusement cette tentative a été couronnée de succès.

CHAPITRE V.

SUFFIXES NOMINAUX.

Nous passons maintenant en revue les divers suffixes qui de nos jours sont encore usités, en commençant par ceux qui

1. « Tendunt omnino omnes linguæ ab origine sua deflexæ et degeneratæ in æqualitatem quamdam male simplicem, et id tantum curant quomodo possint sine multa arte ad eamdem amussim omnes formæ co·'. » Ainsi s'exprime Lassen dans ses *Institutiones linguæ prâcriticæ*, III, 297. (Cf. M. Bréal, dans les *Mémoires de la Société de linguistique*, II, 189). Le prâcrit est au sanscrit ce que les langues romanes sont au latin. Lassen, en comparant la simplicité méthodique du prâcrit à la savante complexité du sanscrit, se prend à accuser la langue fille de déformation et de dégénérescence ; à tort. Les formes anciennes ne disparaissent que pour faire place à de nouvelles formations.

servent à former des noms et des adjectifs. Nous ne suivrons pas l'ordre alphabétique des suffixes latins d'où ils dérivent, parce que nous ne faisons pas ici une étude étymologique; étudiant les suffixes *actuellement vivants*, nous devons y voir autant de *mots* différents; c'est donc sous leur forme *actuelle* que nous devons les considérer.

1. *able.*

Ce suffixe se joint au thème du participe présent des ver-bes [1], pour indiquer une possibilité passive, quand le verbe est actif : *faisable*, qui peut être fait ; et une possibilité active, quand le verbe est neutre : *valable*, qui peut valoir. Il se joint aussi à des substantifs : *charit-able*, *équit-able*, *raison-nable.*

Dans la langue actuelle il est très-fécond ; il sert à former de nombreux adjectifs : ceux que nous citons manquent au Dictionnaire de l'Académie française.

abattable : « Ces chevaux sont *abattables.* » (Littré), *abolis-sable* (id.).

abrogeable : « Qui peut être abrogé. Ces lois sont *abrogea-bles.* » (Littré).

animalisable : « Qui peut être animalisé. » (Littré). « Qui sait.... si la mer animalisée ne donne pas le branle à la mer *animalisable*, non organisée encore? » (Michelet, *la Mer*, 2ᵉ édit. p. 57).

arrosable : «Qui peut être arrosé. » (Littré). Se trouve déjà dans Rutebeuf (treizième siècle) :

> *Arousable* fontaine
> Et délitable et saine.
> (Edit. Jubinal [1], II, 97.)

Mais, comme le fait remarquer M. Littré, *arousable* est ici actif et veut dire : « Qui peut arroser, qui arrose. »

assurable : « Qui peut être assuré, admis à recevoir les avantages d'une compagnie d'assurances. » — « Le nouveau client est-il reconnu *assurable...* » (*Revue des Deux Mondes*, 1ᵉʳ février 1867, p. 569). » (Littré, *supplém.*).

brevetable : « Le procédé n'est pas *brevetable.* » (Littré). Mot proposé en 1845 par Richard.

---

1. Diez, *Grammaire*, t. II, p. 305 de la traduction française.

capitalisable (Littré) : « Rente *capitalisable* », *cicatrisable* (id.), *civilisable* (id.).

congédiable : « C'est un des hommes *congédiables*. Tous les *congédiables* du régiment. » (Littré).

convertissable (Littré), mot créé par Mercier (*Néologie*) ; *convocable* (Littré), *déguisable* (id.).

dépensable : « L'équivalence entre les quantités de force *dépensables*. » (Cournot, *Enchaînement des idées fondamentales*, t. I, p. 152, dans Littré, *supplément*).

déracinable (Littré).

dérailable : « Se dit de locomotives qu'on peut faire dérailer à volonté, sur les chemins de fer américains. » (Littré, *supplément*). On dit plutôt *déraillable*.

dérivable : « Ce principe est *dérivable* de tel autre. » (Littré).

désagrégeable : « Roche facilement *désagrégeable*. » (Ch. Martins, *Académie des sciences, comptes rendus*, t. LXVII, p. 934, dans Littré, *supplément*).

dirigeable, proposé en 1845 par Richard ; reçu aujourd'hui : « Ballon *dirigeable*. »

discutable : « Cela n'est pas *discutable*. » (Littré).

éludable : « Néologisme. Qu'on peut éluder. » (Littré).

encaissable (Littré, *supplément*), *escomptable* (id.).

fertilisable (Littré) ; M. Scholle (*Programme*, p. 15) relève ce mot dans George Sand.

formulable : « Principes facilement *formulables*. » (Maury, dans Scholle, *Programme*, p. 15).

grondable (Littré).

impressionnable : « Néologisme. Susceptible de recevoir de vives impressions. Esprit *impressionnable*. Fig. se dit de la rente, des valeurs commerciales. » (Littré).

libérable : « Qui peut être libéré, renvoyé d'un service, et surtout du service militaire. Les hommes *libérables*. » (Littré) ; proposé, en 1845, par Richard.

maîtrisable (Littré) ; proposé par Richard.

organisable : « Qui peut recevoir l'organisation ou y participer (Littré). » « Une matière à demi organisée et déjà toute *organisable*. » (Michelet, *la Mer*, 2ᵉ édit., p. 113).

simplifiable (Littré).

Cette liste de dérivés, dont la plupart obtiendraient difficilement droit de cité dans la bonne langue littéraire, nous montre que la langue actuelle ne forme plus d'adjectifs en *able* qu'avec

des verbes actifs, c'est-à-dire qu'elle attache à *able* la signification de « qui peut être.... » ; et qu'elle ne forme plus des dérivés de noms : un mot tel que *bontable*, analogue à *équitable*, serait monstrueux.

A ce, voir *assé*.

2. ade.

Suffixe qui nous est venu par emprunt de l'espagnol, du
provençal et de l'italien. Il correspond au français *ée* : *caval-
cade* est étymologiquement identique à *chevauchée*. Ce suffixe
s'est introduit dans la langue au seizième siècle, et y a pris
droit de cité sous l'influence de mots comme *arcade*, *arlequi-
nade*, *aubade*, *ballotade*, *barricade*, *cacade*, *capucinade*, *cascade*,
claquade, *débandade*, *dragonnade*, *enfilade*, *estacade*, *estrade*,
gambade, *marmelade*, *pétarade*, *rasade*, *reculade*, *sérénade*, etc.
Il a formé de nos jours quelques dérivés : *guillotinade*, *fusil-
lade*, *mitraillade*, mots qui rappellent *dragonnade* [1]. Th. Gautier a, d'après le provençal, recréé *à la dérobade* (*Capitaine
Fracasse*, X), et *plamussade :* « Le beau Sigognac flattait le col
de son cheval avec des *plamussades*. » (*ibid.*, II). Chateaubriand
a créé *effarade :* « Au milieu de l'*effarade* des maîtres du logis. »
(*Mémoires*, t. XI, p. 317).

Ce suffixe est encore vivant dans la langue populaire, témoin les dérivés suivants :

bousculade : « Il comparait ce tableau aux cris, aux *bous-
culades*, sur les trottoirs qui animent à Paris les sorties d'ateliers. » (Daudet, *Jack*, II, § 1). Ce mot est d'un emploi usuel
dans le peuple.

cognade : « gendarmerie » (Francisque Michel, *Études sur
l'argot*) [2].

cotonnade, donné pour la première fois par Boiste, dans son
Pan-Lexique, a passé de là dans le Dictionnaire de l'Académie (édition de 1835). Il s'emploie figurément : « Les *cotonna-
des* théophilanthropiques du grand vicaire Louis Jourdan et
du bedeau Labédollière. » (Veuillot, *Odeurs de Paris*, IV, 6).

gobichonnade (L. Larchey, *Dictionnaire de l'argot parisien*).

1. Cf. Fr. Wey, *Manuel des droits et des devoirs*, 1848, p. 270.
2. Cf. plus haut, p. 51.

rigolade, mot très-populaire, que ne donne aucun dictionnaire.

, *toquade*, voir Littré.

Rappelons le masculin *troubade*, jeune soldat, jeune homme. Le *troubadour*, sorti de la littérature romantique, a été recueilli par le langage de l'armée qui, en le mutilant, en a fait *le troubade*.

3. age.

Vient de *aticus aticum*. Il formait à l'origine des adjectifs : *chant ramage*, chant de la *ramée*, chant des oiseaux sur la *ramée* ; *lait formage* ou *lait fromage*, lait caillé, durci, qui a pris *forme* ; *poisson marage*, poisson *marin* ; le *message* était aussi bien « l'homme envoyé » *missaticus* que « la chose envoyée » *missaticum*. L'adjectif fut ensuite pris au sens neutre, et devint nom de chose : *corage, edage* (*eage age = aetaticum*), *charnage, plumage*. De là la signification collective attachée à nombre d'anciens dérivés : *feuillage, caillloutage, laitage, plumage, ombrage, herbage*, et qui se conserve dans quelques dérivés nouveaux. Enfin, par une transformation et une spécification de sens, *age* désigne maintenant l'action exprimée par le verbe, et s'attache au thème du participe présent, pour former des noms abstraits d'action.

Ce suffixe possède une grande fécondité ; il fournit à la langue technique ou familière nombre de néologismes auxquels la langue littéraire ne fait pas toujours accueil. Les mots que nous citons du Dictionnaire de M. Littré ne sont pas donnés par l'Académie :

aciérage (Littré, *supplém.*), *aiguillage* sur une voie ferrée (Littré, *supplém.*), *allumage* (Littré).

bobinage, bœuvonnage, boitage (Littré, *supplém.*).

bouquinage : « Ils doivent.... s'étonner beaucoup de la curiosité rétrograde et stérile de ces dandys du *bouquinage*. » (J. Vallès, *la Rue, La messe de Liszt*).

captage (d'une source) (Littré), *carreaudage* (de *carreauder*, de *carreau*), *charronnage* (Littré, *supplém.*).

chamarrage : « Il y a dans la mise des femmes moins de prétention et plus d'harmonie ; on évite le *chamarrage* avec autant de soin qu'on le recherchait autrefois. » (L. Reybaud, *l'Exposition universelle*, II, 1, dans la *Revue des Deux Mondes*, 15 juillet 1867, p. 934).

cuivrage (Littré), *désargentage* (Littré, *supplém.*), *drainage*.

drelindinage: « Tous les *drelindinages* de la maison et du quartier. » (*Vie parisienne*, 18 nov. 1876, p. 654, col. 2).

enfumage (des poissons) (Payen, *Revue des Deux Mondes*, 15 déc. 1867, passim, dans Scholle, *Archives* de Herrig, t. LXII, p. 120).

escargotage (Littré, *supplém.*).

factage: « Le *factage* parisien. » Mot de dérivation bizarre : il vient de *facteur*, dans lequel on a cru voir un dérivé d'un verbe *facter* : il est amené par l'analogie de *laveur lavage, loueur louage, batteur, battage*, etc.

foliotage : « *Foliotage* mécanique » (Bottin, *Annuaire du commerce*, 1875, p. 1011 et 1239).

gavage, action de gaver les pigeons. (Voir le journal *la Patrie* du 19 janvier 1877).

gemmage: « Le *gemmage* a, comme on sait, pour objet l'extraction de la résine au moyen d'incisions plus ou moins profondes, suivant que l'arbre doit être prochainement abattu ou qu'il doit continuer à végéter encore. » (Clavé, *Études forestières*, *Revue des Deux Mondes*, 15 mai 1864, p. 375; dans Scholle, *ibid.*).

lotissage, action de faire les lots à vendre à la criée (aux Halles). (Voir le journal *la Patrie* du 19 janvier 1877).

marchandage: « Le travail à domicile équivaut dès lors à un *marchandage* dans la plus mauvaise acception du mot. » (Audiganne, *Revue des Deux Mondes;* dans Scholle, *Programme*, p. 15).

notage des airs de musique sur le cylindre des serinettes (Littré).

numérotage: « *Numérotage* mécanique. » (Bottin, *Annuaire du commerce*, 1875, p. 1011 et 1239).

outillage, ensemble des outils nécessaires dans un métier; *patinage* des roues d'une locomotive (Littré); *piquetage*, action de planter des piquets (Littré, *supplém.*); *pourcentage*, terme de banque, dérivé de *pour cent*, comme s'il existait un verbe *pourcenter* « compter tant pour cent. »

racontage. « Néologisme. Bavardage ; petits contes faits à plaisir, petites médisances. » (Littré).

remisage des voitures (Littré, *supplém.*).

rodage: « *Rodage* de robinets à gaz. » (*Prix des règlements applicables aux travaux du bâtiment*, 1875-1876, p. 124).

sabotage : « Opération qui consiste à entailler les traverses
(des rails) pour y placer les coussinets. » (Cousy de Fageolles,
Dictionnaire des chemins de fer).

sauvetage.

taquinage : « Les égoïstes.... n'embarrassent point la vie
de ceux qui les entourent par les ronces du conseil, par les
épines de la remontrance, ni par les *taquinages* de guêpe que
se permettent les amitiés excessives. » (Balzac, *Maison Nucingen*, édit. 1856, p. 47).

3 bis. Les suffixes *agne aigne* (*montagne, champagne, châ-
taigne*), *ai* (*ver-ai vrai*), *ail* (*épouvantail, travail, vantail*, etc.),
appartiennent au latin populaire ou à la vieille langue, et ont
disparu. Il en est de même, ce semble, de (*ai*) *aie* (où *oie oie*)
(de *ētum ēta*) à qui l'on doit *aulnaie, ronceraie, pommeraie,
saussaie, fresnaie, cerisaie*, et les analogues. M. Perret, dans
la *Revue des Deux Mondes*, écrit *hêtrée* : « C'était une superbe
hêtrée, dernier vestige d'une grande forêt. » (cité par Scholle,
Programme, p. 15); M. Savenay écrit de même *saulée* (*ibid.*,
p. 17). M. Scholle signale ces mots comme des néologismes ; ce
ne sont que des fautes d'orthographe pour *hêtraie, saulaie*.
Ces fautes montrent bien que la valeur du suffixe *aie* est près
de disparaître, si elle n'est pas déjà effacée.

4. aille.

Aille repose sur le latin *ália*. Le pluriel neutre de certains
adjectifs en *ālis, ĭlis, īlis*, a donné naissance à des substantifs féminins, par suite de l'erreur qui a fait voir des noms de
la première déclinaison dans les noms pluriels en *lia* : de là
batualia bataille, mirabilia merveille. De ces diverses formes
en *lia*, celle qui appartient à la première conjugaison, *alia*,
a seule servi à des formations nouvelles, où l'idée primitive
de pluralité se laisse reconnaître encore dans le caractère
collectif qui leur est propre : *brosse broussaille, lime limaille,
fer ferraille, roc rocaille*. Le suffixe prend ensuite une acception méprisante : *rimaille, tripaille, gueusaille, marmaille,
chiennaille*. Ce dernier mot a été remplacé par l'italien *cana-
glia, canaille*, qui offre le même sens : « réunion de chiens » et
figurément : « vile multitude ». Le sens se restreint ensuite :
« C'est une *canaille*. Une manière d'agir *canaille*[1]. »

1. Diez, *Grammaire*, II, p. 305 de la traduction française.

Le suffixe *aille* qui, dans la langue populaire, a conservé sa pleine et entière signification péjorative, a donné de nos jours quelques dérivés nouveaux que ne revendiquera jamais la langue noble : *radicaille, cléricaille*. Le *Dictionnaire d'argot* de M. Fr. Michel donne la *duraille* comme synonyme de la *dure*, « la terre. » De *crêpe* on a tiré, de nos jours, croyons-nous, *crépaudaille*, qui est fait sur le modèle de *crapaudaille*.

4 bis. Ain (aim) de *amen* (*essaim, levain, airain*, etc.), a à peine laissé quelques traces en français. *Ain aine*, de *anus ana*, a donné des adjectifs tirés d'adjectifs (*cert-ain*), de noms (*vil-ain*), d'adverbes (*derr-ain*, v. fr.), et des substantifs : *écrivain* (scriba), *font-aine*, ou des noms de nombre : *douz-aine, quinz-aine, vingt-aine*. Il ne fournit plus de dérivés nouveaux.

5. ais, aise ou ois, oise.

Le suffixe latin *ensis*, devenu dans le latin populaire *esis*, a donné le français *ois* ou *ais* : *Suédois, Norois, Gallois, Hongrois*, etc.; *Hollandais, Français, Anglais*. Ce suffixe, sous sa double forme, est encore vivant. Nous avons vu depuis 1869 les *Bellevillois* paraître sur la scène politique. M. É. Reclus a employé *Basquais* (pour *Basque*) (*Revue des Deux Mondes*, 15 oct. 1864, p. 192). Les habitants de New-York reçoivent chez nous le nom de *New-Yorkais*.

5 bis. aison.

Le suffixe *aison* vient de *ationem*. Il a fourni dans la vieille langue un grand nombre de noms d'action. Le latin avait des substantifs en *atio ationis*, venant des verbes de la première conjugaison, et des substantifs en *tio tionis, sio sionis*, venant des verbes des autres conjugaisons. Un certain nombre de ces derniers a passé au français : *lectionem leçon ; dictionem diçon* (dans *maudiçon maudisson*, etc.), *factionem façon, nutritionem nourrisson, prehensionem prison*, etc. Mais la dérivation normale, qui a créé des formes nouvelles, a été celle des noms en *ationem aison* : de là *assemblaison, fauchaison, fenaison, crevaison, pendaison*, etc. Cette dérivation est *totalement* éteinte. Elle a disparu devant la dérivation[1] en *ation* ; perte

---

1. Ce mot même en est un exemple. Jusqu'au dix-septième siècle on disait *dérivaison*.

regrettable, comme bien d'autres qu'on doit à la funeste action de la formation savante.

6. *al, el.*

Du latin *alis.* La vieille langue a hésité entre *al* et *el*, et à cette hésitation nous devons deux suffixes qui, ajoutés aux noms, les transforment en adjectifs. Ces adjectifs désignent une manière d'être possédée par le radical, ou une manière d'être analogue.

Al, el forment de nos jours d'abondants dérivés :

auroral : « Lumière *aurorale.* Phénomènes *auroraux.* » (Littré, *supplém.*).

global : « Il attribue l'épître aux Hébreux à saint Paul, sans la ranger dans la masse *globale* des épîtres pauliniennes. » (Réville, *Revue des Deux Mondes*, 15 juillet 1864, p. 413, dans Scholle, *Arch.* de Herrig, xxxix, 432).

gouvernemental : « Néologisme fort lourd, mais qui est régulier et dont l'usage se consolide. » (Littré). « Cette machine à rouages compliqués, qui s'appelle en mauvais français : pondération *gouvernementale.* » (Ch. de Bernard, *Les ailes d'Icare*, II, 4).

obéliscal : « Merveilleux. — Date du transport de l'obélisque sur la place de la Concorde. »—« Admirable ! pyramydal ! *obéliscal !* » (L. Larchey, *Argot parisien*). Voir *pyramidal.*

orchestral, phénoménal.

pyramidal : « Ce drame *pyramidal*, obéliscal, granitique, qui m'a fait frémir. » (*Almanach du Hanneton*, 1866, dans L. Larchey, au mot *granitique*).

postal : « Quand deux gouvernements, la Suisse et la France, je suppose, convenaient ensemble de faire payer dix ou douze sous un port de lettre, on disait jadis trivialement : « C'est une convention de poste ; maintenant on dit : Convention *postale.* » Quelle différence et quelle magnificence ! » (A. de Musset, *Première lettre de Dupuis et Cotonnet*).

spectral : « Analyse *spectrale.* »

transcendantal : « Analyse *transcendantale.* » Mot venu de la philosophie de Kant. Fénelon disait *transcendantel ;* voir Littré, à *transcendantal.*

traversal : « Lampe qu'ils (*les inventeurs*) nomment *tra-*

versale. » (Description des brevets; 1833, 1re série, t. L,
p. 262).

additionnel : « L'acte *additionnel.* »

alluvionnel : « Humus *alluvionnel.* » (Lejean, *Revue des
Deux Mondes*, dans Scholle, *Programme*, p. 13).

convictionnel (Littré), *exceptionnel* (id.).

flexionnel : « Les éléments *flexionnels* d'un mot. »

fonctionnel : « Entretien *fonctionnel* d'un être. » (Cl. Bernard, *Revue des Deux Mondes*, dans Scholle, *Programme*), *in-
cidentel.*

insurrectionnel : « Mouvement *insurrectionnel.* »

passionnel : « L'attraction *passionnelle.* » expression de
Fourier.

professionnel, sériel : « La loi *sérielle.* » expression de
Proudhon (Scholle, *Programme*, p. 17).

7 et 8. *ant* (*and*), *ance.*

Ant (*and*) et *ance* correspondent au latin *antem* et *antiam.*
Par suite de l'extension qu'a prise le participe présent de la
première conjugaison dans la langue populaire[1], les dérivés
des autres conjugaisons affectent la terminaison *ant ance;* et
les mots en *ent ence* décèlent, par cette seule forme, leur origine savante[2].

Les dérivés en *ant* sont les participes présents pris adjectivement ou substantivement; nous en avons déjà parlé[3].

Quant aux dérivés en *ance*, ils sont tirés d'ordinaire de
l'adjectif ou du participe en *ant*. Cette formation, très-abon-
dante dans la vieille langue, éminemment française, disparaît
peu à peu devant la formation savante. Th. Gautier a créé
attirance. « La Rapée... éprouvait la vertigineuse horreur de
la chute mêlée d'*attirance* qu'inspire la suspension au-dessus
d'un gouffre. » (*Capit. Fracasse*, xvii). Baudelaire parle de
« l'*attirance* du gouffre. » (*Fleurs du mal, Spleen et idéal*, xlvii)
Assurément *attirance* est préférable à *attraction*. Chateaubriand a employé *luisance* (*Mémoires*, ix, 228), *unisonance*
(de *unisonant*), « L'*unisonance* des vagues, » (*ibid.*, i, 263) ; *com-
patissance :* « A Namur, la première femme qui m'aperçut sor-

1. Voir plus haut, p. 76.
2. Voir P. Meyer, *Mémoires de la Société de linguistique*, I, 244 et suiv.
3. Plus haut, p. 56, 63 et suiv.

tit de sa boutique, me donna le bras avec un air de *compatis-
sance*, et m'aida à me traîner » (*Ibid.*, III, 127).

Citons encore *ambulance*, de *ambulant*, *transhumance*, de
transhumant (Littré), *sémillance*, de *sémillant*, créé par Mercier.

9. (*ande*) *andier*.

Le participe futur latin de la première conjugaison sert dans
les dérivés français aux verbes des autres conjugaisons : de là,
à côté de *lavande* (lavanda), *jurande* (juranda), des mots
comme *buvande* (*bibenda*), *viande* (*vivenda vienda*), *offrande*
(*offerenda*) [1]. Ce suffixe s'est éteint dans le français moderne
sous l'action du suffixe savant *ende*.

Toutefois, constatons que *ande* a donné une dérivation secondaire *andier* (*brelandier*, *buandier*, *lavandier*, *taillandier*,
vivandier; *dinandier*, tiré de *dinanderie* qui vient lui-même
de *Dinant*, *faisandier*, tiré de *faisanderie*, *faisan*), et que cette
dérivation a fourni à l'imitation. M. Littré, au supplément
de son dictionnaire, donne *battendier*, « celui qui exploite
un moulin à battre le chanvre. » (*Tarif des patentes* de 1858);
il faut lire *battandier*. Dans les manufactures de l'Ouest, à
Indret, près de Nantes, les ouvriers dessinateurs sur toile,
trouvant le mot de *dessinateur* trop ambitieux, l'ont remplacé par *dessinandier* : « Il n'y a pas un *dessinandier* pareil
dans Indret. » (A. Daudet, *Jack*, II, § 1.)

9 *bis*. Le suffixe *ange*, de *emia*, dans les substantifs (*ven-
dange*, *louange*, etc.), de *aneus* dans les adjectifs (*étrange*, etc.),
et le suffixe *aque* qui se trouve dans quelques mots d'origine
étrangère, ont fourni peu de dérivés à la langue, et sont aujourd'hui éteints.

10. *ard, arde.*

Ce suffixe d'origine germanique (*hart*) a pénétré dans notre
langue, dès les premiers temps, avec des noms propres : *Ay-
mard*, *Bernard*, *Guiard*, *Guichard*, *Renard*, etc. Il a passé
de là à des noms communs auxquels il a donné, comme
en allemand d'ailleurs, une signification généralement défavorable ; il s'applique aux noms de personne comme aux
noms de chose; il a un caractère populaire bien marqué, et

1. Cf. plus haut, p. 76.

il est très-fécond. On peut en juger par cette liste de mots récents :

badouillard : « Pour être *badouillard,* il fallait passer trois ou quatre nuits au bal, déjeuner et courir en costume de masque dans tous les cafés du quartier latin jusqu'à minuit. » (Privat d'Anglemont). — Le *badouillard* fut de mode de 1840 à 1850. » (L. Larchey, *Argot parisien.*)

balochard : « Usité à Paris, avec le sens de *bambocheur,* de *libertin.* » (Fr. Michel, *Études sur l'argot,* 1856). — « Le *balochard* représente surtout la gaieté du peuple ; c'est l'ouvrier spirituel, insouciant, tapageur, qui trône à la barrière. » (Taxile Delord). C'est le nom d'un personnage de carnaval qui florissait entre 1840 et 1850 (Voir L. Larchey). Le mot dérive de *balocher,* augmentatif populaire de *baller,* danser.

bondieuzard, mot créé dans ces dernières années par certains journalistes de la presse radicale, pour désigner le parti religieux. Il n'est pas nécessaire, pour expliquer la formation du mot, d'admettre l'existence d'un verbe *bondieuzer*[1].

briscard : « vieux soldat à chevrons » (L. Larchey); de *brisque.*

camisard, soldat pionnier des compagnies de discipline, couvert d'une longue capote. Le mot n'a de commun que l'identité de formation avec le nom des célèbres *Camisards* des Cévennes. Ils viennent tous deux du provençal *camisa,* chemise.

capitulard. Cette désignation injurieuse date de la dernière guerre et des capitulations de Metz et de Paris.

chicard, personnage de carnaval, à la mode de 1830 à 1850; de *chic.* Les transformations de sens de ce mot sont curieuses et instructives à divers égards. *Chicard* est d'abord créé comme nom propre. « Maître Chicard, » c'est l'homme, le danseur *très-chic,* qui invente un *pas* dénommé, d'après lui, le *pas chicard.* Dans cette expression, *chicard* redevient adjectif et reprend sa signification étymologique : *pas chicard,* pas qui est très-chic. L'emploi de l'adjectif se généralise; le mot s'enrichit de syllabes bizarres, à valeur superlative, et l'on a *chicandard, chicocandard, chicandardo* (chicandardot).

communard, partisan de la Commune (1871). Il est à remarquer que la langue a hésité entre *communard* et *commu-*

1. Voir plus haut. p. 71.

neux (voyez au suffixe *eux*), pour se décider finalement en faveur de *communard*.

cumulard : « Pour ces gens qui sont titulaires nés de toutes les places, on a créé dans la langue un terme de mépris de plus, celui de *cumulard*. » (Teulet, dans le *Dict. de Larousse*.)

décembraillard, nom donné, de 1849 à 1852, aux membres de la société bonapartiste du Dix décembre[1]. Ce mot est attribué à M. de Lasteyrie.

fusionnard, partisan de la *fusion* de la branche aînée des Bourbons avec la branche cadette.

lignard, soldat de la ligne, et, dans le langage des typographes, ouvrier qui compose spécialement la ligne courante. (Boutmy, *Dict. de l'argot typographique*).

pochard, ivrogne qui *se poche*, se remplit.

pudibard : « faussement pudibond » (L. Larchey). C'est *pudiard* dont la finale est remplacée, dans une intention méprisante, par notre suffixe péjoratif.

roublard d'origine inconnue; n'a rien de commun avec les *roubles* russes. Fr. Michel ne donne à ce mot que le sens de *laid, défectueux*; L. Larchey les deux significations de *laid, incomplet, gâté* et de *homme de mauvaise foi. Roublard*, actuellement, signifie artificieux, rusé, habile à duper les gens.

soudrillard : « libertin, mauvais sujet. » (Fr. Michel), dérivé de *soudrille*, vieux mot qu'il a remplacé de nos jours. *Soudrille* est dans le Dictionnaire de l'Académie.

torpillard, nom donné récemment aux soldats de marine chargés de placer les torpilles.

tortillard, bancal, boiteux, qui marche en tortillant. E. Suë en a fait un nom propre dans les *Mystères de Paris*.

veinard : « homme qui a habituellement de la veine. » (L. Larchey).

Dans quelques-uns de ces dérivés, la signification dépréciative du suffixe paraît s'effacer : dans *veinard, ard* indique seulement une sorte d'admiration jalouse; dans *chicard*, l'admiration pure et simple. Les suffixes les mieux caractérisés ont souvent cette mobilité de signification, cette extension irrégulière qui répond à l'instabilité de l'imagination populaire.

Toutefois, *ard* a conservé en général sa valeur dénigrante.

---

1. *Décembraillard*, de *décembre*, avec l'intercalation de la syllabe péjorative *aille* (cf. plus haut, p. 84) pour rappeler *braillard*.

Voilà pourquoi nous avons vu récemment les *Niçards*, mécontents de la finale de leur nom, se transformer en *Niçois*. Cette formation est irréprochable : *Nice* a pu produire des *Niçois* aussi bien que des *Niçards*. Mais que dire des *Savoyards* qui, au mépris des lois de la dérivation, se déguisent en *Savoisiens*?

Les gens du peuple tendent à confondre les adjectifs en *are* avec les adjectifs en *ard*, que la prononciation ne distingue pas, et par suite à leur donner des féminins en *arde*, quand ils ont une signification quelque peu dépréciative. Un même numéro du journal *le Pays* offre, à côté du masculin *ignare*, le féminin *ignarde* : « Plus un individu est *ignare*, plus il est affirmatif; le plus obtus crie le plus fort. » — « Sachez-le, monsieur le ministre, il n'y aura jamais rien de commun entre votre Université athée-matérialiste, et par-dessus tout *ignarde*, et les Facultés libres, fondées par des hommes avides d'échapper à la routine universitaire[1]. » Les gens du peuple disent encore *un avare, une avarde*.

11. *as, asse, ace, ache; is, isse, iche; oche, uche.*

Ces suffixes dérivent de *aceus (acea); iceus (icea), icius (icia); oceus (ocea); uceus (ucea)*. Ils ont formé des adjectifs et des substantifs ayant en général une signification collective, augmentative ou péjorative : *coutelas, embarras, tracas, plâtras, cuirasse, liasse, paperasse, lavasse, rondache; châssis, lattis, lavis, pelisse, saucisse, caniche, lévriche; mailloche, sacoche; guenuche, peluche.*

De nos jours, seuls les suffixes *as, asse* et *is* sont encore vivants; *as, asse* a une signification péjorative très-nette : on en sent la valeur dans *lavasse, bestiasse, paperasse; blondasse, fadasse;* dans les dérivés secondaires, *écrivassier, finassier*. Cependant, les créations nouvelles sont rares : je ne vois à citer que *cocasse*, qui date de notre siècle.

Is est en vieux français *eïs, eïz*, plus anciennement *ediz*, de *aticius*. Le suffixe de la première conjugaison *at-icius* s'est substitué aux suffixes *t-icius s-icius*, etc., des autres conjugaisons[2]. Il a une signification collective : *arrachis, couchis,*

<hr>

1. *Le Pays*, journal quotidien, politique, littéraire, etc.; n° du lundi 24 avril 1876, page 3, col. 2; page 1, col 2.
2. Voir plus haut, p. 77, 78.

gâchis, guillochis, hachis, lattis, etc. Il a fourni à la langue contemporaine le mot *cailloutis :* « Entre la maison et le jardin règne un *cailloutis* en cuvette. » (Balzac, *le Père Goriot*).

12. *âtre.*

Aster annonce une ressemblance incomplète avec l'idée du thème ; de là une signification généralement péjorative[1]. Il a formé des substantifs : *parâtre, marâtre, écolâtre, gentillâtre*, etc., et des adjectifs : *bellâtre, douceâtre, folâtre* ; spécialement des adjectifs indiquant la nuance affaiblie d'une couleur : *blanchâtre, brunâtre, grisâtre, jaunâtre, noirâtre, olivâtre, rougeâtre, roussâtre, verdâtre.*

À interroger le sentiment de la langue, il semble qu'aujourd'hui ce suffixe n'ait plus gardé sa valeur propre que dans ce dernier emploi, et que les créations nouvelles, si elles doivent se produire, consisteront dans des adjectifs désignant des couleurs voisines de celles qu'indique le radical : *rosâtre, blondâtre, fauvâtre.*

13. *aud, aude.*

En vieux français *ald alde.* Ce suffixe vient, comme *ard*, d'un suffixe germanique (*wald*), par l'intermédiaire des noms propres francs : *Grimwald, Answald, Herwald.* Il a d'abord servi à former des noms propres, soit avec des radicaux germaniques, *Guiraud, Guinaud, Regnaud*, soit avec des radicaux romans, *Bellaud, Bonaud, Brunaud, Clairaud*, etc. Il a ensuite passé à des noms communs de personnes, d'animaux, à des adjectifs auxquels il a ajouté d'ordinaire une mauvaise signification : *nigaud, ribaud, clabaud, pataud, levraut* ; *lourdaud, saligaud, salaud, finaud, noiraud, rougeaud, courtaud*, etc.

La signification de ce suffixe dans les dérivés d'adjectifs est encore très-sensible ; nous ne connaissons cependant pas de dérivations nouvelles.

14-15. *é, ée.*

Terminaison du participe passé de la première conjugaison (*atus, ata*), ce suffixe forme des adjectifs ou des participes passés ayant la valeur d'adjectifs. D'un substantif la langue

1. Diez, *Grammaire*, t. II, p. 360 de la traduction française.

peut tirer un adjectif ou un participe, sans passer par le verbe en *er;* parfois même on ne peut créer le verbe d'où semble dériver le participe. *Soleillé* se disait au dix-septième et au dix-huitième siècle : « Deux petites chambres bien soleillées. » (Mercier, *Néologie*). *Soleiller* n'a jamais existé. Le verbe peut dériver postérieurement du participe. *Imager le style* est un néologisme contemporain; *style imagé* a été créé par Mercier en 1801. M. Littré a donc tort de faire de *imagé* le participe passé du verbe *imager.*

Cette formation est très-vivante dans la langue populaire, commune ou savante. Elle a les mêmes caractères que la dérivation, d'une singulière richesse et d'une fécondité inépuisable, à laquelle on doit les verbes en *er.* Voici quelques exemples :

abeillé : « Le manteau impérial est *abeillé* » (Littré, *supplém.*).

accidenté : « A droite se creusait en abîme un immense ravin déchiré, *accidenté* de la façon la plus sauvagement romantique. » (Th. Gautier, dans le *Dict. de Larousse*). Au fig. « Guillen de Castro traita le théâtre à sa mode, et non selon celle du temps : il préféra les sujets héroïques et *accidentés.* » (Phil. Chasles, *ibid.*)

auréolé : « Que de regards fanés, de crânes déplumés, encore *auréolés* de rêves. » (Daudet, *Jack*, I, § 6).

baugé : « Un vieil ermite *baugé* dans l'enceinte des grands mélèzes. » (E. About, dans Scholle, *Archives* de Herrig, XLII, p. 116)

bouqueté : « Sur les reliefs perpendiculaires du paysage, des pentes roses ou *bouquetées* de cépées de hêtres ; des pics dardant la nue, des dômes coiffés de glace. » (Chateaubriand, *Mémoires*, X, 217).

chaudronné : « Je ne sais pourquoi je m'étais figuré que Prague était niché dans un trou de montagnes, qui portaient leur ombre noire sur un tapon de maisons *chaudronnées* » (Chateaubr., *ibid.*, X, 453).

chocolaté : « crème *chocolatée.* »

corsé : « un cheval *corsé* » au figuré : « Ah çà ! vous tâcherez que le déjeuner soit un peu *corsé.* » (E. Scribe, dans le *Dict. de Larousse.*) La vieille langue disait *corsu.*

cosmétiqué : « Sa forte moustache blonde, très-*cosméti-*

quée,, sa face large et pâle, lui donnaient l'air d'un mousquetaire malade. » (Daudet, *Jack*, I, § 2).

couleuré a été employé par G. Sand dans la *Petite Fadette* (Scholle, *Programme*, p. 14).

crémé : « Toile *crémée* » (Catalogue du magasin des *Trois Quartiers*, p. 39).

fuchsiné : « Vins *fuchsinés*. » Mot créé récemment.

gouaché : « Miniature *gouachée*. » (Littré, *supplément*.)

imagé : « style *imagé*, » créé par Mercier dans sa *Néologie* (1801). Le mot a réussi.

kilométré : « Une route *kilométrée*. » (G. Bousquet, *Revue des Deux Mondes*, 1876, t. V, p. 722).

laitonné : « Tulle *laitonné*. » (Littré).

mélassé : « Eau *mélassée*. » (Littré, *supplément*).

meringué : « Glaces *meringuées*. » (*Description des brevets*, 1842, 1ʳᵉ série, t. LVII, 278).

mouvementé : « style *mouvementé*. »

ornementé : « plafond *ornementé*. »

paraffiné : « huile *paraffinée*. »

phylloxéré : « l'immersion des vignes *phylloxérées*. » (*Compt. rend. des séances de l'Acad. des sciences*, 20 nov. 1876).

référencé : « homme *bien référencé*, » qui a de bonnes références. Mot familier.

typé : « Alfred, brimborion maigre et muselé, *typé* comme Murray. » (Töpfer, *Voyages*, II, 1ʳᵉ *journée*).

vanillé : crème *vanillée*, chocolat *vanillé*.

On peut compléter cette liste avec l'aide de celle des dérivés en *er* (dérivation verbale).

Le participe passé, sous la forme féminine *ée*, donne naissance à des substantifs qui ne gardent plus trace de la signification verbale que leur conférait l'étymologie. Ils désignent le plus souvent la quantité de ce que peut contenir un réceptacle[1] : *une bouchée, une poignée, une pelletée, une charretée, une cuillerée, une assiettée, une platée.*

Ce suffixe est encore vivement senti, quoique les créations nouvelles soient fort rares : *pochetée*, de *pochette* = *poche*, ce qu'un *pochard* peut absorber de boisson : par extension, ivresse, et au figuré, bêtise.

---

1. Pour d'autres significations qu'on retrouve dans des mots datant de la vieille langue, voir Diez, II, 330 de la traduction française. — Ce suffixe est une forme du substantif participial; cf. plus haut, p. 57.

16. *eau, elle; ereau, erelle.*

Eau elle est le latin *ellus ella; ereau erelle* en est une forme allongée [1]. Ces deux suffixes ont gardé leur pleine valeur de diminutifs, surtout *ereau, erelle;* néanmoins, nous trouvons à peine deux ou trois mots nouveaux. M. Scholle signale comme néologismes (*Programme*, p. 15), *faîteau* employé par Balzac, et (*Archives* de Herrig, XLII, 127) *sapineau*, employé par Ém. Souvestre (*Les Anges du foyer, le Sagar des Vosges*, II). *Nuelle* se dit pour *petite nue*. Les botanistes désignent les corps reproducteurs des cryptogames sous le nom d'*embryonnelles*. Si l'on considère *embryon* non plus comme un mot grec, mais comme un mot français, cette dérivation devient normale et tout à fait conforme aux lois de la langue.

15 bis. *eil eille*, de *iculus icula* (*sommeil, oreille*), n'existe plus comme suffixe actif.

15 ter. *el*, voir *al.*

17. *ement.*

Nous avons expliqué plus haut [2] comment le suffixe latin *mentum* est devenu en français *ement. Ement* est aujourd'hui un suffixe d'une singulière richesse, formant sans cesse des dérivés de verbe qui expriment, soit l'action indiquée par le radical, soit l'état, soit l'objet qui résulte de cette action. La plupart des créations nouvelles appartiennent à la langue populaire et à la terminologie scientifique ou industrielle. Il en est bien peu pour lesquels la langue littéraire puisse se départir de sa sévérité.

abêtissement (Littré).

acclimatement, proposé par Mercier (*Néologie*); aujourd'hui reçu.

affouillement : « Quelques-uns pensent que les glaciers ont creusé les lacs ou du moins leurs bassins... ils soutiennent la théorie de l'*affouillement* glaciaire. » (Ch. Martins, *Revue des Deux Mondes*, 1er février 1867, p. 607).

affairement (Littré, *supplément*).

affriolement, mot usité dans la conversation.

1. Cf. plus haut, p. 72.
2. P. 77.

agissement (Littré, *supplément*). S'emploie surtout au pluriel : « Les *agissements* de cet homme. » Selon M. F. Wey (*Remarques sur la langue française*, II, 93), ce mot est dû à M. Billaud.

ahurissement, terme populaire très-usité. (Littré, *supplément*).

alluvionnement (Littré, *supplém.*) ; *apitoiement*, proposé en 1845 par Richard ; *assainissement* (Littré, *supplém.*), *assouplissement* (G. Sand, cité par Scholle, *Programme*, p. 13).

assourdissement :

> N'ai-je donc point assez, mes filles,
> De l'*assourdissement* des flots?
>
> (V. Hugo, *Orientales*, xxxv.)

atterrissement, employé par M. Saveney pour *atterrissage* (Scholle, *Programme*, p. 13).

bâillonnement, le *bâillonnement* de la presse ; *cachotement* (Littré); *canonnement*, le *canonnement* de la place ; *collationnement* (Littré, *supplém.*).

débraillement, mot familier, usité à côté de *débraillé*.

débroussaillement, *déguisement*, *désolement* (Littré, *supplém*).

déraillement, auquel M. Littré préfère *dérailement* qui est tout à fait inusité.

dragonnement (Littré, *supplém.*); *effarement* (Littré).

effrénement : « Néologisme, État d'une âme effrénée; Déchaînement des passions. » (Littré.)

encanaillement : « L'*encanaillement*, prélude aristocratique, commence ce que la Révolution devait achever. » (V. Hugo, *l'Homme qui rit*, II, I, 3.)

endimanchement: « La foule s'était amassée aux abords de la halle avec un tumulte, un brouhaha d'*endimanchement*. » (Daudet, *Jack*, II, § 3.)

endossement d'un effet de commerce (Littré, *supplém.*).

engloutissement, proposé en 1845 par Richard, et devenu aujourd'hui très-français : « Et quelque jour le colosse, couronné de chants d'oiseaux, de vols d'abeilles…. prenait l'aspect d'un arbre frappé de la foudre et s'abattait enfin en laissant là-haut sur le flot des cimes le vide d'un *engloutissement*. » (Daudet, *Jack*, I, § 8.)

envolement: « Avec sa nature d'oiseau étourdi, ses *envolements* et cette volonté du zigzag. » (Id. *ibid.*, § 9).

éreintement: « C'est leur souvenir (*le souvenir des journalistes*) qui vient le premier à l'esprit, quand on entend parler d'*éreinteur* et d'*éreintement*. Le mot est né chez eux et a été fait pour eux. Il ne paraît pas qu'il date de fort loin. Je crois même, sauf meilleur avis, qu'il est de notre génération. » (Fr. Sarcey, *Le mot et la chose*, p. 108).

éploiement: « De beaux faisans atteints dans l'*éploiement* de leurs brillantes ailes. » (N. Roqueplan, *Parisine*, p. 193).

framboisement (Littré, *supplém.*).

grisollement: « Le *grisollement* de l'alouette. » (Cherbulliez, *Prosper Randoce*, II).

jointement, mandatement (Littré, *supplém.*), *ordonnancement* (Littré).

pépiement des moineaux: E. Souvestre dans Scholle (*Programme*, p. 16), Ch. Nodier, dans le dict. de Dochez.

pelotonnement; pleurnichement à côté de *pleurnicherie*, Th. Gautier (*le Capit. Fracasse*, XII).

refrènement : « Le *refrènement* de la politique de conquête. » (Laveleye, *Rev. des Deux Mondes*, 1er nov. 1867, p. 41, cité par Scholle, *Archives* de Herrig, XLII, 126).

renfrognement : « Ses yeux ridés, dont l'expression passe du sourire prescrit aux danseurs à l'amer *renfrognement* de l'escompteur. » (Balzac, *le Père Goriot*).

retombement : « Pourquoi ce *retombement* dans la douleur? » (E. de Guérin, *Journal*).

trimbalement, mot familier, très-usité, omis par M. Littré.

18. erie.

Voici encore un suffixe très-riche. C'est un allongement de *ie* qui se trouve dans *courtoisie, folie, jalousie*, et qui vient du latin populaire *ia*, altération du latin classique *ta; erie* s'est si bien substitué à *ie* que ce dernier ne forme plus de nouveaux dérivés; car dans les dérivés des mots en *ier*, tels que *chemisier, chemiserie*, on ne décompose plus *erie* en *er* (affaiblissement de *ier*) et en *ie* (*chemis-ier; chemis-er-ie*), mais on considère *ier* et *erie* comme deux suffixes différents d'un même thème (*chemis-ier, chemis-erie*). *Erie* se fixe au thème des substantifs, des adjectifs et des verbes, et il ajoute à l'idée qu'ils expriment des nuances très-diverses. Tantôt il indique l'idée de la qualité (généralement défavorable) exprimée par le thème, comme dans *poltronnerie, singerie, diable-rie, bigoterie, pruderie;* tantôt il marque le résultat de l'action verbale, comme dans *badinerie, criaillerie, tricherie, plaisanterie, causerie.* Ce résultat est conçu au sens concret, avec une idée collective, dans *argenterie, bijouterie, orfévrerie, maçonnerie, verrerie.* L'idée collective se développe dans *hôtellerie, boulangerie, bonneterie, ladrerie, laiterie, huilerie,* qui indiquent des établissements ; elle reste seule dans *cavalerie, infanterie, boiserie, verroterie, bimbeloterie*[1].

Voici des dérivés nouveaux qui montrent la grande fécondité de ce suffixe. La plupart manquent au Dictionnaire de M. Littré :

bonasserie : « On rit à pleine gorge de la canaillerie naïve d'une reine et de la *bonasserie* d'un roi. » (J. Vallès, *la Rue, l'Académie*).

bonhommerie : « Aussi les personnages de M. Barrière (dans la comédie des *Faux Bonshommes*) ne sont-ils vraiment que des bonshommes. Leur bonhomie peut être fausse; leur « *bonhommerie* » est hors de doute. » (Weiss, *Essais sur l'hist. de la Littér. franç.*, 1865, p. 102).

canaillerie, voir *bonasserie.*

cocasserie : « Drôlerie comique. » (L. Larchey), *crânerie.*

cocotterie : « Monde des cocottes. » (L. Larchey).

crasserie : « Vous lui avez fait .... je suis trop poli pour dire une *crasserie,* mais enfin une chose qui ne se fait pas. » (E. About, *l'Infâme,* II).

désœuvrerie : « Se faire gentil par fatuitisme et par *désœuvrerie.* » (L. Desnoyers, *les Béotiens de Paris*).

flânerie,

gâterie : « Et encore les *gâteries* continuelles de la mère rendaient-elles assez difficile la tâche de l'époux. » (Balzac, *les Employés,* éd. de 1856, p. 161). Balzac souligne le mot, le signalant ainsi comme néologisme. M. Littré cite, d'après Dochez, un exemple tiré des *Souvenirs de la marquise de Créqui,* ce qui prouverait que le mot est beaucoup plus ancien; mais ces Mémoires sont apocryphes et datent de l'époque où écrivait Balzac.

griserie : « Cette *griserie* farouche de la bataille. » (J. Clare-

1. Cf. Maetzner, *Französische Grammatik,* p. 280.

tic, *Le beau Solignac*, 1876, I, p. 81). « Cette odeur fraîche et salée, ce coup d'éventail que la marée montante dégage à chaque vague, lui mit au cœur la *griserie* du voyage. » (Daudet, *Jack*, II, § 8).

histrionnerie : « L'*histrionnerie* monte aux honneurs, le patriciat descend à l'*histrionnerie*. » (L. Veuillot, *Odeurs de Paris*, III, 1). M. de Montégut a créé *histrionie* : « Il y a de ces mots qui viennent, en droite ligne, du royaume d'*histrionie* et du puissant empire du cabotinage. » (*Revue des Deux Mondes*, 1er mars 1859, p. 222). La dérivation *histrionie* et l'expression même *royaume d'histrionie* ont un caractère marqué d'archaïsme.

humanitairerie : « Messieurs (et mesdames) de l'avenir et de l'*humanitairerie*, qu'entendez-vous par ces paroles ? Entendez-vous que, dans les temps futurs, on perfectionnera les moyens matériels du bien-être de tous ?.. ou entendez-vous que l'objet de perfectionnement sera l'homme lui-même ? » (A. de Musset, 2e *Lettre de Dupuis et Cotonnet*).

marmitonnerie : « Holà ! ho ! toute la *marmitonnerie*, qu'on se dépêche ! » (Th. Gautier, *le Capitaine Fracasse*, III).

mômerie : « Le populaire et la *mômerie* se portent à la rencontre du bataillon qui vient. » (J. Vallès, *la Rue, la Vie de Province*). Ce mot, dérivé de *môme*, est à distinguer de *momerie*.

narquoiserie : « Les *narquoiseries* d'une critique... » (Veuillot, *Odeurs de Paris*, II, 4).

patrioterie : « Lui qui avait été élevé dans la *patrioterie* et la religion de la baïonnette souveraine. » (Th. Gautier, *Les Jeune France*, 1833, p. 145).

pocharderie (Fr. Michel ; L. Larchey).

pudibarderie (L. Larchey), dérivé de *pudibard* ; voir plus haut, p. 90.

rouerie paraît dater de notre siècle.

songerie : « Dévorés de noires *songeries*. » (Baudelaire, *Fleurs du mal*, CXXIV). « L'éternelle *songerie* des gens et des peuples qui rêvent l'impossible. » (J. Claretie, *Le beau Solignac*, 1876, I, p. 216). — *Songerie* dit autre chose que *rêverie*.

Les noms qui précèdent peuvent se diviser en deux classes, suivant la nature du radical auquel se joint le suffixe : si

c'est un verbe, le suffixe forme des noms d'action (*griserie,
songerie*); si c'est un nom ou un adjectif, il forme un nom de
qualité qui a une valeur plus ou moins dépréciative.

Il nous reste à rappeler l'emploi de ce suffixe dans la langue
technique ; on jugera par ces exemples combien lui est redevable la nomenclature du commerce et de l'industrie :

*beurrerie, biscuiterie, carrosserie, charronnerie, chemiserie,
chocolaterie, clicherie* (Littré, *supplément*), *confiturerie, droguis-
terie*[1], *fileterie*[2], *guimperie* (Littré, *suppl.*), *gailletterie* (Littré,
suppl.), *gypserie, indiennerie* (Littré, *suppl.*), *ivoirerie, lampis-
terie, lunetterie, œufrerie*[3] (Littré, *suppl.*), *ossellerie, tourne-
rie*, etc., etc.

19. esse, ise.

Viennent du latin *itia : justitia : justesse* et *joutise* (v. franç.).
A *esse* appartiennent des dérivés tels que *richesse, rudesse,
sagesse, hardiesse, faiblesse, mollesse*, etc.; à *ise*, des dérivés
tels que *franchise, cafardise, couardise, gaillardise, gourman-
dise, mignardise*, etc. Les deux suffixes sont encore vivants.

robustesse : « Des graines apportées par le vent se développ-
paient avec cette *robustesse* vivace particulière aux mauvaises
herbes. » (Th. Gautier, *le Capit. Fracasse*, I).

grandesse : « Un rayon à la Rembrandt ou un trait de
grandesse à la Velasquez. » (Th. Gautier, *Étude sur Baudelaire*[4]).

vantardise : « Une *vantardise* insupportable. » (Réville,
Revue des Deux Mondes, 1er juillet 1867, p. 157, dans Littré).

roublardise (E. Zola, *l'Assommoir*, p. 408).

20. esse.

De *issa* qui vient lui-même de *ισσα*, suffixe grec passé dans
le latin. Ce suffixe forme des féminins de noms d'hommes et

1.
      Que dire à l'ouvrier qui, pour son industrie,
      Fait les mots de boulange et de *droguisterie?*
                (Viennet, *Épître à Boileau.*)

2. « Au milieu, la filature proprement dite ; à droite, la *fileterie* ou fabrique du
fil à coudre. » (E. About, *l'Infâme*, VII.)

3. Dérive d'*œufrier*, mot mal fait, qui devrait être *œuvier* et donner *œuverie.*

4. *Grandesse* a peut-être été repris au vieux français où il est usuel; mais
même dans ce cas, pour être compris, il doit présenter une dérivation conforme à
celle de la langue actuelle ; radical et suffixe y doivent être reconnaissables et sé-
parables; par suite le mot a toute la valeur d'un dérivé nouveau.

d'animaux : *maîtresse, princesse, doctoresse, suissesse, sauva-gesse, mulâtresse, pauvresse, diablesse, ânesse, tigresse*, etc.

Formations nouvelles :

mômesse : « Malgré les cris, les rêves, mômes, *mômesses*, tantes et père, tous chantonnaient. » (J. Vallès, *la Rue, All right*).

notairesse : « Eh ! eh! insinua le notaire,... elle s'est mise en frais pour lui. — Césarine est si coquette! dit la *notai-resse*. » (André Theuriet, *Lucile Désenclos*, II).

21. *et, ette; ot, otte.*

Le latin populaire possédait un suffixe diminutif *ittus* qui a affecté en roman les formes *attus ettus ittus ottus* : ainsi en français *aiglat, pauvret, petit, pâlot*. De ces quatres formes, *et* et *ot* seuls sont restés dans la langue actuelle.

Et, ot se fixent soit à des substantifs existants : *herbe herbette, île îlot*, soit à des thèmes verbaux *allum-er allum-ette, brûl-er brûl-ot*. Dans les deux cas ils forment des substantifs. Ils se joignent aussi à des adjectifs pour donner naissance à d'au-tres adjectifs : *long longuet, pâle pâlot*. Entre le radical et le suffixe peuvent s'intercaler les syllabes *el* ou *er : enfant-el-et verd-el-et, ang-el-ot; abl-er-et, guill-er-et*.

Parmi les dérivés nouveaux, citons :

affichette : « Une *affichette* de rien. » (Veuillot, *Odeurs de Paris*, II, 7).

bubelette : « Un nez cardinalisé, tout fleuri de *bubelettes* s'épanouissant en bubes entre deux petits yeux vairons. » (Th. Gautier, *le Capitaine Fracasse*, II).

causette, devinette (Littré, *supplément*), termes fami-liers.

douillette, pardessus de soie ouatée.

formulette : « *formulette* de donation entre enfants. » (Mélusine, 1877, I, col. 29).

risette (faire). Ce mot du langage enfantin est-il récent?

wagonnet, manque dans le Dictionnaire de M. Littré.

boulot, boulotte, petite personne grosse et grasse.

bousingot, terme populaire, de *bousin*. L'intercalation du *g* est difficile à expliquer.

jugeotte, terme familier, très-usité : on l'accompagne d'ordinaire de l'adjectif *petit* : « selon ma *petite jugeotte.* » — Manque dans le Dictionnaire de M. Littré. Est-il récent?

moblot, mot créé en 1869 : *mobile* devient *mobelot moblot.*

parlotte : « La *parlotte* des avocats, » le lieu où ils se réunissent pour parler ensemble. Mot familier, qui comporte une idée défavorable.

tringlot, soldat du train des équipages militaires. Ce mot est-il fait sur l'analogie de *moblot* (*mo-b-lot = trin-g-lot*)? S'il lui est antérieur, n'y a-t-il pas eu confusion entre *train* et *tringle?*

21 bis. Les suffixes *eul eule, euil, ol ole*, de *eolus eola, olus ola* (*fillsul fill-eule, chevr-euil; campag-nol, rouge-ole, flammer-ole*), semblent aujourd'hui éteints.

22. eur.

Latin *or orem* : a donné des substantifs dérivés à signification abstraite : *blancheur, douceur, froideur, verdeur, noirceur, fraîcheur, maigreur*, etc.

Nous ne connaissons pas de dérivés nouveaux; ce suffixe cependant est encore capable d'en former.

23 et 24. eur, euse; eux, euse.

atorem est devenu en français *edor* (xie siècle), *eor* (xiie-xiiie), *eeur* (xiiie), *eur* (xive). Le suffixe qui en latin appartenait à la première conjugaison s'est étendu à toutes les autres et, s'attachant au radical du participe présent, est devenu le suffixe général des noms d'agents. Il a fourni et fournit encore à la langue une foule de dérivés; chaque verbe en effet est capable de donner naissance à un nom d'agent. Nous n'essaierons pas de présenter une liste complète.

acclimateur (Littré, *supplém.*), *aiguilleur* (sur une ligne ferrée).

amincisseur : « Il faut des *amincisseurs*, des aplatisseurs, des avilisseurs qui ôtent aux doctrines criminelles certaines âpretés. » (Veuillot, *Odeurs de Paris*, IV, 7).

aplatisseur, voir l'exemple précédent. *Aplatisseur* a été essayé par Voltaire dans une lettre familière à Maupertuis où il l'appelle l'*aplatisseur* du globe, pour avoir découvert l'aplatissement de la terre aux pôles.

approfondisseur : « Les *approfondisseurs* des sciences occultes. » (Th. Gautier, *Prem. poésies, Albertus*, CXI).

asservisseur, voir Littré, *supplém.*

atermoyeur (G. Sand, dans Scholle, *Programme*, p. 13).

baptiseur : Jean le *Baptiseur* (saint Jean-Baptiste) (E. Burnouf, dans Scholle, *Programme*, p. 13).

baugeur (Littré, *supplém*).

bénisseur, terme familier : « un père *bénisseur* », qui a toujours des prières, des bénédictions sur les lèvres; *biseauleur* (Littré, *supplém.*); *blagueur*, terme très-populaire.

bonisseur, saltimbanque qui récite le *boniment*. « Les entendez vous sur les tréteaux? Le *bonisseur* aboie, le paillasse glapit. » (J. Vallès, *la Rue, la Parade*).

boxeur, proposé par Mercier (1801).

> Voilà des *boxeurs* à Paris,
> Courons vite ouvrir des paris.
>> (Béranger, *les Boxeurs*, dans Littré.)

caramboleur, cascadeur (Littré, *supplém.*).

circuleur : « C'est un singulier peuple, un étrange amalgame que ce tas de *circuleurs*. » (L. Desnoyers, *les Béotiens de Paris*).

chapardeur, terme populaire, comme le suivant.

chippeur : « Insulteur comme un feuilleton, hardi et *chippeur* comme un gamin de Paris. » (Balzac, *la Maison Nucingen*, éd. de 1856, p. 23).

collectionneur, condenseur, confectionneur[1], *dérangeur, désireur, discuteur, disposeur, émetteur, enregistreur, entasseur, éprouveur* (Littré, *Dict.* et *Supplém.*).

éreinteur, voir *éreintement*, plus haut, p. 97.

flâneur; folioteur, appareil pour folioter les pages d'un registre; *fricoteur*.

frôleur : « De cette voix caressante et *frôleuse* qu'ont les mères, elle murmurait... » (Daudet, *Jack*, I, § 11).

gaveur (de pigeons), *gêneur, gommeur* (Littré, *Dict.* et *Suppl.*).

---

1. Voir plus bas, page 107, au mot *chemisier*.

insulteur, proposé par Mercier (1801). Voir *chippeur*.

lâcheur (Littré), *limousineur* (Fr. Michel, *Études sur l'argot*), *lotisseur* [1], *numéroteur* (Littré, *supplém.*).

pétroleur, *priseur* (de tabac), *prodigueur*, *prostitueur* (Littré, *suppl.*).

rabatteur. M. Scholle (*Archives* de Herrig, XLII, 126) signale ce mot comme un néologisme dans About (*Rev. des D. Mond.*, 1er mars 1867, p. 97). Il manque en effet dans les dictionnaires spéciaux de chasse, mais il est donné par M. Littré.

racineur (Littré, *supplém.*).

rageur signifiait au seizième siècle *folâtre*, comme *rager* signifiait *folâtrer*. La signification moderne paraît récente, et *rageur* est un mot nouveau refait sur *rage*.

rentoileurs de cartes géographiques (Bottin, 1875, p. 771.)

repêcheur de noyés : « Madame, le voici, le *repêcheur* de noyés ; faut qu'on l'écoute. » (E. About, *Jacques Mainfroi*, II).

roulageur, synonyme de *roulier* (E. Souvestre, *Souvenirs*, XXX ; dans Schölle, *ibid.*).

sauveteur ; *septembriseur*, mot qui date de la Révolution ; *transmetteur*, *transporteur*.

transvaseur : « appareil dit *transvaseur* ou pompe portative à jet continu, pour transvaser le vin et autres liquides. » (Descript. des brevets, 1824 ; 1re série, t. XXVIII, p. 244).

viveur : « Voilà donc Mozart *viveur*, mais ce n'est qu'un petit mérite ou ce n'est rien ; il faut que Mozart soit penseur. » (Veuillot, *Odeurs de Paris*, IV, 3).

La liste qui précède trouve son complément dans celle qui a été donnée, p. 47.

La terminaison *eur* dans la bouche du peuple s'est longtemps prononcée *eu* [2], et s'est écrite *eux*, par suite d'une confusion avec *eux* de *osus*. De là un suffixe secondaire *eux euse* qui doit à son origine populaire une signification péjorative.

C'est ainsi que les *partageurs* sont devenus les *partageux*. Les partisans de la Commune ont reçu le nom de *communeux* avant d'être définitivement appelés *communards*. Sous la

---

1. Celui qui fait les lots à vendre à la criée, aux Halles. Voir un article du journal *la Patrie*, du 19 janvier 1877, sur les mots employés aux Halles. *Gaveur*, donné plus haut, est cité également dans cet article.

2. *R* final, dans la prononciation populaire des noms en *eur* et des infinitifs en *ir*, ne se faisait pas entendre au quinzième ni au seizième siècle ; il reparut au dix-septième, sous l'influence de la prononciation plus soignée des gens du monde.

plume de plus d'un journaliste, dans ces dernières années, les *bonapartistes* se sont métamorphosés en *bonaparteux*. Les *gommeux* qui florissaient sur les boulevards vers 1873 étaient les élégants qui n'avaient d'autre occupation que de se *gommer*, de se pommader, de se parfumer.

Comme variante dialectale de ce suffixe *eux*, il faut citer *ou* dans *voyou,* c'est-à-dire *voyeux,* proprement « gamin des *rues* (des *voies*). »

Ce suffixe péjoratif doit être distingué du suffixe suivant :

25. eux, euse.

Latin *osus osa;* suffixe riche en adjectifs, et dont l'énergie ne s'est pas affaiblie depuis les origines de la langue jusqu'à nos jours. Dérivés nouveaux :

cireux: « Le teint presque livide ou plutôt *cireux.* » (Claretie, *Le beau Solignac,* 1876, I, p. 10).

décheteux (Littré, *supplém.*), *ébouleux* (Littré), *mureux* (id., *supplém.*), *ponceux* (id.).

poussiéreux, proposé par Mercier, avec une nuance particulière que n'a pas *poudreux:* « Nos arsenaux *poussiéreux.* » Les deux adjectifs auraient pu vivre l'un à côté de l'autre : malheureusement *poussiéreux* commence à détrôner *poudreux.* « Les bouteilles *poussiéreuses* arrivant du cellier. » (Daudet, *Jack,* III, § 2). « Les couloirs *poussiéreux* s'emplissent de défilés plus ou moins longs. » (Id., *ibid.,* § 6).

pisseux : « Roux *pisseux,* » — « Une teinte *pisseuse.* » (Th. Gautier, *Cap. Fracasse,* I et II.)

précautionneux (Littré).

25 bis. *is, iche,* voir *as; ie,* voir *erie.*

26. ien, ienne.

L'origine de ce suffixe est curieuse. *A* latin accentué est devenu *e* dans les syllabes ouvertes : *cantáre* chant*er*, *cantátum* chant*é*, *pátrem* p*ère*. Précédé d'une palatale, il est devenu *ié* en vieux français, dans des cas déterminés : *cáput* chi*ef*, *laxáre* laiss*ier*, etc. Suivi de *m* ou *n*, il est devenu *ain :* p*anem* p*ain*, *amat* aime, etc. Suivi de *m* ou *n* et précédé de la palatale, il est devenu *ié,* c'est-à-dire que la nasale n'a pas exercé d'influence :

canem chien, paganum païen (v. fr.), christianum chrestien
(v. fr.). Ce groupe *ien*, issu de *anum* dans quelques cas spéciaux seulement, a été utilisé ensuite par la langue, traité
par elle comme un suffixe nouveau, et appliqué à des substantifs pour former soit des substantifs, soit des adjectifs : *garde
gardien, Prusse Prussien, monarchie monarchien, collége collé-
gien*[1].

Ce suffixe, qui a donné un très-grand nombre de dérivés, appartient plutôt à la langue littéraire qu'à la langue populaire.
Les créations nouvelles, assez nombreuses, sont presque toutes formées d'après des types latins : nous les examinerons
plus tard ; il n'y a guère que *faubourien* qui puisse revendi-
quer une origine populaire ; mais je ne sais si ce mot n'est
pas plus ancien que notre siècle.

27. ier, ière.

De *arius aria arium* ; suffixe qui, dès les origines, a donné à
la langue un nombre considérable de dérivés, et qui n'a point
épuisé sa féconde action. On peut en juger par la liste suivante, fort incomplète d'ailleurs :

NOMS DE PERSONNES.

animalier, peintre d'animaux.
ambulancier, employé d'une ambulance.
avironnier, fabricant d'avirons.
baissier, boursier qui joue à la baisse.
bamboutier, chinoiseur - *bamboutier*[2].
boulevardier, boulevardière : « homme qu'on rencontre
tous les jours flânant sur les boulevards ; — femme galante
fréquentant les boulevards. » (Lorédan Larchey).
boursicotier, homme qui joue à la Bourse ; synonyme de
boursier, auquel toutefois il ajoute une nuance de dénigre-
ment due au suffixe, diminutif et péjoratif, *icot* de *boursicot*
(ou *boursicaut*[3]). On a dit aussi *boursicoteur*, mais la langue
s'est définitivement décidée pour *boursicotier*.

1. Cf. *Romania*, IV, 124.
2. Cf. plus haut, p. 73, et plus bas, p. 152.
3. Seul donné par le Dict. de l'Académie.

brochurier, celui qui n'écrit que des brochures.

chemisier :

> Que dire à l'ouvrier....
> Qui, rougissant des noms de linger, de tailleur,
> Se nomme *chemisier* et confectionneur?
>
> (Viennet, *Épître à Boileau*.)

coupletier, celui qui fait les couplets d'un opéra comique, d'un vaudeville.

crinolinier, fabricant de crinolines.

conférencier, celui qui-fait des conférences.

coulissier :

> Messe de l'agio que la voix dés huissiers
> Colporte par versets aux lointains *coulissiers*.
>
> (Barthélemy, *Némésis, l'Archevêché et la Bourse*.)

caricaturier, dessinateur de caricatures.

carottier : « Vient le soldat *carottier* qui, sous prétexte de conseils pour l'avenir, se fait rincer la gorge (par le conscrit). » (J. Vallès, *la Rue, Prends ton sac*).

ceinturonnier, fabricant de ceinturons.

centrier, membre du centre dans une assemblée parlementaire.

centre-gaucher, membre du centre gauche[1].

droitier, membre de la droite.

chocolatier, fabricant, marchand de chocolat.

échotier : « Rédacteur chargé des *Échos de Paris* dans un journal. » (L. Larchey).

épauletier, fabricant d'épaulettes.

équipier, homme d'équipe.

haussier, boursier qui joue à la hausse.

limousinier, entrepreneur de maçonnerie, de *limousin*, maçon; la plupart des maçons viennent du Limousin.

ordre-moralier, nom donné par quelques journaux (de 1873 à 1875) aux partisans de l'« ordre moral. »

outrancier, partisan de la guerre à outrance; mot créé pendant la guerre de 1870-1871.

---

1. *Centre-gaucher* est formé de *centre-gauche* avec le suffixe *er* de *gaucher*. Ce suffixe n'est pas différent du suffixe *ier* : la vieille langue disait : *gauchier*, et de même *bouchier*, *vachier*, etc. Mais vers le quatorzième siècle la terminaison *ier* s'est réduite à *er* dans tous les substantifs où elle était précédée de *ch* ou *g* : *boucher*, *vacher*, *berger*, *verger*, etc.

parolier, celui qui fait les paroles d'un opéra comique.

petit-fournier : « Cette multitude de pâtisseries légères qui constituent l'art assez récent du pâtissier *petit-fournier*. » (Brillat-Savarin, *Physiologie du Goût*, 1, 45).

policier, homme de police.

présurier, marchand de présure.

robinetier, fabricant ou marchand de robinets.

salonnier, critique qui rend compte des *salons*, des expositions d'œuvres d'art.

tableautier : « compositeur qui fait spécialement les tableaux et ouvrages à filets et à chiffres. » (Boutmy, *Dict. de l'argot typogr.*).

NOMS DE CHOSES.

boulier ou *boulier-compteur*, appareil formé de dix tringles garnies chacune de dix *boules*, pour apprendre à compter.

chéquier, carnet de chèques.

échéancier, carnets de négociants pour inscrire les échéances des effets à recevoir ou à acquitter.

œufrier, vase où l'on met des œufs pour les conserver frais[1].

plumier, boîte à recevoir plumes et porte-plumes.

gentilhommière, terme de mépris pour désigner la demeure d'un hobereau. Voir *entomber*, p. 139.

glissière (*Règlement de l'Exposition universelle de* 1867, dans Scholle, *Programme*, p. 15).

ADJECTIFS.

balconnier. L'éloquence *balconnière* de M. Gambetta a alimenté un instant la verve d'une partie de la presse.

betteravier : « Il ne peut décidément se traiter à la Chambre une question un peu importante sans que MM. les avocats n'en profitent pour créer un barbarisme ; on a, ce mois-ci, parlé pendant trois jours de l'industrie *betteravière*. » (A. Karr, *les Guêpes*, juin 1840 ; dans Littré, *supplém.*).

gazier, l'industrie *gazière*.

mulassier : « L'industrie *mulassière* » (*Règlement de l'Exposition universelle de* 1867, dans Scholle, *Programme*, p. 15).

1. Voir plus haut, p. 100, n. 3.

Le suffixe *ier*, comme on le voit par ces quelques exemples, est encore très-vivant. Toutefois il a perdu une partie de sa force primitive. Le vieux français tirait des dérivées en *ier* de substantifs abstraits indiquant des qualités, des faits moraux : *droiturier, losengier, justicier, orgueillier, mençongier* (subst.), *pautonier*, etc., ou de thèmes verbaux : *encombrier, destourbier, recouvrier, consirier, desirier.* Ces deux sortes de dérivation dont l'une fournissait des qualificatifs, l'autre des substantifs abstraits, semblent disparues. On ne créerait plus *un mensongier* pour « un menteur », *un orgueillier* pour « un orgueilleux »; on ne comprendrait pas davantage une dérivation telle que *un embarrassier* (c'est-à-dire *un embarras*), faite sur le modèle de *encombrier*. Le vieux français disait *communier* pour « partisan de la commune ». Quand éclata, en 1871, l'insurrection de la Commune, les chefs du mouvement ne surent de quel nom se désigner : *communiste* avait déjà pris une acception spéciale; ils ne voulaient pas accepter la dénomination méprisante de *communeux* ni de *communard*; ils adoptèrent *communaliste*, qui avait le tort de ne pas rappeler le mot essentiel de *commune*; la dérivation *communier* se serait imposée d'elle-même, si l'emploi du suffixe ne s'était restreint. Quand madame de la Sablière appelait La Fontaine son *fablier*, elle donnait ingénieusement à entendre qu'à son avis le bonhomme produisait naturellement ses fables comme le *pommier* des pommes et le *poirier* des poires. Cette fine expression ne pouvait être créée qu'à une époque où la langue ne reconnaissait déjà plus au suffixe toute son ancienne signification. Un *fablier*, au moyen âge, si le mot avait existé, aurait été un auteur de fables.

Ier de nos jours crée donc des dérivés désignant des personnes agissantes, qui produisent, fabriquent l'objet indiqué par le radical.

28. ille.

Le suffixe latin *-culus* se présentait d'ordinaire précédé d'une voyelle : *a-culus, e-culus, i-culus, i-culus, u-culus.* De là *ail aille, eil eille, il ille, ouil* (archaïque : *genouil*, etc.) *ouille.*

Il ille ont laissé un certain nombre de dérivés : *chenil, péril, persil, grésil,* etc.; *chenille, pointille, flottille,* etc. *Il* n'est plus vivant; *ille* semble encore capable de formations nouvelles, au sens spécial de collection de menues choses : en effet, dans *flottille, brindille, pacotille, ramille,* on sent encore l'idée particulière que le suffixe donne aux dérivés : réunion de petits navires, de petits brins, de petits paquets, de petites branches. De là les mots qui paraissent de formation moderne, sinon contemporaine, *charmille*, *ormille*, *coudrille*, plantation de petites branches de charme, d'orme, de coudrier. Ce suffixe viendrait-il, avec une acception spéciale, prendre place à côté du suffixe *aie* ?

29 et 30. *in, ine*.

Du latin *inus*. Ce suffixe a eu divers emplois et diverses significations : témoin les dérivés suivants : *Poitev-in, Mess-in; argent-in, ferr-in, ov-in* (v. franç.); *enfant-in, bad-in; grapp-in, tet-in; — rout-ine, sais-ine; nar-ine, terr-ine,* etc. De nos jours, il donne naissance à des adjectifs et à des substantifs.

Adjectifs. — On a créé *crépusculin* (Littré), *azurin* (Littré), *zéphyrin :* « Ils se glissent parés de robes *zéphyrines.* » (Barthélemy, *Némésis, Le Palais-Royal en hiver*).

Le vieux français avait *ivorin,* devenu au seizième siècle *ivoirin,* sous l'influence d'*ivoire. Ivoirin* est rentré de nos jours dans l'usage; est-ce le mot archaïque rajeuni? est-ce un mot nouveau?

L'expression (*race*) *bovine* a amené (*race*) *asine.*

Substantifs. — Le suffixe *in ine* forme des substantifs ayant une signification diminutive : *fort fortin, ours oursin, ignorant ignorantin;* cette signification devient facilement péjorative : *plaisantin, calotin.* Voici des dérivés nouveaux :

baguenaudine : « canne-éventail-écran, dite *baguenaudine.* » (Descript. des brevets, 1829, t. XXVII, p. 216).

balancin :

Le *balancin* de canne où Miss Tilda repose
Obéit à son poids léger.
(E. d'Hervilly, *A la Louisiane.*)

maquereautin. M. L. Larchey, conformant l'orthographe à la prononciation, écrit *macrotin.*

régentin : « Boileau était un peu adonné à la théorie et au précepte, un peu *régentin.* » (Scherer dans Littré, *supplément*).

sabotine : « Sortes de sabots légers dits *sabotines.* » (Descript. des brevets, 1re série, 1839, t. XLVII, p. 208).

tableautin : « Un *tableautin*, chef-d'œuvre d'esprit et de couleur. » (Théophile Gautier, dans Littré).

tailladin, nom que les confiseurs donnent à des tranches minces de citron ou d'orange.

Ces substantifs en *in* nous amènent à la nomenclature spéciale qui a fait de la terminaison féminine *ine* un intéressant emploi. *Ine* désigne des étoffes, des parfumeries, et, dans le langage de la chimie, les principes essentiels de certains composés. Créations de savants ou d'industriels à demi lettrés, les dérivés de ce suffixe offrent un mélange de formes populaires, demi-savantes et savantes, difficiles à classer. *Brillantine, violettine, amandine*, etc., laissent facilement reconnaître comme radicaux des mots français : *brillant, violette, amande*. Mais *onguline, citrine, bandoline*, etc., nous font remonter à des thèmes étrangers à la langue (*ungul-us, citr-us, bandolo*?). De même dans la nomenclature chimique, *caféine, fibrine, guanine*, etc., sont décomposables en mots français : *café, fibre, guano*, etc.; mais *morphine, stéarine, albumine*, etc., ne peuvent trouver leur explication dans des radicaux de la langue.

Le suffixe *ine* et les dérivés qu'il produit sont donc un exemple de la formation de cette langue commune, demi-savante, demi-française, où tantôt, comme ici, des suffixes populaires s'ajoutent à des radicaux français ou latins et grecs, tantôt des suffixes d'origine latine ou grecque s'attachent à des mots français (*divin-atoire, journal-isme*).

Comme la nomenclature scientifique, malgré quelques dérivations conformes au caractère du français, recourt spécialement à des thèmes grecs ou latins, nous parlerons plus tard (dans la section consacrée à la dérivation savante) de l'emploi que font les chimistes du suffixe *ine*. Nous passerons ici en revue divers dérivés que l'on doit à la terminologie industrielle. Nous parlons des mots que créent les fabricants ou marchands de « nouveautés », de parfumerie. Nous entrons ici dans le domaine de la mode. Chaque année voit se succéder de nouvelles élégances, de nouvelles façons de vêtements, de nouvelles étoffes; des noms nouveaux, aussi bizarres que les caprices de la mode, sont mis en circulation appelés à vivre.... ce que vivent les modes, l'espace d'une saison. Le philologue ne dédaigne pas d'étudier ces dénominations incessamment renouvelées, où se montre d'une manière visible l'activité de la langue.

Un des plus riches éléments de formation nouvelle est la dérivation par *ine*. Pour les noms d'étoffe, les modèles étaient donnés par la *mousseline*, la *popeline*, la *lustrine*, la *percaline*, la *buratine*, l'*alepine*; celles-ci nous ont amené la *taffetaline*, la *crêpeline*, la *tartaline*, la *veloutine*, la *castorine*[1], la *moleskine*, la *crinoline*, etc. L'année dernière les magasins de nouveautés mettaient en vente la *diamantine*, la *levantine*, la *mulhousine*, la *louisine*. Dans la collection des brevets (1re série, t. XXXI, p. 205), je vois un inventeur prendre un brevet, en 1831, pour une étoffe de sa fabrication à laquelle il donne — fort à propos — le nom de *philippine*.

On remarque que la plupart de ces noms ne sont pas des diminutifs de noms d'étoffe; preuve que le suffixe a reçu de l'usage un emploi assez spécial pour emporter avec lui l'idée d'étoffe.

La parfumerie s'est également appropriée ce suffixe. Elle nous fournit l'*amandine*, inventée et dénommée en 1834 (Descript. des brevets, 1re série, t. XXXIX, p. 296); la *brillantine* (pour moustaches); la *bandoline*, préparation pour les cheveux, dit le catalogue de M. Piver; la poudre *citrine*, fort utile à l'entretien des mains; la *cornéline* et la *violettine*, sortes d'huile; la *lustraline*, qui sert à fixer les cheveux et leur donne du brillant; l'*onguline*, pâte pour les ongles; la *poncine*, savon où entre la ponce, etc., etc.,

La chimie nous fournira d'autres dérivés plus barbares, plus obscurs que ceux qui précèdent. Ces derniers, en effet, malgré quelques bizarreries (*bandoline*, *cornéline*, *crinoline*, *onguline*, *citrine*), sont formés selon le génie de la langue, et l'on ne peut, dans cette mesure, qu'aprouver l'usage de cette dérivation.

30 *bis*. — *ise*, voir *esse*; *oche*, voir *as*.

31. *oir*, *oire*.

De *atorium atoria*, devenus *edoir edoire*, *eoir eoire*, *oir oire*. Ce suffixe est représenté dans la langue moderne par plus de deux cents mots, indiquant des objets, moyens d'action:

---

[1] Chaudement cuirassé dans une *castorine*. (Barthélemy, *Némésis*, *Qu'est-ce qu'un pair?*)

abreuvoir, accotoir, accordoir, accoudoir, affinoir, ajustoir, arrosoir, aspersoir, assommoir, etc.; *attrapoire, avaloire, baignoire, balançoire, bassinoire, bouilloire, brandilloire, branloire,* etc.

Ce suffixe est toujours vivant : voici quelques noms relevés dans le recueil des descriptions de brevets ; ce sont des mots créés par les inventeurs, et ces formations nouvelles, éphémères ou durables, suffisent à montrer l'activité incessante du suffixe.

aiguisoir, instrument à aiguiser les couteaux (Descript. des brevets, 1828, 1re série, t. XXVI, p. 17).

bobinoir : « instrument dit *bobinoir* destiné à préparer des mèches de coton au fil en gros, pour être ensuite filées en plus fin. » (*Ibid.*, 1834, t. XXX, p. 4).

découpoir à rubans (*ibid.*, 1842, t. LIV, p. 38); *dételoir* (*ibid.*, 1845, 2e série, t. VI, p. 174).

glanoir (*ibid.* 1re série, t. LII, p. 449); *méchoir :* « broche mécanique dite *méchoir.* » (*Ibid.*, 1827, 1re série, t. XXII, p. 341); *suspensoir* (appareil pour malades, *ibid.*, 1846, 2e série, t. VIII, p. 229); « métier à tisser d'un nouveau genre dit *tortoir* portevolants. » (*Ibid.*, 1811, 1re série, t. IX, p. 222), etc., etc.

30 *bis.* — *ois oise,* voir *ais aise; ol ole,* voir *eul.*

32. on.

Latin *onem.* Ce suffixe s'est joint à des thèmes verbaux ou nominaux sans ajouter beaucoup à leur signification propre : *espie* devient *espion, forgeur forgeron, chiffe chiffon, manche manchon,* etc.[1] C'est à cette signification large et vague qu'il doit d'avoir reçu des valeurs tout à fait opposées suivant les pays. En italien et en espagnol il est souvent augmentatif, en provençal et en français diminutif. Les deux significations contradictoires se rencontrent dans le mot *médaillon* qui, comme dérivé français du français *médaille,* veut dire *petite médaille,* et qui, comme représentant de l'italien *medaglione,* dérivé de *medaglia,* signifie *grande médaille.*

Dans la langue actuelle il n'a qu'une valeur diminutive. Il a donné, à notre connaissance, le mot : *veston,* petite veste.

1. Il a formé aussi des noms de peuples : *Gascon, Breton, Bourguignon, Lapon.*

L'idée diminutive s'accentue par l'intercalation de syllabes entre le radical et le suffixe [1] : *barb-ill-on, bouv-ill-on, négr-ill-on, barb-ich-on, berr-ich-on, fol-ich-on; choc-aill-on, mor-aill-on*, etc. Voici un dérivé nouveau de ce genre : *moussaillon :* « Un *moussaillon*, au-dessus de la machine, transmet ses ordres (du capitaine). » (J. Vallès, *la Rue, All right*).

31 *bis*. — *Ot otte*, voir *et ette*.

33. *té*.

Latin *tatem*. Suffixe qui s'ajoute aux adjectifs pour former des noms abstraits exprimant la qualité de l'adjectif : *bon-té, san-té, loyal-té loyau-té, pur-té* (vieux français). Par suite d'influences diverses, actions phonétiques des groupes de consonnes, qui terminent parfois le radical, essai de retour à l'orthographe latine, *té* est devenu de bonne heure *eté*, ou plutôt *té* s'est fixé à la forme terminée en *e* des adjectifs : *ancienne-té, brième-té, chaste-té, débonnaire-té, fausse-té, ferme-té, gracieuse-té, grossière-té, habile-té, joyeuse-té, lâche-té, méchance-té, naïve-té, oisive-té, pure-té, rare-té, sale-té*, etc.

Ce suffixe disparaît de la langue actuelle, étouffé par le suffixe de formation savante *ité*, qui est repris directement au latin. On ne peut citer que de rares néologismes. Selon M. F. Wëÿ [2], c'est à Beaumarchais qu'on doit *citoyenneté*. *Rétiveté*, que donne M. Littré dans son Dictionnaire, paraît récent. *Affreuseté*, qu'il n'a pas recueilli, se dit dans le peuple.

34. *u*.

Le suffixe *u* (lat. *utus*), si expressif dans la vieille langue, s'appliquait aux noms désignant certaines parties du corps pour en indiquer le fort développement : *têtu, lippu, membru, charnu, pansu, ventru, corsu*, etc. [3]. La signification de ce

1. Voir plus haut, p. 75.
2. *Remarques sur la langue française au dix-neuvième siècle*, t. I, p. 147. L'auteur de cet ouvrage remarque (p. 127), à propos du mot *tendreté*, que « le plus grand obstacle à l'admission de ce mot, *indépendamment de celui qui résulte de sa forme vicieuse*, consiste dans la bizarrerie, dans la recherche de cette expression. » Le mot est très-français ; quant à sa forme, comme on le voit par les dérivés analogues, elle a toute la correction possible. *Tendre* ne peut donner, comme substantifs abstraits, que *tendresse* (ou *tendrise*), *tendreur* et *tendreté*. *Tendresse* a été reçu pour le sens figuré ou moral ; au sens propre, il n'y avait à hésiter qu'entre *tendreur* et *tendreté* ; *tendreté* a triomphé.
3.   De voir l'autre tout *épaulu*,
      Ossu, membru, fessu, velu. (Scarron, *Virgile travesti*, V.)

suffixe est encore comprise : Balzac a fait revivre l'archaïque
griffu et V. Hugo a créé *moustachu :*

> Ce masque *moustachu* dont la bouche vantarde
> S'ouvrait dans toute sa grandeur.
>> *(Châtiments,* VII, ii, *La Reculade,* 4.)

> Ce César *moustachu. (Ibid.,* III, viii, *Splendeurs,* 2.)

Uche, voir *as.* Ce suffixe a eu un développement spécial dans
l'argot.

35. ure.

De *atura,* devenu *edure eüre eure ure.* Ce suffixe a donné naissance à de nombreux dérivés, noms et verbes. De nos jours
il est encore vivant, comme le montrent quelques créations
nouvelles :

crêpelure : « Deux longues mèches se détachaient capricieu-
sement des *crêpelures.* » (Th. Gautier, *le Capit. Fracasse,* II).

nacrure : « La *nacrure* de ses épaules. » (J. Claretie, *Le beau
Solignac,* 1876, t. I, p. 151).

Mais ce suffixe cède peu à peu la place à son rival de formation savante : *ature.* Ici encore la formation française se restreint de jour en jour devant les envahissements ininter-
rompus de la langue savante, du latin.

CHAPITRE VI.

SUFFIXES VERBAUX.

La dérivation verbale se fait à l'aide du suffixe *er* qui
s'ajoute à l'adjectif ou au substantif dont on veut tirer un
verbe. Quelquefois entre le radical et la terminaison *er* s'intercale une syllabe qui modifie par une nuance spéciale la signification du dérivé.

Rien ne saurait donner une idée de la fécondité de la dérivation verbale dans les langues romanes en général, dans le
français en particulier. « Les langues romanes, dit Fuchs, ont
une foule extraordinaire de verbes ; car elles peuvent de tout

substantif qu'il leur plaît, par simple addition des terminaisons de conjugaison, former des verbes nouveaux. » En tout temps le français a joui de cette liberté illimitée, et la langue contemporaine n'a pas hésité pour son compte à en user et à en abuser. Voici une liste qui, toute longue qu'elle est, ne présente assurément qu'une faible partie des dérivations nouvelles :

s'absinther.

activer: « Néologisme. Donner de l'activité, hâter, pousser. *Activer* les travaux. » (Littré). « L'homme qui s'en allait déjà en clopinant, *activant* de toutes ses forces, mais sans grand résultat, ses jambes tordues. » (A. Daudet, *Jack*, I, § 9). « Chacun retourne à son poste et s'*active* avec le furieux du désespoir. » (Id., *ibid.*, II, § 8). « Jack, au fond du fossé, très-*activé* de sa recherche » (Id., *ibid.*, I, § 9). Cf. plus haut, p. 31.

agrémenter : « On dirait fort bien *agrémenter* une robe. » (Mercier, *Néologie*.) « Un corsage de taffetas gris, *agrémenté* de velours noir et de soie. » (Th. Gautier, *le Capitaine Fracasse*, II).

> Maître Watteau, dans l'art d'*agrémenter* un rêve,
> Je suis votre confrère et non pas votre élève.
> (Ch. Coran, *à Watteau*)

ankyloser (Littré), *aquapuncturer* (Littré, *supplém.*), *atrophier* (Littré), *autographier* (Littré), *autopsier* (Littré, *supplém.*). *ballaster* (Littré, *supplém.*), *bambocher* (Littré).

baser, Voir p. 31, la citation de M. Viennet. « Ce néologisme, dit M. Littré, n'a rien de condamnable en soi, puisque *baser* est formé par rapport à *base*, comme *fonder*, par rapport à *fond* ; mais il est inutile. » *Baser* au propre (si le sens propre était usité) se distinguerait de *fonder*, en ce que, la *base* étant la surface inférieure par laquelle l'objet repose sur le *fondement*, *baser* une chose serait la poser sur sa base, la *fonder* serait la poser sur un fondement. Mais au figuré la distinction s'efface, et *baser* se confondant avec *fonder* est, en effet, inutile.

benoitonner : « Porter une toilette ridicule, c'est-à-dire à la Benoiton. » (L. Larchey).

bertholler (Littré), *biscuiter* (ibid.), *biseauter* (ibid.), *bisser* (ibid.).

blaguer: « Le voyou, le Parisien naturel ne pleure pas, il pleurniche ; il ne rit pas, il ricane ; il ne plaisante pas, il *bla-*

gue ; il ne danse pas, il chahute. » (Veuillot, *Odeurs de Paris*, III, 4.). « Il ne *blaguait* plus les sergents de ville. » (E. Zola, *l'Assommoir*, p. 370).

bordurer (un jardin).

boursicoter (Littré)[1], *bouturer* (id.).

brochurer, écrire une brochure.

calotter quelqu'un (Littré); *caoutchouter*, *camelotter* (ibid.). *Camelotter* au sens de « fabriquer de mauvaises marchandises » est récent et vient de *camelotte* ; au sens de « imiter le camelot », il est ancien et vient de *camelot*.

capitonner (Littré), *caricaturer* (id.), *cavalcader* (id.).

chahuter, terme bas ; voir *blaguer*.

chaparder, terme populaire que nos soldats d'Afrique ont acclimaté en France.

chouchouter : « Tu seras *chouchouté* comme un *chouchou*, comme un dieu. » (Balzac, dans L. Larchey). *Chouchou*, redoublement de *chou*, terme très-familier d'amitié, de tendresse : « Mon petit *chou*. »

clayonner, *clôturer* : « La séance est *clôturée*, »; *collecter* : « Les sommes *collectées*, »; *commanditer* (une société), *concurrencer* (Littré, *supplém*.), *confectionner* un vêtement, une robe; vêtements *confectionnés*; de là *confectionneur*, voir plus haut, p. 103.

contagionner, synonyme populaire du terme scientifique *contagier*.

controverser : « Peu d'hommes ont été plus *controversés*, plus attaqués que M. Buloz. » (*Liberté* du 14 janvier 1877).

cotillonner, populaire, fréquenter des cotillons.

courbaturer : « Ce mot nouveau est régulièrement formé de *courbature*, comme *conjecturer* de *conjecture*. Il n'a pas d'autre sens que *courbattre*, qui n'est resté usité que dans le parler populaire de certains cantons. Il est un peu comme *clôturer* qu'on dit souvent, parce qu'on ne connaît pas assez le verbe *clore*. Ces allongements de mots ne sont pas toujours une richesse dans la langue. » (Littré, *remarque* au mot *courbaturer*).

courbouillonner : « Les écureuils gris *courbouillonnés* au vin de Madère. » (Brillat-Savarin, *Physiologie du goût*, I, 38).

crâner, faire le crâne : « Sans chercher à *crâner*, il entendait agir en homme propre. » (E. Zola, *l'Assommoir*, p. 79).

croûtonner : « Peindre des croûtes. » (L Larchey).

1. Cf. plus haut *boursicotier*, p. 106.

défectionner : « Néologisme. Faire défection. » (Littré).

distancer (Littré), *diagnostiquer* (id.), *drainer* (id.).

électionner (Littré, *suppl.*).

émotionner : « Elle était très-blanche, et si *émotionnée*, qu'elle avait failli tomber. » (Zola, *l'Assommoir*, p. 264). « Ce verbe nouveau est d'un assez mauvais style ; cependant il est régulièrement fait, comme *affectionner*, d'*affection*. » (Littré).

éreinter : « Ceci est un auteur ? disent-ils (*les journalistes*) ; chacun peut en parler, puisqu'il s'imprime : donc je l'*éreinte*. » (A. de Musset, 3° *lettre de Dupuis et Cotonnet*). Voir p. 97.

esclavager : « Elle avouait aussi naïvement combien elle était *esclavagée*. » (A. Daudet, *Jack*, III, § 2).

explosionner (Littré, *supplém.*).

fac-similer (Littré), *folioter* (id.), *fluxionner*.

fuchsiner les vins. Mot de formation toute récente.

gaminer :

> Je *gaminais* après l'école,
> Avec le trèfle et le mouron.
> > (Ch. Coran, *Dans l'herbe*.)

gaudrioler, terme populaire : « Il aime à *gaudrioler*. »

géographier : « Un ciel (*plafond*) passé de couleur et *géographié* d'îles inconnues par l'infiltration des eaux de la pluie. » (Th. Gautier, dans Scholle, *Archives* de Herrig, XLII, 122).

gemmer, faire le *gemmage* (Clavé, *Études forestières*) ; voir plus haut, p. 83, au mot *gemmage*.

handicaper, terme du turf (Littré, *supplém.*).

horizonner : « La blanche Loire qui nous *horizonne*. » (E. de Guérin, *Journal*). « Des ports fleuris, *horizonnés* de forêts de palmiers, de bananiers au vert panache, de collines violettes. » (A. Daudet, *Jack*, II, § 8).

illusionner : « La pauvre fille ne s'*illusionnait* pas sur elle-même. » (A. Daudet, *Jack*, II, § 4). « Ce néologisme est acceptable ; *illusionner* est formé comme *affectionner*. » (Littré) Le mot est proposé par Mercier, dans sa *Néologie*.

impressionner : « La mort de son camarade l'avait beaucoup *impressionné*. » (A. Daudet, *Jack*, I, § 6). « Ce mot est nouveau sans doute, mais il est régulièrement fait, comme *affectionner* d'*affection*. » (Littré).

influencer ne paraît dans le Dictionnaire de l'Académie qu'à partir de l'édition de 1835.

luncher, dérivé de *lunch* ; cf. plus bas, p. 256.

métaphysiquer : « Je ne sais point *métaphysiquer* mes sentiments. » (E. de Guérin, *Journal*).

menotter :

> Et tu crois follement, dans tes mains de pygmée,
> *Menotter* notre zèle et bâillonner nos cris.
>
> > (Barthélemy, *Némésis, Liberté de la presse.*)

molletonner une étoffe.

mouvementer : « Il faut un peu plus *mouvementer* cet acte, cette scène. » L'adjectif *mouvementé* d'où est tiré le verbe est également un néologisme fort usité : paysage *mouvementé*, scène *mouvementée*, style *mouvementé*.

numéroter (Littré), *ornementer* (id.), *panneauter* (id.).

pasticher : « On ne *pastiche* pas que les mots, on copie les idées. » (J. Vallès, *la Rue, Proudhon.*)

patronner (Littré), *perquisitionner* (Littré, *supplém.*), *pétroler* (id., *ibid.*); *pouler*, t. de turf (id., *ibid.*), *primer* (Littré), *priser* du tabac (id.), *progresser* (id.).

pistonner, terme trivial, importuner (L. Larchey). Se dit également pour : aider quelqu'un à préparer ses examens; par extension, appuyer, protéger quelqu'un.

rébellionner, mot qui date du commencement du siècle; *réglementer*, *révolutionner*.

saluter : « Il éleva son verre en *saluant* et en vida le contenu. » (Th. Gautier, dans Scholle, *Archives* de Herrig, XLII, 117).

sauvegarder : « Ce néologisme incorrect n'est pas à imiter ; *sauvegarde* ne peut se transformer en verbe; le verbe serait *sauf-garder* et non *sauvegarder*. » (Littré). Si de *sauvegarde* on a tiré *sauvegarder*, c'est qu'on ne reconnaît plus dans le substantif les deux éléments composants *sauve* et *garde*, et qu'il s'est réduit à un mot simple. C'est ainsi que *clairvoyant* donne *clairvoyance* et non *clairevoyance*.

subventionner, *se suicider*, *soutacher*.

tricolorer :

> Mille drapeaux levés *tricolorent* l'espace.
>
> > (Barthélemy, *Némésis, Au Roi.*)

trôner; truquer, vivre de trucs, de roueries. M. Littré a *truqueur*.

turbiner, terme populaire, travailler (L. Larchey); *se turbiner*, se fatiguer.

tuyauter, vallonner, valser.

victimer : « Le canut... a mis la probité à la porte en songeant que les négociants le *victimaient.* » (Balzac, *la Maison Nucingen*, éd. de 1856, p. 62).

La langue a formé jadis, spécialement avec des adjectifs, un certain nombre de verbes en *ir : grand, grandir ; frais, fraîchir,* etc. Nous ne voyons pas de nouvelles formations de ce genre, sauf *blondir* et quelques *parasynthétiques verbaux* (voir plus loin, p. 130, n° 4).

Les verbes que nous venons de citer sont des exemples de la dérivation *immédiate.* La dérivation peut aussi être *médiate,* lorsque entre le radical et la terminaison *er* s'intercale une syllabe qui ajoute à l'idée exprimée par le dérivé une nuance spéciale, généralement méprisante.

AILLER : *intrigailler :* « L'homme incapable a une femme pleine de tête qui l'a poussé par là, qui l'a fait nommer député ; s'il n'a pas de talent dans les bureaux, il *intrigaille* à la Chambre. » (Balzac, *les Employés*, éd. de 1856, p. 220).

philosophailler, proposé par Mercier, qui dans sa *Néologie* imagine l'exemple suivant : « Ce bureau d'esprit qu'on appelait Académie française a beaucoup nui aux talents originaux ; mais il menait à la fortune les abbés qui consentaient à *philosophailler.* » Mercier propose également *réglementailler.*

semailler : « Ils prêchent et courent, et vont *semaillant* je ne sais quoi que le vent emporte. » (A. de Musset, 2° *lettre de Dupuis et Cotonnet*).

toussailler et *toussoter,* qui manquent dans le Dictionnaire de M. Littré, sont usités dans le langage familier. Il en est de même de *courailler* dont M. L. Larchey cite un exemple de Balzac, au sens de : mener une vie peu régulière.

ILLER : *égorgiller :* « Cette nuit même, si vous n'aviez pas veillé sous les armes, ils vous auraient gentiment *égorgillé* dans votre chambrette. » (Th. Gautier, *le Capit. Fracasse*, XI.)

ERONNER : *chanteronner :* « Cet impertinent... *chanteronna* quelque roulade italienne. » (Balzac, *le Père Goriot*, 1835, t. I, p. 153).

OCHER : *flânocher :* « Alors l'après-midi entière, il *flânochait* dans le quartier. » (E. Zola, *l'Assommoir*, p. 191).

OTER OTTER : « Avec cela on *vivote,* on *pensotte.* » (L. Desnoyers, *les Béotiens de Paris*).

boulotter, de *boule*; proprement *rouler doucement*; terme populaire : « Pendant une année encore, la maison *boulotta*. » (E. Zola, *l'Assommoir*, p. 363.)

Rappelons l'expression *j'ordonne* dans « c'est une Madame *j'ordonne* » pour dire : « c'est une femme impérieuse. » De là le verbe *jordonner*. « Le conseil d'État va, vient, entre, sort, revient, règle, dispose, décrète, tranche, *jordonne*, voit face à face Louis-Napoléon. » (V. Hugo, *Napoléon le Petit*, II, III)[1].

CHAPITRE VII.

SUFFIXE ADVERBIAL.

Nous n'avons rien à observer sur les adjectifs, pronoms, verbes, formes verbales, formés par juxtaposition[2]. Nous ne constatons pas de néologismes dans ces parties du discours. Parmi les mots invariables, il faut considérer les adverbes.

Remarquons d'abord l'emploi populaire et, croyons-nous, récent, de *ici-là* au sens de *ici*. « Où est mon livre? *Ici-là*. » On ne paraît plus se douter que *là* a une signification absolument opposée à celle de *ici* et on le fait servir à renforcer la valeur de l'autre particule adverbiale. Exemple curieux de l'affaiblissement graduel que subissent dans l'usage les significations des mots et du besoin incesssant de les fortifier par des additions nouvelles[3].

Les adverbes en *ment* sont, comme on le sait, formés d'adjectifs féminins auxquels s'attache la syllabe *ment*, qui représente l'ablatif latin *mente*. La signification étymologique de *ment* s'est si bien élargie et a pris un tel caractère de généralité et d'abstraction qu'on peut aujourd'hui considérer cette syllabe comme un suffixe[4].

La dérivation des adverbes en *ment* est très-féconde; il n'est

---

1. Cf. Fr. Wey, *Remarques sur la langue française au dix-neuvième siècle*, I, p. 271.

2. Types : *aigre-doux*; *celui-ci*; (nous) *faisons frire*; *j'ai aimé*.

3. Cf. notre *Traité de la formation des mots composés*, p. 61.

4. Considérant cette formation au point de vue de l'origine, nous avons dû, dans notre *Traité*, la placer au chapitre de la composition. Ici, étudiant l'usage actuel, qui ne voit plus dans *ment* qu'un suffixe, nous devons la placer dans la dérivation.

pas d'adjectif qui, à l'occasion, ne puisse se transformer en adverbe. Voici des exemples de quelques adverbes nouvellement entrés dans l'usage ou essayés par des écrivains ; ils serviront à montrer la richesse de cette dérivation :

adorablement, mot très-usité dans ce genre de phrases : « Elle est *adorablement* belle. »

anxieusement, *artistiquement*, *automatiquement* (proposé par Mercier).

cabalistiquement : « En remuant dans son chaudron toute sorte d'ingrédients fantastiquement bizarres et *cabalistiquement* vénéneux. » (Th. Gautier, *Étude sur Baudelaire*).

caustiquement, proposé par Richard (1845), donné par M. Littré.

cocassement : « (Il) venait me raconter les détails *cocassement* tragiques de quelque expédition nocturne. » (J. Vallès, *la Rue, la Servitude*).

crânement : « Le chapeau de toile cirée *crânement* renversé sur la tête. » (A. Daudet, *Jack*, II, § 5).

créolement :

> Miss Tilda Jefferson, une enfant paresseuse,
> Paresseuse *créolement*.
> (Ernest d'Hervilly, *A la Louisiane*.)

débordément : « Néologisme. D'une façon débordée, immorale. » (Littré.)

dictatorialement (Littré, *suppl.*), *discrétionnairement* (ibid.).

égoïstement : « Néologisme. D'une manière égoïste. » (Littré.)

européennement : « Le terrain des Feuillans et le bois des marronniers du côté de l'eau étant si *européennement* reconnus comme lieux solitaires. » (Th. Gautier, *Les jeune France, Daniel Jovard*).

formidablement (Littré, *supplém.*).

frileusement, proposé par Richard, manque dans Littré. Le mot est maintenant reçu.

inconvenablement, *industriellement*, *insurrectionnellement* (Littré).

ineffablement : « La pensée a des jours *ineffablement* calmes. » (Ph. Boyer, *Lassitude*).

morbidement : « Il a su trouver ces nuances *morbidement* riches. » (Th. Gautier, *Étude sur Baudelaire*).

orientalement: « *Orientalement* accroupi devant le poêle. » (Ch. de Bernard, *les Ailes d'Icare*, I, 2).

parlementairement :

> Ce bel art si choisi d'offenser poliment
> Et de se souffleter *parlementairement.*
>
> (A. de Musset, *Sur la Paresse.*)

phosphoriquement: « Sa lueur *phosphoriquement* bleuâtre. » (Th. Gautier, *Étude sur Baudelaire*).

précautionneusement : « Eugène marchait *précautionneusement.* » (Balzac, *le Père Goriot*, 1835, t. I, p. 150).

providentiellement. L'adjectif *providentiel* date de la fin du siècle dernier.

réglementairement,

rêveusement : « Il était allé s'appuyer *rêveusement* à la rampe de la terrasse. » (A. Daudet, *Jack*, I, § 9).

routinièrement : « Isidore était tout simplement un bureaucrate, peu capable comme chef de bureau, mais *routinièrement* formé au travail. » (Balzac, *les Employés*, édit. de 1856, p. 213).

sanguinairement, proposé en 1845 par Richard, manque encore dans le Dictionnaire de M. Littré.

sataniquement : « Il avançait quelque axiome *sataniquement* monstrueux. » (Th. Gautier, *Étude sur Baudelaire*).

sélectivement (Littré).

sempiternellement,

> (Voulez-vous montrer)
> Que tout, même la Mort, nous ment,
> Et que *sempiternellement,*
> Hélas ! il nous faudra peut-être,
> Dans quelque pays inconnu,
> Écorcher la terre revêche
> Et pousser une lourde bêche
> Sous notre pied sanglant et nu ?
>
> (Baudelaire, *Fleurs du mal*, cxviii.)

sociétairement (Littré),

soucieusement, proposé par Richard, mot reçu aujourd'hui.

tempétueusement :

> Fauve avec des tons d'écarlate,
> Une aurore de fin d'été
> *Tempétueusement* éclate
> A l'horizon ensanglanté.
>
> (Paul Verlaine, *L'Angelus du matin.*)

vivacement: « Il était trop *vivacement* jeune pour... » (Balzac, *le Père Goriot*).

TROISIÈME SECTION.

COMPOSITION.

Les mots composés que possède la langue française se divisent en trois classes : 1 : *composés formés par voie de juxtaposition ;* 2 : *composés formés à l'aide de particules ;* 3 : *composés formés par composition proprement dite*[1].

CHAPITRE VIII.

JUXTAPOSITION.

La *juxtaposition* consiste dans la réunion de deux ou plusieurs termes qui ont été joints l'un à l'autre suivant les règles ordinaires de la syntaxe, *sans ellipse,* et qui, avec le temps, et par la force de l'usage, ont fini par se souder. *Plafond,* formé de *plat fond, piédestal,* c'est-à-dire *pied d'estal, justaucorps,* c'est-à-dire *juste au corps, vinaigre, verjus, gendarme,* voilà des juxtaposés. Il n'est pas nécessaire que la soudure des éléments composants soit rendue visible par l'orthographe ; *arc-en-ciel, char-à-bancs, rez-de-chaussée,* et même des mots tels que *pomme de terre, corps de garde, champ de mars, sergent de ville,* sont aussi bien des juxtaposés. Les juxtaposés se reconnaissent à ce trait que les éléments composants perdent chacun leur signification propre, pour rappeler seulement l'image une et simple de l'objet. *Arc-en-ciel, char-à-bancs, rez-de-chaussée, pomme de terre, corps de garde, sergent de ville,* malgré les deux éléments significatifs qui composent chacun de ces mots, sont devenus pour l'esprit des mots simples, désignant chacun un objet propre.

---

1. Voir notre *Traité de la formation des mots composés,* préface, et ch. Ier.

La réduction des éléments composants à l'unité est l'œuvre du temps et de l'usage. Aussi il arrive que des expressions flottent entre deux états, n'étant pas assez simples pour devenir de véritables juxtaposés, étant trop simplifiées pour n'être pas considérées comme des locutions spéciales. Les expressions qui présentent cet état intermédiaire peuvent se désigner sous le nom de locutions par juxtaposition. Les expressions que nous allons citer ne peuvent être considérées que comme des locutions par juxtaposition; car il est difficile que des juxtaposés se produisent sous nos yeux, puisque leur naissance n'est que le résultat de lentes modifications antérieures.

§ 1. *Adjectifs et substantifs* (l'un qualifiant l'autre) :

Les *cent-gardes*, nom d'un corps de troupe, sous le second empire.

centre droit, centre gauche, membres du centre d'une assemblée qui inclinent vers les opinions de la droite, de la gauche.

demi-monde, mot mis à la mode par Al. Dumas fils : « Il survient des querelles entre la *demi-presse* et le *demi-monde*. » (Veuillot, *Odeurs de Paris*, II, 6).

franc-fileur, expression créée au temps de la guerre de 1870-1871.

haute-cour de justice.

libre-penseur; ce néologisme a succédé à *franc-pensant* qui était usité au dix-huitième siècle et a remplacé le *libertin* du dix-septième siècle.

petit-crevé, une des nombreuses appellations méprisantes qui ont servi à désigner les jeunes élégants de notre temps.

Rappelons encore *madame* et *mademoiselle*, dont l'emploi actuel, dans certaines locutions, présente des caractères de néologisme.

Depuis longtemps *monsieur* et *messieurs*, par suite de l'usage restreint que présente le mot *sieur sieurs*[1], n'ont plus formé que des mots simples où on ne reconnaît plus *mon mes*

---

1. Il n'est plus employé au sens propre que comme terme de pratique : *Le sieur X*. Dans la langue commune, il comporte une idée méprisante.

et *sieur sieurs*, et sont employés comme de simples substantifs

> Mais, mon *petit* monsieur, prenez-le un peu moins haut.
> Ma foi, mon *grand* monsieur, je le prends comme il faut.
>
> (Molière, *Misanthrope*, I, ii.)

> Mon *bon* monsieur,
> Apprenez que tout flatteur
> Vit aux dépens de celui qui l'écoute.
>
> (La Fontaine, *Fables*, I, ii.)

> Son monsieur Trissotin me chagrine et m'assomme.
>
> (Molière, *Femmes savantes*, I, iii.)

Les *Beaux* messieurs de Boisdoré (G. Sand).

Il n'en est pas de même de *madame mesdames*, ni de *mademoiselle mesdemoiselles*, parce que *dame* et *demoiselle* sont encore usités de nos jours : *une jeune dame; la dame du premier étage ; des dames de charité; une jeune demoiselle; ma belle demoiselle; une demoiselle de comptoir; demoiselle d'honneur; c'est la demoiselle de M. X.*

Toutefois *dame*, ainsi que *demoiselle*, a quelque tendance à sortir de l'usage, et par suite *madame* et *mademoiselle* tendent de leur côté à devenir des mots simples. M. Fr. Sarcey, dans un article du journal *le Temps* (25 nov. 1872), fait remarquer qu'il n'y a pas de « locution plus mal faite et plus ridicule que *chère madame* ou *chère mademoiselle*. Il est évident que *chère* est fort mal placé avant le pronom possessif. » L'éminent critique ne voit pas que *madame* et *mademoiselle* deviennent des mots simples comme *monsieur*, et que, comme on n'y sent plus l'adjectif possessif, on est tout naturellement prêt à le redoubler. On dira *chère madame* comme on dit *cher monsieur* ou *chère mère ; chère mademoiselle* comme on dit *chère fille*. Bien plus, on ira, on va même jusqu'à dire *ma chère madame*, comme on dit *mon cher monsieur* [1].

Il faut remarquer que dans *mademoiselle* les deux éléments sont moins fortement unis que dans *madame*, et que *chère mademoiselle*, et à plus forte raison *ma chère mademoiselle*, se

---

1. M. Littré fait observer (au mot *demoiselle*) qu'il est de mauvais ton de dire *votre dame, sa dame, votre demoiselle, sa demoiselle*, et qu'il faut dire *madame, mademoiselle*. C'est que *madame, mademoiselle*, devenus des mots simples, ont un caractère plus impersonnel, plus général, et par suite plus respectueux : sans l'adjectif possessif, *votre, sa*, qui en particularise l'emploi, ils ont presque l'apparence de noms propres.

diront moins volontiers que *chère madame, ma chère madame.*
C'est que *demoiselle* est plus *substantif* que *dame*, et que les
convenances et les usages du monde en rendent l'emploi plus
usuel.

Au pluriel, l'union entre *mes* et *dames*, entre *mes* et *demoi-selles*, n'est pas encore achevée, parce que l'emploi du pluriel
mesdames, mesdemoiselles, est moins fréquent que celui du sin-
gulier. On dit donc *mesdames* et *mes chères dames, mesdemoiselles* et *mes chères demoiselles.* « Après un silence : —
M. de Lucan? reprit Julia. — *Chère madame?* — Expliquez-
moi donc les usages... » (Octave Feuillet, *Julia de Trécœur*, v).
« *Chère madame... chères demoiselles!* » (Th. Barrière et L. Thi-
boust, *les Jocrisses de l'amour,* I, 7).

Monseigneur présente le même caractère que *monsieur :*
monseigneur d'Orléans, le célèbre *monseigneur Affre.* Mais au
pluriel, et pour les mêmes raisons que *mesdames, messei-
gneurs* n'offre pas encore la soudure. On ne dira pas *les nos-
seigneurs de Paris et de Rouen*[1].

L'emploi des mêmes expressions, dans les langues voisines,
donnerait lieu à des observations analogues. Ainsi l'italien
Santa Madonna.

§ II. *Substantifs et substantifs* (ou *verbes*), l'un régissant
l'autre. Nous citerons :

chemin de fer	*homme de peine*	*bateau à vapeur*
sergent de ville	*machine à vapeur*	*machine à coudre*
gardien de la paix	*salle d'asile*	etc., etc.
juge de paix	*voiture de place*	

§ III. Certaines locutions formées par juxtaposition, mais
dont les éléments ne sont pas encore soudés entre eux, peuvent
prendre des acceptions figurées qui leur donnent l'apparence
de noms composés, en transformant leur signification, soit

---

1. Les nègres et les Indiens des colonies françaises donnent aux prêtres le nom
de *Monpère* qui vient des pères Jésuites. *Monpère* est un substantif simple
comme *monsieur.* «Venir trouver le monpère» (*Voyages et travaux des mis-
sionnaires de la Compagnie de Jésus, pour servir de complément aux Lettres
édifiantes,* I, *Mission de Cayenne,* etc., Paris, 1857, in-12, p. 452). « Tiens! ton
bon monpère, il mort? » (*Ibid.,* p. 455) — Cf. « Bonjour, notre monsieur! »
(X. de Montépin *Amours d'un fou,* Paris, 1856, p. 161). — Je dois ces indications
ainsi que le principe des observations qui précèdent à M. J. Bauquier.

par synecdoque, soit par métaphore, soit par synecdoque et métaphore.

un pied-bleu, conscrit portant encore les guêtres bleues du paysan (L. Larchey).

les pantalons rouges, les soldats.

un huit-ressorts, voiture de luxe, très-suspendue (L. Larchey).

un quatre-coins, un mouchoir (L. Larchey).

un trente sous, garde national qui pendant la guerre recevait une solde de *trente sous* par jour[1].

un quinze cents francs, engagé conditionnel d'un an qui doit, au moment de son engagement, verser une somme de quinze cents francs à l'État. — C'est à peu près de la même manière que le vieux français disait *un missoudor*, c'est-à-dire *un mil sous d'or*, pour désigner un cheval valant mille sous d'or.

du trois-six, de l'eau-de-vie marquant le degré 3/6 à l'aréomètre.

un coin du feu, robe de chambre.

un bain de pied, excédant de liquide qui déborde dans la soucoupe et fait prendre à la tasse comme un bain de pied.

un fruit sec, élève d'une école supérieure incapable de réussir; par extension, celui qui ne répond pas aux espérances qu'il avait fait concevoir. Voir sur ce mot L. Larchey.

un ver rongeur, voiture prise à l'heure.

un casque à mèche, bonnet de coton.

un tuyau de poêle, chapeau à haute forme droit.

CHAPITRE IX.

COMPOSITION A L'AIDE DE PARTICULES.

Les particules (adverbes ou prépositions) se combinent comme préfixes de diverses manières avec les substantifs, les adjectifs, les verbes.

---

1. « D'autres pétrels (ossifraga gigantea, procellaria capensis) et des alcyons (puffinus æquinoctialis) se voyaient fréquemment autour de Saint-Paul, mais n'atterrissaient pas sur l'île. Ces derniers n'apparaissaient que vers le soir; aussi les pêcheurs les nommaient *quarante sous*, parce qu'à l'heure où ils les apercevaient ils pouvaient considérer leur journée comme gagnée. » (Voisin, *Les oiseaux de l'île Saint-Paul, Revue scientifique,* 29 avril 1870.)

1° Elles se joignent, avec la valeur d'*adverbes*, à des verbes pour en modifier la signification : *prendre, sur-prendre ; mander, contre-mander.*

2° Elles se joignent à des noms ou à des adjectifs.

1. En qualité d'adverbes.

mal-aise, bien-heureux,
dés-honnête, dé-loyauté,
arrière-cour, sur-abondance.

2. En qualité de prépositions.

à-compte, contre-poison.

3° Elles se joignent à des noms ou à des adjectifs pour former un verbe par l'adjonction d'un suffixe verbal : *er, ir* :

courage en-courag-er ;   hardi en-hard-ir.

Ces sortes de composés reçoivent le nom de *parasynthétiques verbaux*, parce qu'ils sont formés *synthétiquement*, tout d'un jet, par l'union simultanée du préfixe et du suffixe au radical.

4° Elles se joignent à des noms ou à des adjectifs pour former un substantif ou un adjectif par l'addition d'un suffixe nominal (suffixe de substantif ou d'adjectif) :

vergue en-verg-ure ; place em-place-ment ; mer sous-mar-in.

Ces sortes de composés reçoivent le nom de *parasynthétiques nominaux*, parce que, substantifs ou adjectifs, ils sont formés *synthétiquement*, par l'union simultanée du préfixe et du suffixe au radical.

Nous avons ailleurs longuement étudié ces diverses formations de composés ; nous constaterons ici qu'elles sont toutes encore vivantes et fécondes en mots nouveaux.

Les particules qui aujourd'hui, dans la langue, peuvent former des composés, sont : *à* (= *ad*), *après, arrière, avant, bien, contre, de, dé-* ou *dés-, é-* ou *es-, en, entre, mal, moins, outre, par, pour, presque, re, sous, sur, sus, très.*

Il est rare qu'elles entrent toutes dans les quatre combinaisons que nous venons d'énumérer.

A. — 1. Se combine avec les verbes (ou participes) :

appâli : l'azur *appâli*, les teintes *appâlies* du ciel. De là dérive *appâlissement*, seul donné par M. Littré.

accrêté : « Un feutre, retroussé par un bord et *accrêté* de plumes rouges et blondes. » (Th. Gautier, *Capitaine Fracasse,* V). « Un vieux feutre *accrêté* d'une plume de coq.» (Id., *ibid.,* XI).

affouiller : « Un glacier ne pénètre pas dans un terrain meuble à la manière d'un soc de charrue qui l'entame et l'*affouille.* » (Ch. Martins, *Revue des Deux Mondes,* 1er mars 1864, dans Scholle, *Archives* de Herrig, XLI, p. 114). De là *affouillement,* voir plus haut, p. 95.

2. Se combine avec un substantif (ou un infinitif) en qualité de préposition : *Des à-bon-compte,* terme d'administration militaire. *A-compte* est déjà ancien. *Aval,* terme de commerce, est-il pour *à-valoir ?*

3. Ne se combine pas en qualité d'adverbe avec les noms.

4. Donne encore naissance à des parasynthétiques verbaux : *gourmand, a-gourmand-i :* « Puisque l'argent filait quand même, autant valait-il faire gagner au boucher qu'au marchand de vin. Et Gervaise, *agourmandie,* s'abandonnait à cette excuse. » (E. Zola, *l'Assommoir,* p. 248.) — *Veule, a-veulir :* « Ce refrain qu'elle *aveulissait* encore en ralentissant les notes finales l'obsédait, la poursuivait. » (A. Daudet, *Jack,* I, § 7.)

APRÈS. N'a donné que *après-midi, après-dîner (-née), après souper (-ée),* mots déjà anciens.

ARRIÈRE se combine seulement avec les noms en qualité d'adverbe. M. Littré donne un certain nombre de composés pour lesquels il n'apporte aucun exemple ancien ou moderne, aucune indication de date quelconque. Peut-être sont-ils récents : *arrière-caution, -charte, -chœur, -fente, -foin, -graisse, -narines, -nièce, -panage, -pointeuse, point-arrière, arrière-rang, -sens, -vieillesse.* En tout cas voici deux néologismes : *arrière-appartement* que M. Scholle (*Programme,* p. 13) relève dans un article de la *Revue des Deux-Mondes* dû à M. Perrot, et *arrière-prétention :* « Vous dites même, non sans *arrière-prétention,* que, etc. » (L. Desnoyers, *les Béotiens de Paris*).

AVANT ne se combine qu'avec des noms, 1. en qualité d'adverbe, 2. en qualité de préposition. Parmi les composés de *avant,* qui manquent au Dictionnaire de l'Académie, et que donne M. Littré, il y en a quelques-uns sans exemples anciens

ou modernes ; peut-on en conclure qu'ils sont modernes?
1. *avant-bouche*, *-cale*, *-courrier*, *-duc*, *-fossé*, *-glacis*,
-mur, *-pied*, *-poignet*, *-projet*, *-terrasse*. 2. *avant-lait*, *avant-
pieu*.

Si la date de ces composés est incertaine, en voici un qui a
son état civil dûment constaté : « *Avant-soc*, bascule avec un
régulateur, destiné à être adapté aux charrues ordinaires. »
(*Description des brevets*, 1ʳ série, t. XVI, p. 141 ; brevet pris
en 1818.)

BIEN. « Les journaux *bien pensants*. »

CONTRE se combine en qualité d'adverbe avec des verbes, en
qualité d'adverbe et de préposition avec des noms *de chose*[1].
Le Dictionnaire de M. Littré donne une liste très-riche de composés avec *contre* ; la plus grande partie de ces mots manquent
au Dictionnaire de l'Académie et ne sont accompagnés d'aucune indication historique. Il est à peu près sûr que les termes de blason et de marine sont anciens. Quant aux autres,
on n'en peut rien affirmer ; nous les donnons toutefois ici en
y ajoutant quelques autres créés de nos jours.
1. *contre-brasser*, *-dater*, *-indiquer*, *-lorgner*, *-mailler*,
-percer, *-planter*, *-poser*, *-rêver*, *-révolutionner*, *-sempler*,
-sommer, *-tailler*, *-timbrer* (Littré, *supplém.*).

Notons les composés avec participes ou adjectifs : *contre-
alizé*, *-fleuré*, *-harmonique*.

Ce dernier mot que M. Littré définit : « Qui est opposé à
l'harmonie, aux rapports harmoniques », est un composé parasynthétique : il ne s'analyse pas : « qui est harmonique en
opposition à d'autres sons harmoniques ; dont l'harmonié est
en opposition à d'autres sons harmoniques, » mais : « qui est
contraire aux sons harmoniques ». En d'autres termes, le mot
se décompose, non en *harmonique contre*, mais en *ique* (= qui
est), *contre*, (l') *harmonie*. La finale *ique* ne joue donc pas le
même rôle que dans *harmonique* ; ici elle tire de *harmonie* un
adjectif ; là elle s'applique au composé total *contre-harmonie*.
Cette composition rappelle la composition latine ou grecque ;
dans *anguimanus* (*angui-man-us*), *us* est la terminaison adjec-
tive du composé *angui-man* ; de même μεγαλόθυμος est non μεγαλο-
θυμος, mais μεγαλο-θυμ-ος. Cette composition parasynthétique

<hr>

1. Sur les diverses significations de *contre* en composition, voir notre *Traité*
p. 89.

d'adjectifs tend à se développer sous une double influence, celle de l'analogie et celle de la langue savante. Nous aurons occasion de la rencontrer et de l'étudier encore plus loin.

2. *contre-appel, -augment, -aveu, -basson, -brodé, -caniveau, -charge, -clavette, -courbe, -dame, -déclaration, -dégagement, -dénonciation, -digue, -émail, -empois, -empreinte, -enquête, -épaulette, -estampe, -expertise, -extension, -fendis, -fenêtre, -fossé, -foulément, -fracture, -frase, -fruit, -heurtoir, -jambage, -jan, -jumelles, -larmes, -ligne, -maille, -mandat, -manœuvre, -marc, -mission, -mot, -motif, -moule, -opération, -ordre, -panneton, -paroi, -pas, -passation, -pente, -pilastre, -planche, -poinçon, -policé, -potence, -pouce, -pression, -projet, -promesse, -propos, -proposition, -puff, -puïts, -rétable, -révolution*[1]*, -ronde, -signal, -signataire, -sommation, -sommier, -sortie, -stimulant, -sujet, -taille, -tasseau, -timbre* (Littré, supplém.), *-tranchée, -valeur, -verge, -volte, -vue.*

Ajoutons *contre-rampe* qui a le même sens que *contre-pente* et que donne le Dict. des chemins de fer de M. C. de Fageolles.

contre-révolutionnaire est un parasynthétique de même genre que *contre-harmonique*[2].

3. *contre-arc, -arêtier, -attaque, -aube, -biseau, -jet, -saison* (à), *-sol.*

Ajoutons *contre-morfil* : « Instrument propre à faire les rasoirs. » (*Description des brevets*, 1re série, t. XXVII, p. 106; année 1828), et *contre-bon sens*, dans la locution familière : « c'est un *contre-bon sens.* »

Cette formation est tout à fait dans le génie de la langue. Les composés qu'elle produit ont le véritable caractère des mots composés, qui est de pouvoir être créés et abandonnés à l'instant suivant les caprices ou les besoins de l'idée. Expriment-ils des idées qui vivent dans l'esprit du peuple, désignent-ils des objets qui durent, ils reçoivent alors la vie qui les fait entrer dans le trésor commun de la langue. Répondent-ils à des rapports momentanés, ils se désunissent aussitôt que

1. « Mot nouveau ; il a vu le jour après celui de révolution. » (*Dictionnaire national et anecdotique, pour servir à l'intelligence des mots dont la langue s'est enrichie depuis la Révolution*, etc., 1790, p. 53.)

2. Dans notre Traité, p. 90, nous avons fait de *contre-révolutionnaire*, non un parasynthétique, mais un dérivé de *contre-révolution*. Nous n'avons reconnu que plus tard le vrai caractère de cette sorte de formation. Cf. notre Traité, p. 323, note à la page 103, ligne 11.

le rapport qu'ils exprimaient a disparu. Ce double fait est sensible dans l'exemple suivant : « Ah! l'on trouve ici des complots... me voilà prévenu! et c'est à moi, à mon tour, par quelque *contre-mine*, quelque *contre-puff*...! » (E. Scribe, *le Puff*, III, 7.) *Contre-mine* est un mot reçu dans la langue, et vivant, parce qu'il répond à une idée vivante; *contre-puff* est un mot de circonstance, et qui ne survit pas à la situation, à l'occasion qui l'a fait naître. Ces créations sont légitimes : c'est par elles que se manifeste la vitalité de la langue.

DE (du latin *de*). Dans le Supplément du Dictionnaire de M. Littré, on trouve le mot *delaine* « mousseline de laine. Des *delaines* imprimés (par abréviation, de *de* et de *laine*). » Ce mot, sorti de la langue industrielle, et qui a tous les caractère d'un néologisme, est, à notre connaissance, le seul substantif composé de la langue moderne où entre la préposition *de* avec un substantif par elle régi. La langue ancienne a créé *deputaire*, *débonnaire*; mais c'étaient des adjectifs : *débonnaire* existe encore comme tel. *Debout*, qui présente une formation analogue, est resté adverbe, quoique en voie de devenir adjectif. Il faut donc signaler ce mot *delaine* comme l'unique représentant d'une formation nouvelle où s'exerce la langue.

DÉ-, devant une voyelle ou une *h* muette *dés-*. Particule inséparable du mot, verbe, substantif, adjectif, participe, avec lequel elle se combine. Elle est tantôt privative, tantôt augmentative : *démaigrir*, par exemple, signifie *rendre plus maigre*, et *devenir moins maigre*. Les deux significations paraissent contradictoires, mais se concilient sans difficulté. Au fond *dés* garde toujours et partout sa valeur privative. Mais tantôt, et c'est le cas le plus ordinaire, elle porte sur l'action qu'exprime le radical : *défaire, déjuger, désenchanter, déshonorer, désarmer*, etc.; ici *dés* annule l'idée qu'expriment *faire, juger, enchanter, honorer, armer*, etc. Tantôt elle porte sur *l'état antérieur* à l'action qu'exprime le verbe : *démaigrir*, au sens actif, est : « rendre maigre (*maigrir*) en faisant sortir (*dés*) de l'état antérieur, en faisant cesser d'être non maigre. » *Délisser*, dit M. Littré dans son Dictionnaire, signifie : « 1° Défaire ce qui était lisse. Délisser ses cheveux; 2° trier les feuilles de papier, de chiffons. » Quel est le rapport de la seconde définition avec la première? On ne le voit pas. C'est que cette définition doit être ainsi corrigée : « Lisser les feuilles de papier, de chiffons, en *en défaisant les plis* » (pour les mettre de côté et en faire du papier de premier choix). On voit que dans la première définition l'idée privative tombe sur le verbe *lisser;* dans la seconde, sur l'état dans lequel se trouvait l'objet avant de subir l'action verbale, état que l'idée privative de la particule, concurremment avec cette action, vient annuler. *Dés* ajoute donc son effet négatif à celui qu'exprime le verbe, et c'est ainsi qu'on a pu y voir un augmentatif.

La même chose se passe pour *é* (*és*), qui vient de *ex* et renferme en soi une idée privative. Or, aucun des composés de *ex* n'a de signification négative : *émouvoir*, *éjouir* (arch.), *échauffer*, — *éclairer*, *émousser*, etc. D'où vient ce fait, d'apparence si étrange, sinon que la négation porte, non sur le radical, mais sur l'état antérieur à l'action qu'exprime le radical[1] ?

Dé, avec valeur privative, appartient à la langue du peuple et à la langue commune; avec valeur augmentative, il n'appartient qu'à la langue populaire : c'est à celle-ci qu'il faut rapporter les verbes tels que *démaigrir* (terme de métier), *délisser* (terme de métier), *dégueniller*, *dépenailler*, *déplumer*, *déguerpir*, etc., et le composé de création récente *décesser* (il ne *décesse* de parler), blâmé par tous les grammairiens. « *Décesser*, employé pour *cesser*, dit Boiste, signifie tout le contraire de ce qu'on lui fait dire, le *dé* étant un privatif. » « Barbarisme populaire, qui est une grosse faute, » dit M. Littré. Mais en quoi *décesser* est-il plus incorrect que *déplumer?* Ils sont de formation identique; supprimez de part et d'autre la particule intensive, et vous avez *cesser* et *plumer*[2], qui tous deux renferment une idée négative[3].

Dé privatif se joint 1° aux verbes (*dé-faire*); 2° aux noms et adjectifs (*dés-honneur*, *dé-loyal*); 3° aux noms et adjectifs pour

---

1. Cf. *Traité de la formation des mots composés*, p. 84.

2. On serait tenté d'expliquer *déplumer* par *dé* + *plume* + *er*, c'est-à-dire : dégarnir de plumes : cf. *dé-barqu-er*, *dé-contenanc-er*, etc. : cette explication est inexacte. *Plumer* en vieux français était d'un usage général et fort commun au sens de *dégarnir de ses plumes;* et il n'a pas cessé un moment d'être en usage jusqu'à nos jours; vers le quinzième siècle paraît *déplumer* composé de *plumer;* et comme *déplumer* dit exactement la même chose que *plumer*, il faut que *dé* soit pris avec une valeur intensive.

3. La valeur augmentative de *dé* a été fort bien reconnue, mais non expliquée, par M. Agnel, *De l'influence du langage populaire sur la forme de certains mots de la langue française* (in-8, 1870, p. 16 et suiv.). Il cite un certain nombre d'exemples intéressants. Il a toutefois le tort d'identifier le *dé* français (= lat. *de ex*) avec le *de* qui est le latin *de*. Il est vrai que le privatif latin *de* arrive, par un développement de sens analogue à celui de *dés*, à prendre une signification intensive; cependant les deux particules doivent être distinguées.

former des parasynthétiques verbaux (*dé-barqu-er*, *dé-niais-er*); 4° aux noms et aux adjectifs pour former des parasynthétiques nominaux. Les formations nouvelles dans ces genres de composition sont très-nombreuses. Nous n'en choisirons qu'un petit nombre d'exemples.

1. *décanoniser*, proposé par Pougens dans son *Vocabulaire*[1].

décarboniser; *décentraliser*, « néologisme. Opérer la décentralisation. » (Littré); *déciviliser*, « néologisme. Détruire la civilisation. » (Littré).

décomprimer (Littré, *supplém.*).

déflagorner : « Demain, je vous attaque, et de telle façon, monseigneur, que si je vous flagornai six mois, je vous *déflagornerai* en six jours. » (A. de Musset, 3ᵉ *lettre de Dupuis et Cotonnet*.) Le mot est souligné dans le texte.

dégalonner : « Le coulage consiste à faire faire des travaux qui ne sont pas urgents ou nécessaires, à *dégalonner* et regalonner les troupes. » (Balzac, *les Employés*, éd. de 1856, p. 432).

démoraliser : « Ce mot n'était pas connu avant la Révolution. » (Littré.)

dépoétiser : « C'est lui qui a été assassiné..... comme ça le dépoétise. » (Gondinet, *Gavaud, Minard et Cᵉ*, III, 8.)

désaffamer : « Nous avons altéré et désaltéré, et nous n'avons pas *désaffamé*; pourquoi? » (La Harpe, cité par Mercier, *Néologie*.) M. Littré donne *désaffamer* avec un exemple du seizième siècle. Le mot, comme on voit, s'était perdu et a été créé à nouveau.

désaffectionner : « Son tailleur qui finirait, comme la France, par se *désaffectionner*. » (Balzac, *Maison Nucingen*, éd. de 1856, p. 20). Mercier proposait en 1801 *désaffectionné*. M. Littré signale le verbe comme un néologisme.

désaimanter : « Un électro-aimant qui cent fois par seconde s'aimante et se *désaimante*. » (Laugel, *Rev. des Deux Mondes*, dans Scholle, *Archives* de Herrig, XLII, 119).

désappauvrir est proposé par Pougens dans son *Archéologie française*[2].

désencanailler (se) : « Les goûts bas contractés dès la jeunesse ne se *désencanaillent* jamais. » (E. About, *l'Infâme*, 1).

désencapuchonner : « Comme un faucon *désencapuchonné*. » (Th. Gautier, *le Capit. Fracasse*, VII).

1. Voir plus haut, p. 25.
2. Voir plus haut, p. 26.

désennoblir : « Ne se sentant point la capacité de l'étude, ils (les bohèmes) ont regardé l'étude comme une bassesse qui *désennoblit* le génie. » (Veuillot, *Odeurs de Paris*, II, 5).

désharmoniser : « Néologisme. Troubler l'harmonie des choses, des opinions. » (Littré.)

déshydrater, déshydrogéner.

désillusionner. Ce mot est postérieur à *illusionner*, qui est un néologisme.

2. *Décompression, décrépissage* (Littré, *supplém.*), *décentralisable* (Littré), *désagrégeable* (Littré, *supplém.*).

désabonnement : « Il y a des hommes qui ne plieront pas devant l'épée, ni devant les chaînes…, ni devant la gloire ni devant le *désabonnement*. » (Veuillot, *Odeurs de Paris*, II, 4).

désaffection, *désaffectionnement*, signalés par M. Littré comme néologismes.

désassociation (Littré). Le mot a été proposé par Pougens (*Vocabulaire*).

déséclusement (Littré, *supplém.*).

détaxe, déveine (Littré).

désillusionnement (Littré), *déconclu.*

3. *débroussailler* (Littré, *supplém.*), *décapitaliser*[1] (ibid.), mot qui date de 1872.

décarbonater, décarburer.

décapuchonner, proposé par Pougens (*Vocabulaire*) ; admis par M. Littré.

décravater : « Il contrefaisait le docteur Gall à son cours, de manière à *décravater* de rire le diplomate le mieux boutonné. » (Balzac, *les Employés*, éd. de 1856, p. 217).

défraîchir : « C'était un papier plié en quatre, froissé, *défraîchi*. » (Albane, *Rev. des Deux Mondes*, dans Scholle, *Programme*, p. 14).

dégommer, terme populaire, pour *destituer*.

démoder : « Je suis déjà, de la tête aux pieds, un peu *démodé*. » (G. Sand, dans Scholle, *ibid.*).

dépailler : « Des chapeaux *dépaillés*. » (J. Vallès, *la Rue, All right*).

dépanneauter (Littré). On dit aussi *épanneler* ; celui-ci est ancien, l'autre est moderne[2].

---

1. Cette formation est demi-savante, demi-populaire : le préfixe est populaire (*dé*) ; le suffixe est savant (*iser*) ; il en est de même des autres parasynthétiques en *iser* cités dans cette liste.

2. Cf. plus haut, p. 75.

dépiauter (Littré, *supplém.*), mot très usité dans le peuple et formé comme le précédent.

dérailler, que M. Littré veut remplacer à tort par *dérailer*.

désincruster, *désincrustation*.

désentrailler : « Où es-tu, que je te larde, que je te crible..., que je te *désentraille*. » (Th. Gautier, *le Capit. Fracasse*, V).

déveuver (Littré, *suppl.*).

dévirginiser: « Une grosse dame.... me priait de *dévirginiser* sa bouteille pour l'exonérer (des frais de douane). » (J. Vallès, *la Rue*, *All right*).

4. Comme parasynthétiques nominaux, je ne vois à citer que *dessainissement* (Littré, *supplém.*), formé sur le modèle d'*assainissement*, et *dessouchement*.

É-, ÉS- devant une voyelle ou une *h* muette. Cette particule connaît les quatre sortes de compositions. La liste des composés qu'elle a donnés à la langue est fort considérable; M. Littré en cite beaucoup qui ne sont accompagnés d'aucun exemple ancien ou moderne; ce sont, pour la plupart, des termes de métier, qui, à moins de preuve du contraire, doivent être tenus pour anciens.

Nous n'avons que très-peu d'exemples de formations récentes : *évalve*, *épalpé*, *époucé*, qui appartiennent à la terminologie de l'histoire naturelle, sont assurément modernes; de même *ébergement*, terme des ponts et chaussées. M. Scholle cite (*Programme*, p. 14) un verbe parasynthétique *effranger* dû à M. Reclus (*Rev. des Deux Mondes*).

EN, EM devant *m*, *b*, *p*, du latin *in*. Cette particule se préfixe aux verbes en qualité d'adverbe, aux noms et aux adjectifs en qualité de préposition. Elle se combine avec des noms et des adjectifs pour produire des parasynthétiques verbaux et nominaux. Les quatre procédés ont enrichi la langue d'une foule de composés; ils sont encore aujourd'hui vivants, les deux derniers surtout.

1. s'*embarbotter* : « Va donc et ne t'*embarbotte* pas comme tout à l'heure. » (Théaulon et Bayard, *le Père de la Débutante*, III, 4, dans Littré).

emplanter, proposé par Mercier comme mot nouveau : « La ronce s'*emplante* sous le rocher. »; cité sans exemple dans le Dict. de M. Littré.

2. A la liste des nombreux composés formés de la préposition *en* et d'un régime, la langue contemporaine a ajouté *en-dos*, terme de banque ; *en-tout-cas*, ombrelle pouvant servir de parapluie ; *entrain*, contre lequel protestait M. Viennet[1].

3. *embander* : « Néologisme. Envelopper un enfant de bandes, de linges très-serrés. » (Littré).

embourgeoiser (Littré, *supplém.*). « Le siècle *embourgeoisé* s'énerve. » (Th. Gautier, *le Capit. Fracasse*, XII).

emparadiser existait au dix-septième siècle. « L'art *d'emparadiser* les âmes. » Tel est le titre d'un ouvrage édifiant du temps. M. Gautier l'a-t-il rajeuni ou recréé, quand il a dit :

> Comme *emparadisés* dans les bras l'un de l'autre,
> Nous ne concevions pas d'autre ciel que le nôtre.
>
> (*Prem. poés., Albertus*, IV.)

encastoriner. M. Saveney, après avoir rapporté l'opinion de M. Hœfer, qui voyait des constructions de castors dans les habitations lacustres, dit que M. Meunier combat cette opinion. « M. Meunier presse vivement son adversaire et ne le quitte enfin que quand il espère lui avoir fait regretter de s'être trop légèrement *encastoriné*. » (Cité par Scholle, *Programme*, p. 14). Le mot est assez mal créé ; il faudrait *encastorer*.

encotonner : « Je ne sais pas..., quand l'ennemi passe, *encotonner* ma cloche. » (J. Vallès, *la Rue, à un rédacteur en chef*).

endiamanter (Littré, *supplém.*).

englauder, mot populaire actuellement en usage, et qui est sans doute une contraction de *engluauder*. « Au marché on a voulu m'*englauder* pour me faire dire si je lui voyais passer sa chemise. » (Balzac, *le Père Goriot*).

enrubanné : « Ces quatre ou cinq personnages coiffés, poudrés, *enrubannés*, qui pendaient au mur dans leur petit cadre flétri. » (Droz, *les Étangs*, p. 84). « Hercule *enrubanné* file aux genoux d'Omphale. » (Th. de Banville, *Odes funamb., La ville enchantée*). « Fantasio est le type *enrubanné* de cette espèce charmante. » (Veuillot, *Odeurs de Paris*, IV, 6).

ensoleillé, néologisme fort à la mode aujourd'hui et qui a remplacé l'ancien *soleillé*. « M. Hugo semble ne pouvoir faire un vers prosaïque, ni se servir d'une couleur qui ne soit aus-

---

1. Voir plus haut, p. 25.

sitôt *ensoleillée.* » (Veuillot, *Odeurs de Paris*, IV, 4). « Il ne pouvait manquer de récolter sur les pentes du Sorata des moissons d'idées et d'images tropicales, et d'en rapporter une palette *ensoleillée*, dont il répandrait à pleine brosse dans son drame les éblouissantes bigarrures. » (Cherbulliez, *Prosper Randoce, Revue des Deux Mondes*, 15 août 1867, p. 800 ; dans Scholle, *Archives* de Herrig, XLII, p. 120).

ensommeillé : « Voix *ensommeillée.* » (Perret, cité par Scholle, *Programme*, p. 14.)

enténébrer : « (Je vois) la Grèce envahie, pénétrée par les sombres dieux de l'Orient. Qu'adviendra-t-il du genre humain, si le pays de la lumière est *enténébré* de leur culte? » (Michelet, *Bible de l'Humanité*, p. 327).

entomber : « Cette famille, qui avait *semé l'or*, selon sa devise, voyait de sa gentilhommière les riches abbayes qu'elle avait fondées, et qui *entombaient* ses aïeux. » (Chateaubriand, *Mémoires*, t. I, p. 29). Ce néologisme serait heureux, s'il ne faisait songer à *tomber* plutôt qu'à *tombe.*

envagonner (Littré, *supplém.*).

4. Les parasynthétiques nominaux qui suivent appartiennent à la langue de l'administration. Faut-il y voir des mots nouveaux? Vraisemblablement.

encellulement, endivisionnement, envasement. Ajoutons *encravatement.*

ENTRE se combine comme adverbe avec des verbes, comme adverbe et préposition avec des substantifs. Il ne forme pas de parasynthétiques verbaux, mais peut-être des parasynthétiques nominaux.

Les formations nouvelles certaines sont rares. Je ne puis citer que les *entrefilets* d'un journal, l'*entre-voie* d'une voie ferrée, les *entretoises*, « barres de fer qui servent à relier les parois latérales du foyer des locomotives avec l'enveloppe extérieure, pour pouvoir résister à la pression de la vapeur. » (Cousy de Fageolles, *Dictionnaire des chemins de fer.*)

Nous n'avons pas trouvé d'exemples nouveaux de *entre* construit avec un verbe; peut-être parmi les nombreux composés que M. Littré cite quelques-uns sont-ils de création contemporaine.

Quoi qu'il en soit, cette composition est pleinement dans l'esprit de la langue, toujours comprise et par suite toujours vivante.

MAL. M. Scholle (*Archives* de Herrig, t. XLII, p. 124) cite cet exemple de M. Du Camp : « La Seine s'est épurée, elle a rejeté loin de ses rives tous les corps d'état *malflairants* qui les encombraient. » (*Rev. des D. Mond.*, 1er nov., 1867, p. 105).

MES. M. Littré au Supplément donne *mésestimation*, qui doit être un mot nouveau. Pougens (*Vocab.*) propose (*se*) *méjuger*, qui paraît dater de la fin du siècle dernier.

MOINS, voir *plus*.

NON se joint aux substantifs, aux adjectifs et aux participes. « En cas de *non-paiement*. » (Ch. de Bernard, *les Ailes d'Icare*, I, 4). « Nous parlerons d'abord de la catégorie des *non-pen-seurs*. » (L. Desnoyers, *les Béotiens de Paris*). « Ce n'est pas tout à fait l'homme, mais c'est un peu mieux que le bœuf; c'est l'orang-outang qui a reçu le baptême et qui est né *non-velu*, et a fait ses études. » (Id., *ibid.*) Rappelons une formation qui date du dernier concile, les *non-opportunistes*. Le *non-moi* et le *non-être* nous viennent d'au delà du Rhin, avec la philosophie de Fichte et de Hégel.

OUTRE n'a pas formé de composés nouveaux.

PAR entre en composition dans des locutions adverbiales, *par-dessus*, *par contre*, *par à peu près*. Ces locutions peuvent devenir des substantifs. *Un pardessus*, manteau qu'on met par-dessus les vêtements; « *un par contre* », terme de banque, « négociation de lettres ou billets de change contre d'autres de même valeur. » (Sévy). « Forcé d'accoucher, coûte que coûte, à la seconde, d'un calembour ou d'un sonnet, d'un quatrain piquant ou d'un *par à peu près* inattendu. » (J. Vallès, *la Rue, les Galériens*).

POUR est également peu fécond. *Pourlécher* date de la fin du siècle dernier; *pourtourner* est moderne, mais il est tiré de *pourtour* d'après *tourner*. Je ne vois que le substantif *pour-cent* qui soit nouveau; il a donné un dérivé *pourcentage*.

PLUS. *Plus-value* a amené son correspondant *moins-value* : « *moins-value*, pour pavage non fait par mètre superficiel. » (*Prix de base et de règlement applicables aux travaux de bâti-ments*, 1875-1876, p. 120).

PRESQUE. « Par néologisme il se construit avec un substantif. » (Littré).

> Roulez dans vos sentiers de flamme,
> Astres, rois de l'immensité;
> Insultez, écrasez mon âme
> Par votre *presque éternité.*
>
> (Lamartine, *Harmonies*, IV, 3.)

La langue, moins élégante, des journaux, a créé la *presque unanimité*, la *presque totalité*, la *presque certitude*. Cette construction, qui a son point de départ dans *presqu'île*, est fort commode et très-usuelle. Le latin *quasi* présente le même emploi : *quasi-légitimité*. (Voir plus bas, p. 228.)

RE possédait en vieux français les acceptions diverses de répétition, rétablissement dans le premier état, augmentation, réaction, réciprocité, opposition[1]; elles se ramènent toutes à l'idée simple d'opposition.

De nos jours, la langue commune ou littéraire ne connaît plus que la première de ces acceptions, celle de répétition; la langue populaire les connaît encore toutes.

Dans la langue littéraire, *re* peut se préposer à tous les verbes indiquant une action, quand on veut marquer l'itération, la répétition de cette action; il se prépose de même aux substantifs exprimant l'action ou le résultat de l'action qu'indique le verbe. Les créations individuelles n'ont ici d'autres limites que celle des mots, verbes ou substantifs, qui peuvent recevoir la particule *re*.

Voici quelques exemples pris dans la langue actuelle :

réadopter, *réarmer* (Littré, *supplém.*).

réagenouiller (G. Sand, dans Scholle, *Programme*, p. 16).

rebadigeonner, *rebannir*, *recalculer*, *recarboniser* (Littré).

reclasser : « Déclassé, je ne veux pas me *reclasser* ailleurs. » (G. Sand, dans Scholle, *Programme*, p. 16).

redébattre (Littré), *redéployer*, *rediviser* (V. Hugo, Montégut, dans Scholle, *Programme*, p. 16).

redormir (Littré).

réemboîter le pas (E. Souvestre, dans Scholle, *Programme*, p. 16).

réescompter et *réescompte* (Littré).

---

1. Voir notre *Traité de la formation des mots composés en français*, p. 98.

réexposition (Règlement de l'Exposition universelle de 1867, dans Scholle, *Programme*, p. 16).

réépouser (E. About, *l'Infâme*, III).

regalonner, voir *dégalonner*, à *dé*, p. 135.

réincarcérer, réincarcération (Aylies et Rémusat, *Rev. des Deux Mondes*, dans Scholle, *Programme*, p. 16).

réincarnation : « Retour de l'esprit à la vie corporelle. » (*Répertoire du spiritisme*).

réinventer (Michel Chevalier, *Rev. des Deux-Mondes*, 1er déc. 1867, p. 531, dans Scholle, *Archives* de Herrig, t. XLII, p. 126).

réouverture, réorganiser (Littré).

renflouer, mot qui paraît pour la première fois dans le Dictionnaire de marine de l'amiral Willaumez (1825) et qui paraît être un composé de *flot* (*renflouer, renfloer*, = remettre à flot). « Les fédéraux attendaient alors le jour, soit pour essayer de renflouer le navire, soit pour le détruire à coups de canon, s'il était trop enfoncé. » (De Mars, *Rev. des Deux Mondes*, 15 août 1865, p. 782, dans Scholle, *Archives* de Herrig, t. XXXIX, p. 435).

ressaluer : « Il fit un profond salut, se retira, fut rappelé, ressalua. » (Veuillot, *Odeurs de Paris*, III, 4).

retraverser (Rémusat, *Revue des Deux Mondes*, 1er novembre 1866, p. 10, dans Littré).

retransplanter (G. Sand, dans Scholle, *Programme*, p. 16).

Dans tous ces exemples, *re* conserve sa signification pleine et entière de répétition ; c'est ce qui distingue sur ce point la langue commune ou écrite de la langue populaire. Celle-ci prépose volontiers *re* (*r'*) à un grand nombre de verbes ou de noms que la langue littéraire emploie sous la forme simple. « Ainsi le peuple emploie *rappeler* pour *appeler* : il a perdu son procès et il en a *rappelé*; *resserre* pour *serre* : il faut rentrer les fleurs dans la *resserre*; *ramasser* pour *amasser* : je suis tombé dans la rue et le monde s'est *ramassé* autour de moi ; *remplir* pour *emplir* : il faut prendre les bouteilles vides et les *remplir*; *remonter* pour *monter*, ma montre n'est pas *remontée*, etc. Les gens du peuple placent aussi le préfixe *re* devant certains noms et certains verbes simples dont ils forment des noms et des verbes composés que réprouve le bon usage de la langue : tels sont, par exemple : *rétameur*,

*rétamer, récureur, récurage, récurer, ramincir, rapproprier,
rassortir, raiguiser, renforcir,* au lieu de *étameur, étamer,
écureur, curage, écurer, amincir, approprier, assortir, aiguiser,
enforcir* [1]. »

Dans ces divers composés, la particule ajoute une nuance
propre aux simples : dans *remonter, raiguiser,* elle indique le
rétablissement dans le premier état : la montre n'était plus
montée, il faut la remonter ; le canif n'était plus aiguisé, il
faut le raiguiser. La valeur intensive, augmentative, est sensible dans *rétamer, récurer, renforcir. Rappeler* n'ajoute-t-il
pas à *appeler* l'idée de réaction, de contre-action ? *Resserrer*
pour *serrer, rassortir* pour *assortir, remplir* pour *emplir,* indiquent une opposition entre l'état qui résulte de l'action exprimée par le composé et l'état antérieur. *Un verre empli* indique seulement que le verre n'est pas vide ; *un verre rempli*
donne à entendre qu'il n'est plus vide. Une voiture, dans une
rue encombrée, suivait une autre voiture : la première s'arrête
brusquement ; le cocher de la seconde subit le contre-coup et
s'écrie : Il s'arrête et il ne *ravertit* pas !

Cette phrase, entendue à Paris [2], l'an de grâce 1876, est, à
s'y méprendre, une phrase du moyen âge. C'est le même
emploi de *re* que dans les exemples suivants :

> Et li fil Ganelon et Auboïn et Miles
> Sont venus au palais quant la messe fut dite ;
> Devant le roi *jurerent* si que François l'oirent,
> Que Garniers vot mordrir le roi par felonnie.
> Et li dus *rejura,* por son cors escondire,
> Onkes a Karlemaine ne quist mort en sa vie.
> *(Aye d'Avignon,* vers 349 et suiv.)

> Il est passé avant, *mist son gage* en présent,
> Dus Naimes le *repleige,* li et Miles d'Aiglant.
> *(Gui de Nanteuil,* vers 390, 391.)

> Lors broche le cheval, le frain abandonné,
> Et Guis *relaisse* courre, qui n'i a demoré.
> *(Gui de Bourgogne,* vers 2408, 2409.)

La tradition de la vieille langue s'est ainsi conservée intacte
jusqu'à nos jours dans la langue populaire.

L'emploi de *re* présente le plus souvent des nuances si déli-

---

1. Agnel, *De l'influence du langage populaire sur la forme de la langue
française,* p. 2.
2. Par M. Gaston Paris.

cates que dans l'esprit du peuple elles disparaissent, et que la particule devient souvent explétive : de là ces nombreux composés en *re , r'*, qui finissent par mettre hors d'usage et abolir les simples. *Emplir* disparaît devant *remplir*, *épandre* devant *répandre*, *apetisser* devant *rapetisser; mercier* a disparu devant *remercier, encontrer* devant *rencontrer, alentir* devant *ralentir, éjouir* devant *réjouir* [1]. De nos jours, il appartient à la langue écrite de se prémunir contre cette tendance souvent abusive de la langue populaire, et de maintenir autant que possible l'intégrité des droits du mot simple [2].

SANS ne se combine qu'avec des noms, en qualité de préposition : *un sans-souci.* Compositions nouvelles : *Les sans-culottes; du sans-gêne.* « Le *sans-gêne* princier donne un privilége d'essai, et une personne ducale s'amuse où un bourgeois se perdrait. » (V. Hugo, *l'Homme qui rit*, II, 1, 3).

SOUS se combine soit avec des verbes : *sou-peser, sou-rire,* il est alors adverbe ; soit avec des substantifs ou adjectifs, dans ce cas il peut être adverbe (*sous-préfet, sous-maître*) ou préposition (*sou-coupe*). Il forme également des parasynthétiques nominaux (*sou-bass-ement*), mais non des parasynthétiques verbaux.

Les composés suivants sont de formation récente :

1. *sous-amender, sous-déléguer, sous-diviser, sous-limiter,* etc.

2. *a : sous-amendement, sous-arrondissement, sous-azotate,* et tous les termes de chimie analogues, *sous-centre, sous-chef, sous-classe, sous-colline, sous-directeur, sous-genre, sous-jupe, sous-préfecture, sous-préfet, sous-pression, sous-titre.*

b : sous-bois, sous-main, sous-sol.

3. Les parasynthétiques de formation nouvelle appartiennent à la langue savante, quoiqu'ils ne soient pas incompatibles avec la formation populaire. Ils présentent un caractère spécial que nous avons déjà remarqué plus haut [3], et qu'ils doivent à leur mode de formation. Ils consistent dans la combinaison de la préposition avec un adjectif; mais, tandis que, dans l'adjectif simple, la terminaison adjectivale,

1. Cf. Agnel, *op. cit.*, p. 4.
2. Il n'y a pas de mal quand le simple prend une signification spéciale à côté du composé : *amasser* et *ramasser, courir* et *recourir, tenir* et *retenir.* Il y a même là véritable enrichissement.
3. P. 131.

en s'ajoutant au substantif radical, le change en adjectif (*la-custre* = *lac* + *ustre*), dans les parasynthétiques, par le seul fait du rapprochement de la préposition et de l'adjectif, celui-ci se décompose en ses deux éléments; le premier, le substantif, devient logiquement le régime de la préposition, et le second, le suffixe, détermine non plus le substantif simple, mais le composé formé par la préposition et le substantif (*sous-lac* + *ustre* = *qui est sous lac : habitations sous-lacustres*).

Ainsi sont formés de nombreux composés modernes : *sous-axillaire, -clavier, -costal, -cutané, -dorsal, -épineux, -générique, -lombaire, -marin, -maxillaire, -périosté, -sternal*, etc. Ils appartiennent à la langue populaire ou commune par la préposition, à la langue savante par l'adjectif qui le plus souvent a la forme latine. Que l'on compare *sous-genre* et son dérivé *sous-générique*, et l'on saisira la différence des deux procédés de formation. *Sous-genre* est de formation française; *sous-générique* est semi-latin.

SUR se combine avec des verbes en qualité d'adverbe (*surabonder*), avec des noms en qualité d'adverbe (*surabondance*) ou de préposition (*surtout*). Il produit également, comme *sous*, des parasynthétiques d'adjectifs.

Mots nouveaux :

1. *surchauffer*, terme scientifique qui s'emploie déjà au figuré : « Notre dix-neuvième siècle, *surchauffé*, troublant, trop plein d'idées. » (Daudet, *Jack*, I, § 9.) « Ces temps de vie rapide, *surchauffée* et comme instinctive, avaient, il est vrai, supprimé dans la vie humaine ce qu'on nomme au théâtre des longueurs. » (J. Claretie, *le Beau Solignac*, 1876, I, 162.)

surélever (Littré).

surexciter : « Ils échangèrent quelques œillades rapides, de ces regards qui résument par leur éloquence sensuelle toute une scène, tout un drame de passion *surexcitée*. » (G. Sand, *Le dernier Amour*, III.) « Sa petite imagination que *surexcitait* la fièvre de la course était dominée par la crainte. » (Daudet, *Jack*, I, § 7.)

surexhausser : « Ces rhizopodes qui, de leurs petits manteaux, ont fait leur part des Apennins, *surexhaussé* les Cordilières. » (Michelet, *la Mer*, 2ᵉ édit., p. 130.)

surincomber (Scholle, *Programme*, p. 17), *sursaturer*.

2. *surchauffe, surcroissance, suroffre, surépaisseur, surélévation* (des rails), *surenchère, surfusion, survaleur*.

Il n'existe pas, à notre connaissance, de composés nouveaux où *sur* soit préposition.

3. *surcostal, surépineux, surlaryngien.*

SUS, du latin *susum*, était en vieux français préposition et adverbe : « Devant l'autel *sus* les degrez. » (*Benoît*, v. 25,228). « Li princes n'est pas *sus* la loi, mes la loi est *sus* le prince. » (*Le livre de jostice*, 6.) — « Pois, sunt muntet *sus* el palais altisme. » (*Roland*, 2708.)

Dans la langue populaire, *sus* a conservé en composition cette double valeur. Il est préposition dans les composés techniques *sus-bande, sus-bec, sus-pied;* il est adverbe dans *susdit, susmentionné, susdénommé, susnommé, susrelaté.* De nos jours la langue savante a utilisé cette dernière formation en créant des parasynthétiques analogues à ceux que donne *sous*, c'est-à-dire où *sus* est préposition : *sus-carpien, sus-coccygien, sus-épineux, sus-hépatique, sus-hyoïdien, sus-maxillaire, sus-métatarsien, sus-nasal, sus-orbitaire, sus-pubien, sus-scapulaire, sus-sphénoïdal,* etc.

TRÈS ne s'emploie plus que devant des adjectifs, comme signe du superlatif.

CHAPITRE X.

COMPOSITION PROPREMENT DITE.

Le caractère essentiel de la composition proprement dite est l'*ellipse;* la composition est une union intime de mots dont la combinaison présente à l'esprit une idée nouvelle que ne fournissent pas les éléments composants pris à part. Le juxtaposé *arc-en-ciel* n'exprime à l'origine rien de plus que chacun des trois termes *arc, en, ciel.* Le composé *timbre-poste* présente non-seulement l'idée de *timbre* et celle de *poste,* mais encore la notion —non exprimée — d'un rapport de dépendance unissant *poste* à *timbre.*

En laissant de côté la juxtaposition soit simple, soit transformée par la synecdoque ou la métaphore dont il a été parlé plus haut[1], et la composition par particules dans ce qu'elle

1. Voir p. 125-128.

offre de tout à fait spécial[1], nous avons pour la composition proprement dite les formations suivantes :

1. Composition par apposition : *chou-fleur*, proprement *chou qui est une fleur*.

2. Composition dont le premier terme est une préposition, le second un substantif ou un infinitif régi par cette préposition : *à-compte, pourboire*.

3. Composition dont le premier terme est un adverbe, le second un substantif : *arrière-cour, contr'ordre*.

4. Composition avec génitif ou datif : *timbre-poste*.

5. Composition d'un nom et d'un verbe qui le régit : *col-porter*.

6. Composition d'un verbe (à l'impératif) et d'un nom qui en est régi : *porte-plume*.

De ces diverses sortes de compositions, la seconde et la troisième se forment à l'aide de particules ; nous les avons étudiées dans le chapitre précédent aux prépositions *à, après, arrière, avant, contre, de, en, entre, par, sans, sous, sus,* et *sur*. La cinquième a disparu de la langue. Il ne nous reste donc qu'à considérer la composition par apposition, la composition avec génitif ou datif, et la composition avec impératif. La langue contemporaine leur donne un remarquable développement.

§ 1. *Composition par apposition.*

Cette formation repose sur la faculté que le substantif possède, dans notre langue, comme dans les autres langues romanes, de prendre le rôle de l'adjectif[2]. C'est ce précieux avantage qui fait de la composition par apposition une mine inépuisable de mots nouveaux. Elle date du latin populaire et on en suit la trace, de siècle en siècle, à travers la langue du moyen âge et la langue moderne. De nos jours elle a reçu une extension considérable par suite du puissant développement du commerce et de l'industrie. Elle a été utilisée pour dénommer ces innombrables inventions, fécondes ou stériles, éphémères ou durables, où se manifeste l'incessante activité de notre époque positive, et dont, pour la plupart, la

1. La formation des parasynthétiques nominaux et verbaux.
2. Voir plus haut, p. 59.

Description des brevets[1] nous offre le volumineux état civil.

Nous avons feuilleté cette collection afin d'y prendre sur le fait la création des mots nouveaux, avec la date précise de leur naissance; afin d'y voir les ressources que les inventeurs trouvent dans la langue pour dénommer leurs inventions. Que les noms qu'ils ont trouvés aient eu vie ou qu'ils aient succombé avec les inventions auxquelles ils étaient attachés, ils n'en témoignent pas moins de l'activité du langage; les noms étaient viables: les inventions seules étaient mort-nées, et celles-ci ont entraîné les autres dans l'oubli et le néant.

Voici une série de noms formés par apposition désignant des objets :

« *accotoirs-dormeuses* propres à toutes les voitures. » (Brevets, 1836; A, XLI, p. 218.)

asphalte-planche (1849; B, XVI, 2).

« baignoires malléables et élastiques, dites *baignoires-dormeuses*. » (1827; A, XXXVI, 78.)

« baignoire à réservoir dite *baignoire-serre*. » (1821; A, X, 367.)

« mouvement perpétuel dit *balancier-moteur*, ventilateur. » (1828; A, XXIII, 185.)

balles-obus (1840; A, LVI, 473).

bas-jarretières (1823; A, XXVII, 53).

« instrument de musique dit *basse-trompette*. » (1810; A, V, 354.)

bateau-cloche (1845; B, II, 253).

bateau-mouche et par abréviation, moins usité, *mouche*. C'est l'anglais *flyboat*.

« *bateau-rabot*, propre à créuser les ports. » (1833; A, L, 133.)

« machine dite *bateau-voiture* aérien, aquatique, terrestre. » (1827; A, XXXVIII, 435.)

« *boîtes-livres* destinées aux collections d'histoire naturelle. » (1838; A, XLIV, 57.)

---

1. La collection se compose de deux séries : la première contenant la description des brevets pris depuis l'année 1791 jusqu'à l'année 1844 ; nous la désignons par A. La seconde série (B) commence en 1844, avec la nouvelle loi sur les brevets d'invention, et se continue jusqu'à nos jours. Nous nous sommes surtout servi des nombreuses et utiles tables générales qui complètent les deux collections. Cf. plus haut, p. 43, n. 1.

bouchon-tampon (1851; B, XIX, 366).

bouée-pompe (1846; B, VII, 180).

« procédé de fabrication d'un nouveau genre de chandelles dites *bougies-chandelles*. » (1835; A, XXXVII, 204).

briquet-lanterne,

« *brosse-démêloir*. » (1842; A, LVII, 238).

« *buffet-commode*, *buffet-étagère*. » (prospectus d'un marchand de meubles, 1876).

café-concert (voir toutefois, p. 167).

canapé-sofa-lit (1845; B, IV, 58).

candélabres-affiches (1835; A, XLIV, 409).

« *canne-éventail-écran* dite baguenaudine.» (1829; A, XXVII, 216.)

« *carton-cuir* imperméable, dit cuir factice. » (1837; A, XLIV, 80.)

carton-pierre (Bottin, *Ann. du commerce*, 1876, p. 773).

chapeaux-cachemires (1844; A, LIV, 112).

charrette-semoir (1836; A, XLV, 174).

charrue-semoir (1832; A, XXXV, 278; cf. *Mém. de la Soc. royale d'Arras*, 1834, p. 182).

« chaufferette dont la chaleur est entretenue par une petite lampe dite *chaufferette-lanterne* à six fins. » (1815; A, VIII, 351.)

cheval-vapeur, terme de physique et de mécanique.

« fabrication de *clous-chevilles*. » (1840; A, 393.)

« *clysettes-seringues-bouteilles*. » (1838; A, XLIV, 71.)

col-cravate.

colle-fécule (1845; B, II, 237).

commode-toilette (1855; B, VI, 6).

« instrument de précision dit *compas-triangle*. » (1832; A, XXXII, 229.)

compteur-mesureur des liquides (1839; A, XLI, 183).

corsage-fourreau, voir *robe-fourreau*.

«*corset-cuirasse*, propre à redresser les difformités. » (1834; A, XLI, 237).

coton-poudre.

« lampe de nuit dite *coupe-veilleuse*. » (1828; A, XXII, 44.)

« voiture dite *coupé-cabriolet*. » (1831; A, XXXII, 121.)

cravate-écharpe (Catalogue des magasins du Louvre, décembre 1876).

crible-tarare (1849; B, XIII, 328).

« *croiseur-compteur*, applicable au dévidage des soies. » 1838; A, XLIII, 200.)

« nouvelle *cuve-grilloir* (pour brasser la bière). » (1829; A, XXVIII, 330.)

dentelle-torchon (Catalogue des magasins du Louvre, décembre 1876).

élastiques-ressorts (1825; A, XXXII, 27).

encrier-filtre (1840; A, LIII, 438).

étrille-cure-pied (1844; B, I, 238).

fauteuils-crapauds (Prospectus d'un magasin de meubles, décembre 1876).

fauteuil-lit (Catalogue des magasins du Louvre, déc. 1876).

fichu-coiffure, fichu-mantille (ibid.).

filtre-charbon (1838; A, L, 249).

fusil-harpon (1834; A, LV, 33).

guitare-basson, -harpe, -lyre (A, 1826, XXI, 163; 1825, XXI, 43; 1811, VI, 263).

herse-rateau (1848; B, XII, 337).

jupe-cage ou *crinoline*.

lampe-bocal, - théière, -modérateur (1844; B, II, 44; 1831; A, XXXIII, 109; 1845; B, III, 172).

« *lanterne-fonte* propre à éclairer les cavaliers. » (1839; A, LIII, 168.)

lavabos-toilettes (Bottin, 1875, p. 1136).

levier-frein (1849; B, XVIII, 76).

lit-canapé, -divan, -fauteuil, -toilette (A, 1849, XVIII, 76; B, 1846, VI, 201; IX, 93; IV, 58; III, 230).

« machine dite *loup-batteur*. » (1833; A, XXXVIII, 185).

« *poulies mains-douces*. » (1848; B, XIV, 180).

orgue-orchestre (1834; A, XLI, 235).

ouate-laine (1847; B, XII, 317).

ourdissoir-dévideur, -plieur (A, 1824, XXIX, 62; XXXVII, 288).

« C'était le *paletot-sac* taillé dans un manteau d'aïeul. » (J. Vallès, *la Rue, la Messe de Listz*.)

paliers-graisseurs (Bottin, 1875, p. 1260).

moule à cigarettes, *papier-tube* (ibid., p. 1318).

papier-brouillard, -granit, -marbre, -monnaie, -tenture.

parasol-ombrelle (1837; A, XLVI, 330).

patins-souliers (1816; A, IX, 79).

peignes-parures (1838; A, XLIV, 70).

laines *peignées-filées* (Bottin, 1875, p. 1128).

photographie-carte, photographie-vignette. — On dit aussi *portrait-carte*.

piano-lyre (1849; A, XLVII, 203).

pistolets-tabatières (1835; A, xxxvi, 253).

pont-bascule (Cousy de Fageolles, *Dict. des chem. de fer*).

portrait-dépêche. « Les *portraits-dépêches* de la justice, » titre d'un article du *Petit Journal* (n° du 5 déc. 1876), sur un nouveau système de dépêches contenant, avec le signalement, le portrait des malfaiteurs poursuivis par la justice. Dans cet article, je trouve encore les composés : *dépêches-photographies, papier-dépêche.*

pupitre-chevalet (1840; A, lvi, 153).

rail-digue de halage (1838; A, li, 154).

« Cet hiver les femmes porteraient encore les *robes-fourreaux...*. On continuera à porter les *corsages-fourreaux.* » (*République française* du mardi 31 octobre 1876, p. 3, col. 1).

roue-moteur à palettes (1841; A, liv, 317).

rouet-moissonneur (1844; B, i, 15).

sabot-brodequin (1845; B, vi, 5).

sabot-galoche (Bottin, 1875, p. 1027).

semoir-plantoir (1829; A, xxviii, 286).

silencieuse-expéditive, nom d'une nouvelle machine à coudre.

« espèce de socque, dite *soque-agrafe.* » (1833; A, xxxiv, 55).

souliers-chaussons : « Vêtu avec le laisser-aller du vaudevilliste, le sous-chef portait un pantalon à pied, des *souliers-chaussons*, un gilet mis à la réforme, une redingote olive et une cravate noire. » (Balzac, *les Employés*, éd. de 1856, p. 242.)

sphère-horloge (1829; A, xxvii, 204).

stores-annonces (1845; B, iv, 187).

toilette-commode, voir *commode-toilette.*

tables-consoles (1849; B, xv, 144).

table de nuit-chiffonnier, table de nuit-vide-poches cintrée. (Prospectus d'un magasin de meubles, déc. 1876).

tamis-bluteau (1830; A, xxx, 363).

tente-abri,

tissu-filet en caoutchouc (1837; A, xliv, 94).

tordoir-ourdissoir (1816; A, ix, 80).

trottoirs-ruisseaux (1841; A, liv, 114).

turbine-hélice (1845; B, iii, 11).

verre-marbre, verre-vitre (A, 1839, xlvi, 305; 1827, xxii, 363).

« *voiture-guérite*, voiture surmontée d'une guérite dans laquelle se tient la vigie ou le conducteur, chargé de surveiller le train. (C. de Fageolles, *Dict. des chem. de fer*).

voiture-nacelle (1840; A, lvi, 366).

voitures-salons (C. de Fageolles, *Dict. des chem. de fer*).

wagon-cuisine, etc. « En dehors du *wagon-table d'hôte*, du *wagon-cuisine*, du *wagon-glacière* où l'on prépare les sorbets, — comme il y en a sur la plupart des chemins de fer américains d'une certaine étendue, — le railway du Grand-Pacifique possède un *wagon-imprimerie* avec bureau de rédaction, etc. » (*République française*, 28 oct. 1876, p. 4, col. 5.)

wagons-freins. Wagons spéciaux sur les plans inclinés destinés à porter des freins (C. de Fageolles, *Dict. des chem. de fer*).

Voici maintenant des composés du même genre désignant des personnes :

« *Artiste-danseur*, *artiste-comédien*, *artiste-ventriloque*, *artiste-violon*; et on a été sur le point de dire l'artiste Montesquieu, l'artiste Buffon; mais le règne du mot *artiste* vient de finir depuis le procès des *artistes-poulaillers* de La Flèche intenté aux *artistes-poulaillers* du Mans. » (Mercier, *Néol.*).

bijoutiers-garnisseurs-tablettiers (Bottin, 1875, p. 710).

chimistes-experts (Id., 992).

chinoiseur-bamboutier, triple néologisme (1876) renfermant deux dérivés nouveaux et un composé.

commissionnaires-entrepositaires (Bottin, 1875, p. 909).

courtiers-gourmets (Id., 887).

« Étienne Lavouste, dit Sept-Épées, le *coutelier-armurier*. » (G. Sand, *la Ville Noire*, I.)

couvreurs-entrepreneurs (Bottin, 1875, p. 901).

« Mardi 24 novembre, réunion mensuelle des ouvriers *couvreurs-plombiers-zingueurs* au siége social. » (*Petit Journal*, lundi 13 nov. 1876).

épinglier-grillageur (Littré, *supplém.*).

fleuristes-jardiniers, *grainiers-fleuristes*, *herniaires-bandagistes*, *horlogers-pierristes* (Bottin, 1041 et 1079, 1041, 683, 1316).

jardiniers-fleuristes (Id., 1066 et 1107). —

joailliers-sertisseurs, *justificateurs-typographes* (Id., 1394, 1126).

layetiers-emballeurs, *libraires-éditeurs*.

marbriers-sculpteurs (Bottin, 1173).

menuisiers-modeleurs, *-parqueteurs*, *-rampistes*, *-treillageurs* (Id., 1214, 1280, 1356, 1458).

métreurs-vérificateurs, mouleurs-figuristes, pastilleurs-figu-
ristes (Id , 1466, 1220, 1286).

poêliers-fumistes (Id. 1327).

sculpteurs-statuaires, -marbriers, -ornemanistes (Id., 1383,
1173, 1384).

« chambre syndicale des ouvriers *tourneurs-décolteurs* (*sic*)
sur métaux. » (*Petit Journal*, 1876).

On comprend qu'une composition aussi féconde ne reste pas
confinée dans la langue spéciale, et qu'elle pénètre dans la
langue littéraire. Les exemples en sont nombreux ; en voici
quelques-uns :

« *amour-goût* plutôt qu'*amour-passion*. » (Claretie, *Le Beau
Solignac*, 1876, I, 270).

« Qui peut prévoir, deviner l'histoire de cette goutte d'eau ?
— *Plante - animal, animal-plante,* qui le premier doit en sortir ? » (Michelet, *la Mer*, 2ᵉ édit., p. 116).

« L'upas, *arbre-poison*, dont l'ombrage est mortel. » (Barthélemy, *Némésis*, à M. d'*Argout*).

« C'est un bric-à-brac de rimailles ; vrais vers d'un *artisan-
poëte*. » (Veuillot, *Odeurs de Paris*, ii, 5).

« Sa doctrine (de Buffon) est un mélange de conceptions
incohérentes où l'on voit passer tour à tour la *bête-machine,*
la *bête-sentiment*, la *bête-intelligence*. » (Damas-Hinard, *Revue
critique et bibliographique*, 1864, p. 28).

« Ce monstre.... aurait un corps énorme, des *bras-suçoirs*
épouvantables, de vingt ou trente pieds peut-être. » (Michelet,
la Mer, p. 200).

« Le *bureau - capharnaüm*. » (C. Debans, *Revue de France*,
1876, p. 270).

« Aussi clairement que prédit la pluie le *capucin-thermomè-
tre*. » (C. de Bernard, *les Ailes d'Icare*, ii, 6).

« Il n'y a pas de seigneur et maître sous le règne de la
charte-vérité. » (Id., *ibid.*, 1, 5).

« Le vent à chaque instant les retourne (*les méduses*) ; alors,
leurs *cheveux-nageoires* étant par-dessus, elles flottent à l'a-
venture. » (Michelet, *la Mer*, p. 105).

> Le grand-duc donne un bal à la *cité-cadavre*.
> (Barthélemy, *Némésis*, *Varsovie*.)

> La Grèce n'offre plus que des *cités-squelettes*.
> (Barthélemy, *Némésis*, *l'Italie*.)

Tu n'as pas (ô ma Muse)....
Fait surgir à ta voix les *colonnes-affiches*.
> (Th. de Banville, *Evohé*, sat. i.)

Les *dieux-titans* avec les satyres champêtres.
> (Th. de Banville, *La Cithare*, Parn. Contemp., i.)

Venez, *courtiers-marrons* de la diplomatie.
> (Barthélemy, *Némésis*, *Lyon*.)

« *Fonctionnaires - entonnoirs*. » (Victor Tissot, *Revue de France*, 31 oct. 1876, p. 165.)

(Voyez)
Les Tom-Pouces âgés de quatre centimètres
Le *lézard-violon*, le *hanneton-verrier*.
> (Th. de Banville, *Evohé*, sat. i.)

« Sous ce *gouvernement-caporal* et sous cette *constitution-consigne*, tout marche militairement. » (V. Hugo, *Napoléon le Petit*, ii, 10).

« Il eut l'idée de faire promener le nom si laborieusement forgé sur les épaules et la poitrine de l'*homme-affiche*. » (Th. Gautier, *les Jeune France*, 1833, p. 151).

L'*homme-chèvre* ébloui regarde ses pieds nus.
> (V. Hugo, *Légende des siècles*, I, *Le Satyre*.)

« Première espèce de non-penseurs : l'*homme-jocko* ;... deuxième espèce : l'*homme-perroquet* ;... troisième espèce : l'*homme-vautour*.... Dans cette foule vous distinguez une millième espèce de non-penseurs.... c'est l'*homme-autruche*. » (L. Desnoyers, *les Béotiens de Paris*).

« *Homme-mémoire*, chargé de mettre en musique les couplets, d'arranger les chœurs et les morceaux d'ensemble, de les chanter, de les superposer à la situation. » (Balzac, *les Employés*, édit. de 1856, p. 243).

« Marcher au plafond, la tête en bas, comme l'*homme-mouche* du Cirque. » (H. Babou, lettre à Th. de Banville, *Revue française*, 1er avril 1857).

« Eugène Sue a fait de Léonidas Requin l'histoire amusante et lamentable d'un fort en thème qui, après avoir été un lauréat des luttes universitaires, en est réduit au métier bizarre d'*homme-poisson*. » (J. Vallès, *la Rue*, *Proudhon*).

Brise l'*homme-sépulcre*, ô Franco, ressuscite (V. Hugo, *Châtiments*).

« Il avait rêvé son vieux rêve discordant des *lézards-pois-*

sons, des dragons volants, le règne effrayant des reptiles. » (Michelet, *la Mer*, p. 238).

> On ne sait, en entrant dans leurs *maisons-tanières*,
> Si l'on voit des enfants ou bien des lionceaux.
>> (V. Hugo, *la Légende des siècles*, 2ᵉ série, *le Cid exilé*.)

« Du côté de Mayence rayonne, étincelle et verdoie la fameuse *plaine-paradis* qui couvre le Rhingau. — La Nahe (*rivière*), qui arrive tranquille et lente, sort de dessous le *pont-limite*. » (V. Hugo, *le Rhin*, *Bringen*.)

« Les lophies, qui doivent vivre souvent accrochées aux rochers, ont des *nageoires-mains* qui rappellent le poisson moins que la grenouille. » (Michelet, *la Mer*, p. 227).

> Ils tombèrent frappés par le *peuple-jury*.
>> (Barthélemy, *Némésis*, *Chambre des Députés*.)
> Sublime d'impudeur, reine du *peuple-roi*.
>> (Barthélemy, *Némésis*, *à M. Casimir Périer*.)

« Je ne vois dans le Nord que des serfs avilis, que des *peuples-troupeaux* dont se jouent de grands propriétaires. » (Mercier, *Néologie*.)

« Vénérez, quoi qu'il fasse, quiconque a ce signe, la *prunelle-étoile*. La *prunelle-ombre* est l'autre signe. » (V. Hugo, *les Misérables*, t. VI, p. 56, édit. princ.).

> Elle me révélait, en style financier,
> Que le *Roi-Citoyen* était mon créancier.
>> (Barthélemy, *Némésis*, *le Timbre*.)

« Tant d'inquiétude et de gêne avait mis un froid excessif dans ce *repas-illusion*. » (A. Daudet, *Jack*, II, § 6).

« Ils ne racontaient aucun procès criminel, n'entamaient aucun *roman-feuilleton*. » (Veuillot, *Odeurs de Paris*, II, 1).

« Dans ce *sépulcre-enfer*, que faisaient-ils ? » (V. Hugo, *les Misérables*, IV, VII, 2).

« Il ressemblait beaucoup à ces *sacristains-bedeaux-sonneurs-suisses-fossoyeurs-chantres* de village, que l'on prend pour des fantaisies de caricaturiste jusqu'à ce qu'on les ait vus fonctionnant. » (Balzac, *les Employés*, p. 210).

« Il fit des découvertes, s'avança hardiment avec un *traîneau-barque* qui tour à tour flottait ou passait les glaçons. » (Michelet, *la Mer*, p. 309).

M. V. Hugo, dans ses *Contemplations* et dans les poésies qui les suivent, a usé et abusé de ce genre de composition, dont il a modifié quelque peu le caractère. Il se plaît en effet à combiner deux mots dont l'un est abstrait, l'autre concret, ou dont l'un est employé par métaphore. Nous avons signalé cet emploi dans notre *Traité de la formation des mots composés*[1], auquel nous nous permettons de renvoyer le lecteur.

[§ 2. Compositions avec génitif ou datif (composés de dépendance).

Le plus riche procédé de formation des mots composés en allemand et en anglais est celui qui consiste à combiner deux termes, dont le premier est uni au second par un rapport de dépendance : *blockaus, feldspath, hundszahn, landsmann, landwehr, wagenmeister,* — *beefsteak, countrydance, railway, roastbeef, waterproof,* etc. Cette sorte de composition est à peu près inconnue aux langues romanes : de là l'infériorité relative qu'elles présentent comparées aux langues germaniques, et le reproche qu'on leur fait d'être incapables de créer des mots composés. En réalité elles ne sont impuissantes qu'à former des composés de dépendance où le premier des deux termes est régi par le second. L'allemand dit *Korrespondenz-Karte* pour désigner ce que nous appelons *carte postale* : la Suisse traduit ce mot en français et en fait *carte-correspondance*, en intervertissant les deux termes. La construction germanique en effet, toute synthétique, est contraire à l'esprit analytique des langues romanes ; et nous ne pouvons dire *chambre-fille, chambre-femme*, comme nos voisins d'outre-Rhin ou d'outre-Manche disent *Haus-magd, housemaid*, « fille de maison, servante[2] ».

Cette impuissance, toutefois, n'est pas absolue. Nous avons montré ailleurs[3] que le vieux français, langue à demi synthétique, a formé des composés qui rappellent la composition germanique. Un procédé fort usité au moyen âge a été celui où un nom propre est suivi de *ville : Adonville, Ancerville, Charleville, Courville, Dauville*, etc. Cette formation est encore vivante. En Algérie, on a fondé *Affreville, Géryville, Orléans-*

---

1. Page 244, et note 2.
2. Cf. notre *Traité de la formation des mots composés*, p. 139, note 2, et p. 245, 248.
3. Cf. notre *Traité de la formation des mots composés*, p. 51.

ville, *Philippeville*, etc. Elle s'est même étendue dans la langue familière des camps : le quartier du camp réservé aux marchands ou *mercantis*[1] qui accompagnent les colonnes en expédition a reçu le nom, quelque peu épigrammatique, de *Friponville*[2], et le quartier de Paris qu'occupent aujourd'hui les chiffonniers a été baptisé par les profanes du nom de *Chiffonville*.

Mais cette formation de noms composés est trop restreinte, et ne s'applique qu'à un ordre de faits trop spécial pour qu'on puisse l'ériger en procédé général de composition.

La mode anglaise, la *fashion*, a introduit dans la langue un petit nombre de composés anglais ou imités de l'anglais. *Paris-Architecte*, *Paris-Caprice*, *Paris-Journal*, *Paris-Programme*, *Paris-Spectacle*, *Paris-Théâtre*, *Comic-finance*, *Dimanche-Programme*, sont autant de titres de revues ou journaux qui existaient ou existent encore à Paris[3]. *Paris-Exposition* était le titre d'un *Guide à Paris* durant l'Exposition de 1867. Certains bureaux de la Compagnie des chemins de fer de l'Ouest ont reçu le nom de *Ouest-factage*. L'anglais *South-American*, *North-American*, est traduit, par nos publicistes : *Sud-Américain*, *Nord-Américain*.

Cette composition est également restreinte, et quoique la mode anglaise, l'imitation de la *gentry* soit toujours de bon goût, cependant cette formation de mots n'a pas pénétré, ne peut pénétrer dans la langue. Toute synthétique, elle est contraire à l'esprit analytique du français moderne.

Mais tournons-nous d'un autre côté et ne dédaignons pas de fixer notre attention sur un certain genre de phrases où, avec la meilleure volonté du monde, on ne saurait voir de la littérature : nous parlons de la littérature de prospectus et d'annonces. Un catalogue de marchands est utile à consulter, même pour un philologue; le style des affiches, aux regards de la philologie, a sa valeur, tout comme l'idiome populaire et la langue des classiques.

Or, en considérant la syntaxe de ces annonces, on est frappé d'un fait, c'est la facilité avec laquelle sont supprimées les prépositions marquant les rapports de dépendance. *A*, *de*, *en* ont à peu près totalement disparu d'un certain genre de phra-

---

1. De *mercanti*, pluriel de l'italien *mercante*.
2. Je tiens ce détail de M. Bauquier.
3. Cf. *Courrier de Vaugelas*, 1870, n° 15.

ses. Qu'on en juge par les suivantes, prises à des catalogues de magasins de nouveautés.

« Costume en soie et laine, *grande garniture effilé*, » c.-à-d. *grande garniture* en *effilé*. « *Costume percale* à volant, *garni camaïeux*, avec *application broderie*, » c.-à-d. costume en *percale à volant*, *garni* de *camaïeux* avec *application* en *broderie*. « *Plissés cretonne grosses teintes* avec dépassant ou broderies blanches, » c.-à-d. (*jupons*) *plissés* en *cretonne* à *grosses teintes* avec (*bordure*) *dépassant ou broderies blanches*. « *Vêtement cachemire double*, piqué, ouaté, *capitonné soie, motifs passementerie, bordé fourrure*, » c.-à-d. *vêtement* de (ou en) *cachemire double, piqué, ouaté, capitonné* de *soie*, avec *motifs* de *passementerie, bordé* de *fourrure* [1]. Quelles phrases barbares, monstrueuses! Et cependant, à la réflexion, on doit se dire que de pareilles ellipses, pour être possibles, ne doivent pas être contraires à l'esprit de la langue.

Ces phrases de télégramme supporteraient-elles, par exemple, l'inversion? Les directeurs des magasins du Louvre s'aviseraient-ils d'écrire : « Vêtement cachemire, *passementerie motifs, fourrure bordé?* » Non, assurément.

Et, de fait, ce qui choque surtout dans ces phrases, c'est l'accumulation des ellipses. Chacune prise séparément est supportable : *costume percale, jupon cretonne*, n'ont rien qui étonne; *cretonne grosses teintes* n'est pas plus étrange que *habit marron*. Il faut donc en conclure que la suppression de la préposition n'est pas contraire à l'esprit du français [2].

---

1. Deux lignes plus bas dans ce même catalogue des Magasins du Louvre, je lis : « Joli paletot, etc..., *entièrement bordé de fourrure*. » Ici la préposition est présente. C'est que dans *bordé fourrure, bordé* et *fourrure* sont des sortes de thèmes représentant l'idée d'une façon absolue; ce ne sont pas des mots, des parties du discours. Mais dès que *entièrement* détermine *bordé*, celui-ci reprend sa valeur de participe; redevenu une forme grammaticale, il régit grammaticalement *bordure*, et le rapport grammatical de rection qu'indique la préposition *de* doit être exprimé. Exemple curieux, qui prouve combien sont instinctives les lois qui régissent la langue. Assurément l'employé qui a rédigé ces phrases n'avait pas la moindre idée du travail d'analyse qui préside à la formation de ces deux expressions.

2. Nous ne parlons pas de la construction syntactique où un nom propre de personne au génitif dépend d'un nom qui le précède : *rue Saint-Jacques, affaire Clémenceau, fauteuil Voltaire*, etc. Voir notre *Traité*, etc., p. 50. Nous ne parlons pas non plus de la construction propre aux termes désignant des couleurs. Dans notre *Traité* (p. 122, note 3), nous distinguions trois cas : 1. Nom commun d'objet coloré devenant nom de couleur : *habit marron;* 2. nom commun d'objet coloré déterminant un nom de couleur : *brun marron;* 3. adjectif désignant une couleur ou un ton et déterminant un autre adjectif désignant une couleur : *brun foncé*. Ces distinctions sont plus apparentes que réelles. Dans les constructions propres à ces

Voici une liste des composés qui ne peuvent s'expliquer que par l'ellipse d'une préposition :

des abris-vent, c'est-à-dire	*des abris* du, contre *le vent.*
des cartes-correspondance,	*des cartes* pour *correspondance*[1].
du carton-paille,	*du carton* de *paille*, *fait* avec *de la paille.*
le cas-sujet,	*le cas* du *sujet.*
le cas-régime,	*le cas* du *régime.*
des chiffres-taxe (Littré, suppl.),	*des chiffres* de *taxe.*
des cravates-dentelle (Cat. mag. du Louvre),	*des cravates* de *dentelle.*
des fauteuils-médaillon (ibid.),	*des fauteuils* à, avec *médaillon.*
l'homme-canon,	*l'homme* au *canon*[2].
l'homme-chandelle,	*l'homme* à la *chandelle*[3].
de la laitue-chêne,	*de la laitue* à (*feuille de*) *chêne.*
la malle-poste,	*la malle* de *la poste.*
des livrets-police,	*des livrets* de *la police.*
des mandats-poste,	*des mandats* sur *la poste*[4].
des portraits-carte,	*des portraits* sur *carte*
des premiers-Paris,	*premiers* (*articles*) sur *Paris.*
des timbres-poste,	*des timbres* de ou pour *la poste.*
des timbres-quittance,	*des timbres* de ou pour *quittance.*
des trains-poste,	*des trains* de *la poste.*

Ces composés sont de création récente. Ont-ils été précédés par quelques formes analogues qui leur aient servi de mo-

sortes de noms, nous voyions le résultat de *synecdoques;* il y a en réalité purement et simplement suppression de la préposition *de.* Soit l'expression *étoffe marron* ou *étoffe brun marron;* la phrase complète est *étoffe de la couleur d'un brun de marron.* Elle peut s'abréger en *étoffe couleur d'un brun de marron, étoffe couleur brun de marron, étoffe brun de marron, étoffe brun marron.* Si l'idée ne porte pas sur *brun,* on dira *étoffe marron,* c'est-à-dire *étoffe de couleur marron, étoffe de la couleur du marron.* Si, au lieu de caractériser la couleur brune en la comparant à celle du marron, on veut en déterminer la nuance, on aura *étoffe brun foncé,* c'est-à-dire *étoffe couleur brun foncé, étoffe de la couleur d'un brun foncé.*

1. *Carte postale,* dans la Suisse romande; voir p. 156.

2. *Vigneron, l'homme-canon,* telle est l'affiche qu'on lisait naguère sur les murs de Paris. Ce Vigneron portait sur son épaule un canon chargé que l'on faisait partir. L'expression *homme-canon* ne peut s'analyser *homme qui est un canon,* mais *homme à canon.* Pour faire une *apposition,* il eût fallu dire *l'homme-affût,* c'est-à-dire l'homme qui sert d'affût, qui est un affût.

3. Nom donné par le *Petit-Journal* à un voleur qui, dans ses exploits, avait pour tout instrument une chandelle. Le compte rendu des débats a pour titre *l'Homme-chandelle.* (*Petit-Journal* du 2 oct. 1876).

4. L'administration des postes dit toujours : *mandat sur la poste;* les commerçants disent : *mandat-poste.*

dèle? Parmi les composés cités dans notre *Traité* à la page 136, on peut rappeler *appui-main*, *appui-col* et *palfer* qui sont anciens. Suffisent-ils à expliquer la formation nouvelle? nous ne le pensons pas. Il faut y voir une extension de l'apposition.

Nous avons remarqué ailleurs [1] que dans certains composés qui paraissent présenter une apposition le rapport des deux termes n'est pas si clair qu'on n'y puisse voir un rapport de subordination plutôt que de coordination. Un *café-concert* est-il un café qui est un concert ou un café à concert? Un *roman-feuilleton* est-il un roman qui est en même temps un feuilleton ou un roman de feuilleton? A la faveur de ces formes obscures, indécises, d'autres composés prennent le cadre de l'apposition sans y avoir droit; car les deux termes n'y sont plus sur un pied d'égalité, mais le premier régit le second. Cette composition par apposition est si féconde et si riche, que dans la foule des composés qu'elle embrasse des intrus arrivent à prendre place, et à élargir encore ses cadres. On dit *fauteuils-crapauds* : pourquoi se refuser *fauteuils-médaillon?* On dit *broderie-dentelle* : pourquoi ne dira-t-on pas *cravate-dentelle? Carton-pierre* (dur *comme* la pierre) amène fatalement *carton-paille* (fait *de* paille); *timbre-cachet* amène *timbre-poste*. La *forme* emporte le *fond* [2].

Dans notre *Traité de la formation des mots composés*, nous émettions l'hypothèse, téméraire en apparence, que la composition de dépendance pourrait prendre racine dans notre langue. Un examen plus approfondi des faits nous convainc que cette hypothèse est depuis longtemps en voie de se réaliser. La langue s'enrichit d'une formation nouvelle que lui imposent les nécessités du commerce et de l'industrie. Ceux-ci ont besoin d'expressions courtes, dégagées autant que possible de prépositions gênantes et le plus souvent inutiles. Ils trouvent l'apposition qui leur fournit un cadre tout préparé, et se l'approprient au point de la transformer.

---

1. *Traité*, etc., p. 138.

2. Le cadre de l'apposition est trouvé si commode qu'on y fait entrer des composés qui n'ont même rien à démêler avec les composés de dépendance. Dans les expressions suivantes : *la gare de Paris-Ceinture, la ligne de Paris-Strasbourg, l'omnibus de Bastille-Madeleine, l'Alsace-Lorraine, étoffe coton-laine, point-virgule, ï tréma, ç cédille,* les deux termes sont unis logiquement par la conjonction *et.* La rapidité du langage la supprime d'autant plus volontiers que la suppression a pour résultat une expression de *forme* connue, familière.

Toutefois ne nous y trompons pas : cette composition de dépendance a ses limites indiquées par la nature même de l'apposition ; celle-ci réunit presque toujours des éléments concrets, la composition de dépendance ne peut non plus porter que sur des éléments matériels : « *livret*-police, *mandat*-poste, *carte*-correspondance, *timbre*-quittance, etc. » Nous n'arriverons pas à dire le *pays-ancêtres* pour traduire *Vaterland*. Mais encore, maintenue dans ces limites, la composition de dépendance peut rendre de grands services à la terminologie des arts, de l'industrie, du commerce, de l'administration ; et il faut y voir un heureux enrichissement de la langue[1].

§ 3. *Composition avec l'impératif.*

Il nous reste à considérer un procédé de composition qui est également d'une fécondité remarquable : c'est le procédé auquel on doit les composés tels que *porte-feuille, serre-papiers*. Nous avons démontré ailleurs que dans ces sortes de mots le verbe était primitivement à la seconde personne de l'impératif (*porte-feuille = va, porte les feuilles*) ; que la ressemblance, dans la plupart de ces composés, de l'impératif avec la troisième personne de l'indicatif présent, a amené à y voir ce dernier temps (*porte*-feuille — ce qui *porte* les feuilles) ; que cette erreur, due à la confusion des formes grammaticales, a été aidée par une fausse, mais inévitable, analyse logique de ces composés ; que de nos jours, quand l'on crée de nouveaux composés par voie d'analogie (*porte-monnaie, serre-papiers*, etc.), on y met d'instinct l'indicatif présent, et non l'impératif, mais que le plus souvent les formations non analogiques contiennent l'impératif (un *décroche-moi ça*, un *venez-y voir*)[2].

---

1. On voit par notre analyse que l'influence anglaise sur ce nouveau développement de la composition de dépendance est nulle. Aucun des mots cités, pas même *malle-poste*, et *timbre-poste*, n'est imité de l'anglais ; un seul est allemand, et celui-là intervertit l'ordre des termes suivi par l'allemand, *carte-correspondance* ; ce qui montre combien ce développement est spontané, original. Il avait son germe dans certaines tendances de la langue ; ce germe a grandi et poussé quand le milieu est devenu favorable.

2. Voir notre *Traité*, p. 147-177. M. A. Boucherie, dans la récension qu'il fait de cet ouvrage (*Revue des langues romanes*, 1876, novembre, p. 267 et suiv.), combat cette théorie, et en propose une autre d'après laquelle l'impératif cache un thème verbal. Le thème ne doit pas être considéré dans son isolement, mais dans ses rapports de syntaxe ou de composition avec d'autres mots. *Trouble*, thème du verbe *troubler*, peut, selon les parties du discours auxquelles il est associé, deve-

Nous avons montré également que cette composition remonte aux premiers temps de la langue et n'est pas, comme quelques-uns l'ont cru, d'origine germanique ; qu'elle a fourni à la littérature et à l'onomastique du moyen âge un nombre

nir tour à tour substantif (*le trouble*), adjectif (*de l'eau trouble*), verbe (*un trouble-fête*). Le thème verbal est une sorte de participe présent dépouillé de sa terminaison et pouvant comme lui, selon l'occurrence et le voisinage, rester verbe, devenir nom ou adjectif. Dans nos composés ce terme doit se présenter naturellement sous une forme aussi courte que possible, mais rester telle, qu'on sache dès l'abord si elle appartient à la première conjugaison ou à une autre. Or il se trouve que c'est l'impératif, 2ᵉ personne du singulier, qui satisfasse à cette condition. Mais cet impératif n'a que la forme et non la fonction de l'impératif ; c'est un thème déguisé sous l'impératif.

Ce thème, du moment qu'il entre en composition avec des mots ayant une signification propre, comme dans nos composés, reprend au contact de ces compléments sa valeur verbale, et est capable d'avoir un sujet (*broute-biquet*), un complément direct (*essuie-main*), circonstanciel (*trotte-menu*), tandis que, combiné avec des suffixes, sans signification précise, le thème reste réduit à sa plus sèche expression (*funda-mentum, fonde-ment*).

Telle est l'ingénieuse théorie que M. Boucherie oppose à la nôtre. Mais, sans parler des difficultés qu'en présente l'application à l'espagnol, difficultés que M. Boucherie cherche à tourner sans grand succès, elle repose sur un principe certainement erroné. Il est inexact de dire que le thème préexiste aux parties du discours qui le renferment. Il n'a pas existé, par exemple, de thème *gard* ou *garde*, d'où seraient sortis *garder, garde, gardeur, gardien*. Mais de *garder* ont été tirés successivement *gardeur, garde, gardien*, et ce n'est qu'après coup que la comparaison des divers membres de la famille amène à concevoir, par abstraction, l'idée générale de thème. Le thème n'est pas le principe premier d'où découlent les mots, c'est la généralisation vers laquelle ils convergent. Il ne faut point porter dans l'étude du langage les doctrines métaphysiques qui placent, à l'origine, des concepts abstraits, sources de toutes réalités. Le langage part des idées concrètes, et marche graduellement, d'analogies en analogies, à la conquête des idées générales.

Dans le cas particulier, on ne peut comprendre que le thème, au contact de certains mots, devienne tour à tour nom, adjectif, verbe. Parce qu'il se trouve suivi d'un complément dans *trouble-fête*, il redeviendra verbe ? Mais *fête* ne peut être complément qu'autant que *trouble* est déjà verbe ; car qu'est-ce que le complément d'un thème ? autrement on tombe dans un cercle vicieux : *fête*, complément du thème *trouble*, le change en verbe, et *trouble*, devenu verbe, régit *fête*. Vouloir analyser directement ces formes, *sans en remonter le développement historique*, c'est aller volontairement au-devant de l'erreur. En fait, les composés aujourd'hui usuels, créés par l'analogie, *serre-tête, presse-papiers*, etc., ont été formés sur le modèle d'*épithètes* du moyen âge, qui, appliquées aux hommes, devenaient généralement des noms propres ou des sobriquets, et appliquées aux objets, sont devenues des noms communs. Or, la formation de ces épithètes s'explique *historiquement* et *logiquement* par l'impératif, et comme la forme grammaticale primitive est incontestablement l'impératif, qu'ainsi la signification de l'impératif concorde avec la forme, nous ne voyons aucune raison d'abandonner la théorie que nous avons exposée. — Aux exemples de l'impératif cités dans notre *Traité*, nous pourrions en ajouter d'autres, recueillis depuis : nous nous contenterons des suivants : Haimericus *Fac-Malum* (Marchangy, *Chartes angevines*, avril 1077, *Bibliothèque de l'École des chartes*, 1875, p. 406) ; Silvester *Pela vicinum* (ibid., 1094, p. 415) ; Gisleberto *Garda robam* (ibid., 1146, p. 434) ; Qu'est-(ce), *vau denier?* Que alez-vous querant? (Doon de Mayence, v. 81).

considérable de noms propres pittoresques et expressifs, et un certain nombre de noms communs ; que la Pléiade a essayé, non sans succès, de créer dans cette voie des épithètes poétiques à la manière des épithètes homériques, et que, depuis la fin du seizième siècle, elle a été abandonnée par la littérature comme trop vulgaire et trop familière.

Nous allons voir maintenant le sort qui lui est fait dans la langue contemporaine.

Disons tout d'abord que l'industrie et le commerce y trouvent une mine inépuisable de dénominations simples, nettes et commodes pour les mille inventions, les mille objets nouveaux qu'ils mettent incessamment en circulation. On en peut juger par la liste suivante, tout incomplète qu'elle est :

(*bourrelets*) *abat-bruit, froid et poussière* (propectus d'un fabricant de bourrelets, plinthes, etc., 1874).

aide-mémoire (Règlement de l'Exposition universelle de 1867).

borde-plats, bouche-bouteilles (cité par **Scholle**, *Programme*, p. 13), *brise-lames, brise-glace*.

brûle-parfums : « Des aspirateurs, des inhalateurs, des *brûle-parfums*. » (Daudet, *Jack*, III, § 2).

brûle-tout (chandelier) (Descript. des brevets, 1822 ; A, XIV, 354).

cache-nez, cache-peigne, cache-pot (Bottin, 1875, p. 759).

chasse-pierre (Cousy de Fageolles, *Dict. des chem. de fer*).

(*papier*) *chasse-punaises* (Bottin, p. 1263).

chasse-navette (1829 ; A, XXVI, 273).

chasse-neige (Scholle, *Programme*, p. 14).

(*cheminées*) *chauffe-assiettes* (1849 ; B, XV, 12).

(*livres*) *classe-feuilles* (Bottin, p. 836).

classe-valeurs, pour maisons de banque, etc. (Bottin, p. 836).

compte-gouttes (Littré, *supplém.*).

coupe-cigares (Bottin, p. 1318).

coupe-file, permission du préfet de police, médaille de sénateur, de député, etc., qui autorise à passer avec sa voiture avant toutes celles qui sont obligées de prendre la file pour se rendre à une réception officielle.

coupe-mariage (dans une filatu e) (1845 ; B, IV, 211).

couvre-bouchons (1837 ; A, XLVII, 305).

enfile-aiguille (1850 ; B, XVII, 309).

étire-cambre-tige (1845 ; B, IV, 59).

ferme-persiennes (1846 ; B, X, 110).

ferme-portes (Bottin, p. 1000).

« instrument portatif dit *fixe-longe*, avec son billot, pour attacher les chevaux, etc. » (1823 ; A, XXVI, 14).

fixe-serviette (Bottin, p. 1003).

« machine dite *force-lumière*. » (1805 ; A, III, 232).

« fabrique à Vienne de pipes et *fume-cigares*, etc. » (Bottin, p. 1318).

garde-frein (Cousy de Fageolles, *Dict. des chem. de fer*).

« instrument propre à réunir tous les papiers qui par leur petite dimension peuvent s'égarer, dit *garde-notes*. » (1810 ; A, VI, 129).

guide-baguettes pour les métiers mull-jenny (1845 ; B, V, 152).

guide-pied pour la mesure (musique) (1845 ; B, III, 203).

« machine *hache-paille* et concasseuse de grains. » (1839 ; A, LIII, 216).

hache-viande (Bottin, p. 1055).

mange-avoine mécanique , *mange-foin* mécanique (1838 ; A, XLIII, 10).

monte-charges, -plats (Bottin, 1053, 1219).

monte-ressorts (d'armes à feu) (1826 ; A, XXXVIII, 218).

paracrotte, parafeu, parafoudre, paraglace, paragrêle [1].

pèle-légumes (1850 ; A, XVII, 264).

pèse-lettres, -nitre (Scholle, *Programme*, p. 16, Littré, supplém.).

pique-feu (pour attiser le feu d'une chaudière de locomotive, d'un poêle, etc.).

porte-allumettes (Bottin, p. 1336).

---

1. Dans notre *Traité de la formation des mots composés*, nous avions adopté l'explication de M. Littré, qui décompose ces mots en *pare, à*, et *feu, glace*, etc. Feu M. Meunier (*Les composés qui contiennent un verbe à un mode personnel*, p. 220) a démontré que ces mots sont faits sur le modèle de *parasol* qui est lui-même d'origine espagnole : *parasol = para-sol, arrête-soleil. Parasol* a amené *parapluie* et *paratonnerre* et, de nos jours, tous les composés cités dans le texte. Il faut accepter cette démonstration, en la combinant toutefois avec celle de M. Littré. « *Parasol*, mot parfaitement compréhensible, même pour qui ignore l'espagnol, dit M. Meunier…, a, vu la clarté de son sens, influé directement sur la formation de *parapluie*, etc. » Observation juste. Seulement, pour influer sur la formation des mots analogues, le mot a dû être décomposé en éléments français ; on a dû y voir *pare à sol, pare à pluie*. La préposition *à* n'existe pas dans le composé primitif, mais il a été mis dans les composés français par l'interprétation populaire.

porte-amarres (Scholle, *Programme*, p. 16).

porte-amorces (1839 ; A, LIII, 207).

porte-bonheur (bracelet), *porte-bouquets, -bouteilles, -cha-peaux* (Bottin, p. 759, 1336, 1338).

porte-cartes : « Tirant de sa poche un mignon *porte-cartes* en ivoire, parfumé comme un sachet. » (Daudet, *Jack*, I, § 1).

porte-charge (cartouches) (1839 ; A, XXIX, 371).

porte-feuilles, -huiliers, -monnaie, -mine, -mousqueton, -plumes, -voix (Bottin, p. 1336, 1338, 1338, 1339, 1339, 643 et 1339).

« Voiture destinée à transporter le bois à domicile, dite voiture *porte-mesure*. » (1836 ; A, XXXIII, 63).

presse-papiers (1851 ; B, XX, 178).

serre-bois : « Il allait habiter désormais une espèce de *serre-bois*, ouvert dans le mur de l'escalier. » (Daudet, *Jack*, III, § 5).

serre-bras (Bottin, p. 683 et 1321).

serre-rails (Cousy de Fageolles, *Dict. des chem. de fer*).

signale-écueil (1840 ; A, LII, 151).

taille-crayon (1828 ; A, XXVII, 81).

« *taille-plume* ou instrument qui, d'un seul coup, donne à la plume, et quelle que soit sa force, la forme requise pour l'écriture. » (1828 ; A, XXVII, 179).

tire-boutons (Bottin, p. 643).

tire-fonds : « pièce ou crochet de fer qui retient les morceaux de bois dans les rails. » (Cousy de Fageolles).

clef *tourne-écrous* (1835 ; A, XLIII, 124).

« construction d'une charrue double à oreilles changeantes, dite à *tourne-oreille*. » (1813 ; A, VII, 241). « Nouvelle charrue, dite charrue *tourne-oreille*. » (1834 ; A, XL, 50).

papier *tue-mouches* (Bottin, p. 1273).

tranche-montagnes (Littré).

« construction mécanique dite *vat amont* (sic), propre à faire remonter les bateaux par la force du courant. » (1826 ; A, XXXIII, 181).

« espèce de tire-bouchon, dit *vide-bouteille* à gaz. » (1828 ; A, XXV, 365).

vide-poches (Littré).

La langue populaire ne néglige pas cette composition et lui fournit plus d'une expression pittoresque ou grossière.

un *bouche-trou*, ce qui ne sert qu'à faire nombre; celui qui supplée un autre. Le mot est déjà dans l'Académie (1835).

un *cache-misère*, pardessus, manteau qu'on met par dessus ses vêtements pour en cacher l'usure.

un *cloporte*, c'est-à-dire *clot-porte*, portier.

un *décroche-moi ça*, fripier, marchand d'habits d'occasion; boutique de fripier (voir L. Larchey).

un *décrochez-moi ça*, chapeau de femme d'occasion (L. Larchey). « La belle toilette de madame Lorilleux, les effilés de madame Lerat, les jupes fripées de mademoiselle Remanjou, mêlaient les modes, trainaient à la file les *decrochez-moi ça* du luxe des pauvres. » (E. Zola, *l'Assommoir*, p. 92.)

un *fantabosse*, calembour par à peu près sur *fantassin*, dont il est le synonyme: *fends-ta-bosse*.

le sire de *Fiche-ton-camp*.

un *gratte-moi dans le dos*, corset à baleine dans le dos.

un *pincez-moi ça*, nœud, au bas de la taille, dans le dos, avec de longs rubans qui tombent.

un *pousse-café*, petit verre de cognac pris après le café : « Ensuite nous avons pris le café, le *pousse-café*, le *repousse-café*. » (L. Larchey.)

un *pousse-cailloux*, fantassin.

un *suivez-moi*, *jeune homme*, « deux grands rubans flottants au-dessous des cols de manteaux de dames. » (L. Larchey.)

un *tire-jus*, un *tire-moelle*, un mouchoir.

un *tord-boyaux*, mauvaise eau-de-vie.

un *va-te-laver*, volée de coups, tripotée : « Il regardait les gens, tout prêt à leur administrer un *va-te-laver*, s'ils s'étaient permis la moindre rigolade. » (E. Zola, *l'Assommoir*, p. 328) [1].

Dans la littérature, les composés avec l'impératif sont moins nombreux que les composés par apposition.

« Il paraîtra enfant, *brise-raison*, sans suite dans les idées. » (Balzac, *Maison Nucingen*, 1856, p. 9.)

Brûle-maison, voir Littré, *supplément.*

---

1. Rappelons ici le mot populaire la *pot-bouille* dont nous ne savons analyser les éléments, et le curieux composé suivant : *entre-sort* : « *L'entre-sort.* — On appelle ainsi, dans le monde des saltimbanques, le théâtre en toile ou en planche, voiture ou baraque, dans laquelle se tiennent les monstres, veaux ou hommes, brebis ou femmes : le mot est caractéristique. Le public monte, le phénomène se lève, bêle ou parle, mugit ou râle. On *entre*, on *sort*, voilà. » (J. Vallès, *la Rue, l'Entre-sort.*)

« Il y a loin de ces parents sévères aux *gâte-enfants* d'aujourd'hui. » (Chateaubriand, *Mémoires*, I, 73).

« Un pays de *meurt-de-soif* (d'*ivrognes*) et de rôdeurs de nuit. » (J. Vallès, *la Rue, les Fils du Régiment*).

> ..... Devant lui ces *porte-brodequins*
> Étaient comme le vers qui rampe.
> (Banville, Odes funamb., Occidentale douzième.)

« Il croyait jusqu'aux promesses des arracheurs de dents et des *porte-couronnes*. » (Th. Gautier, *les Jeune France, Daniel Jovard*).

> Mer, dont la grande voix fait trembler sur les trônes,
> Ainsi que des fiévreux, tous les *porte-couronnes*.
> (Barbier, Iambes, la Cuve.)

« Dire que j'ai retiré cinquante francs de ma pauvre caisse d'épargne pour les prêter à ce *ruine-maison*. » (Ch. de Bernard, *les Ailes d'Icare*, II, 9).

Les composés avec l'impératif forment le plus souvent de nos jours des substantifs. Ronsard, les employant comme adjectifs, sut avec art en tirer une source d'épithètes homériques. Du Bartas, par l'abus ridicule qu'il en fit, déconsidéra ce genre de formation ; il est curieux que de nos jours l'école romantique, qui a repris tant de choses à la Pléiade, ait laissé, sans y toucher, cette composition qui ne méritait pas un tel oubli. Éminemment française, elle est tout à la fois familière et noble, et si les substantifs qu'elle fournit appartiennent à la langue populaire, ses adjectifs ne sont pas indignes de la haute poésie, et sous la plume d'un habile poëte pourraient encore produire de beaux effets.

DEUXIÈME PARTIE.

FORMATION SAVANTE

LATINE ET GRECQUE.

La formation savante a exercé sur la langue une action si profonde, qu'elle tend à la transformer, et risque de la déformer.

La formation savante est double, latine et grecque. La première date des origines de la langue; l'autre du seizième siècle : la première a modifié la langue commune ou écrite; la seconde commence à l'altérer. Nous étudions d'abord la formation latine, dont l'action est plus ancienne, plus profonde.

PREMIÈRE SECTION.

FORMATION LATINE.

CHAPITRE XI.

VUES GÉNÉRALES SUR LA FORMATION LATINE.

La formation savante latine a commencé dès l'origine même de la langue. A l'époque où le latin populaire, après la chute de l'empire, se transformait librement dans la bouche des populations gallo-romanes, et développait graduellement les traits propres qui devaient caractériser le français, déjà des mots savants se glissaient dans la langue. L'influence de l'Église et de la liturgie latine, l'emploi des titres officiels, firent pénétrer dans le langage parlé quelques mots nouveaux : *chapitle, epistle, apostle, ordne, diacne, tenebres ; duc, ducheé, emperedor, title,* etc.

Quand la langue vulgaire, au neuvième et au dixième siècle, commença à s'écrire, les moines, qui seuls étaient capables de tenir une plume, firent entrer des mots latins dans les textes français qu'ils composaient. Ils se contentèrent de donner aux terminaisons latines la forme qu'elles affectaient dans l'idiome nouveau.

Le premier poëme écrit dans notre littérature, la cantilène de sainte Eulalie, texte qui date du dixième siècle, sur vingt-cinq vers renferme deux mots savants : *element, virginitet.* Le poëme plus étendu de *saint Léger* (dixième siècle) en a naturellement beaucoup plus : *humilitiet* (VI, 6), *exaltat* (VIII, 3), *anatemaz* (XXI, 4), *persecutant* (XXIII, 2), *exercite* (XXIII, 6), *cruels*[1] (XXVI, 3), *vituperet* (XXVII, 3), *claritet* (XXXIV, 3).

Au onzième siècle, le poëme de *saint Alexis* en présente une vingtaine : *nobilitet* (III, 4), *humilitet* (VI, 1), *fecunditet* (VI, 2), *regenerer* (VI, 3), *veritet* (XIII, 5), *servitor* (XXXIV, 4), *sacrarie* (LIX, 3), *apostolies* (LXI, 1, etc.), *emperedor* (LXII, 1, etc.), *aflictions* (LXXII, 3), *heredilez* (LXXXI, 1), *felix* (C, 5, etc.), *adjutorie* (CI, 4), *penitence* (CX, 2), *trinitet* (CX, 4), *miracles* (CXII, 4), *chandelabres* (CXVII, 1), *memorie* (? CXXV, 1), *glorie* (? CXXV, 4), *verbe* (CXXV, 5).

La chanson de Roland, en proportion, en a beaucoup moins : *aflictiun* 3272, *antiquitet* 2615, *apostle* 2255, etc., *cherubin* 2393, *confusiun* 3276, *criminel* 2456, *defensiun* 1887, *discipline* 1929, *ocision* (? 3946), *omnipotente* 3599, *ordres* 3637, *perditiun* 3969, *principal* 3432, *prophete* 2255, *sathanas* 1268, *sinagoge* 3662, *tenebres* 1434.

Les termes qui dominent appartiennent pour la plupart à la langue religieuse ; voilà pourquoi le Roland, poëme guerrier écrit par un trouvère, en contient relativement moins que l'Alexis et le Saint-Léger, poëmes dévots écrits sans doute par des moines. Au douzième et au treizième siècle, l'infiltration

---

1. Si le mot était de formation populaire, il serait *crueils*, et n'assonerait pas avec *crever*.

continue, lente et mesurée; généralement, c'est dans les textes traduits du latin et qui traitent des sujets moraux ou religieux qu'ils pénètrent de préférence. Dans les cinq premiers Psaumes du Psautier d'Oxford (commencement du douzième siècle), on peut noter : *pestilence* (ɪ, 1), *habitet* (ɪɪ, 4), *hereditet* (8), *discipline* (12), *multipliet* (ɪɪɪ, 1, etc.), *tribulation* (ɪv, 1), *vanitet* (3), *compunction* (5), *sacrifiez sacrifice* (6), *letice* (7), *abominable* (v, 7), *multitudine* (ibid.), *misericordie* (ibid.), *veritet* (7), *cogitatiun* (12), *impietez* (ibid.). Dès les premières lignes du *Dialogus anime conquerentis* (douzième siècle) paraissent *esperez, miseres, aversitez, refugie, homo, pieté, simplicitet*, etc.; dans la première page des *Dialogues de saint Grégoire*, récemment publiés par M. Fœrster : *seculeirs, negosces, secreit, occupation, diakenes, contemplation, occasion, pastorale*, etc.

Il est inutile de poursuivre cette revue. Disons seulement que jusqu'à la fin du treizième siècle la langue commune, celle des chansons de geste, des fabliaux, reste en somme à l'abri de l'invasion; mais avec la fin du moyen âge, avec le quatorzième siècle, commence pour notre idiome une ère nouvelle. En même temps qu'il abandonne les derniers restes de la syntaxe, de la construction du latin populaire, et marche vers une forme plus analytique, il reçoit des mots du latin scolastique et du latin classique, et commence décidément à rapprocher son lexique de celui du latin des livres. Dans Hugues Capet, dans Beaudouin de Sebourg paraissent des mots tels que *regnation, reveration, condampnation, excusation*[1]; dans Eustache Deschamps[2] *continuans* (p. 3), *predecesseurs* (4), *possession prenommée* (5), *contraire, reedifiee, edifiée* (id.), *nascion* (6), *remede* (7), *contingent* (id.), *contemptieuse* (8), *proceder, exceder, opposition* (id.), etc.

C'est l'époque où Bersuire traduit Tite-Live et verse à pleines mains dans sa traduction, sous leur forme latine à peine déguisée, les termes de la politique et de l'administration romaine. Le lexique de notre langue perd dès lors peu à peu ses caractères originaux pour reprendre ceux du lexique latin.

Il serait intéressant de suivre de près cet important mouvement littéraire, qui eut sur la langue une action si décisive, et de déterminer la part qu'y prirent l'éducation scolastique, l'étude du droit, et au quinzième siècle la renaissance latine. La fin de ce siècle voit briller dans tout son éclat l'école

---

1. Voir la préface de *Hugues Capet*, éd., La Grange p. xxvj.
2. Œuvres inédites d'E. Deschamps, éd. La Grange

des *rhétoriqueurs*, pour qui l'idéal est de parler latin en français, et qui reconnaît pour maîtres les Meschinot, les Cretin, les André de la Vigne, les Le Maire de Belges. Voici comment Le Maire de Belges, le plus habile prosateur du temps, fait parler le jeune Paris Alexandre, priant d'amour la nymphe Œnone : « Tes yeux vairs et estincellans et ton beau corps *proportionné* oultre la forme commune, me font *conjecturer* de toy *ymaginer* que tu soyes paraventure icelle mesme deesse Venus *transfiguree* en *habit* de nymphe. Et me *incitent* par une ardeur plus que violante de dire que celui seroit bienheureux que tu vouldroies nommer ton servant en amours. Car se Juppiter le Roy des hommes et des dieux vouloit *beatiffier* ung corpz terrestre sans *l'assumpter* au *supernel habitacle*, si ne le pourroit il mieulx faire qu'en le laissant user familierement de ton regard et de ta souefve *collocution*, o deesse, remplie de souveraine *speciosité*, qui as daigné tant abaisser ta haulteur que de *acquiescer* à ma priere et faire icy si *gracieux* sejour avecques moi, ton humble serviteur. » Et après ce discours, l'auteur ajoute que Paris « tenoit ses yeulx *inseparablement* fichez en elle. Mais les *pupilles* errans et *vagabondes* en leur *circonference* estince-loient de desir amoureux, comme font les rays du soleil *matutin reverberez* en la clere fontaine. Et son gentil cueur, *alteré* de chaleur *vehemente*, buvoit a grandz traictz la *fervente liqueur* de *cupidineux appetit*[1]. »

Nous sommes à l'époque où chaque auteur, à l'envi, *despume la verbocination latiale*[2]. Le bon sens de quelques écrivains, G. Tory, Dolet, proteste contre les *écumeurs* de latin, et Rabelais, après l'auteur du *Champ-fleury*, les ridiculise à jamais dans son *Eschollier limosin*[3]. La Pléiade qui, par-dessus l'école de Marot, se rattache à certains égards à l'école de Jean Le Maire, apprit de celle-ci à transplanter la poétique ancienne dans la poésie contemporaine. Mais Ronsard défendit toujours avec un soin jaloux l'intégrité de la langue maternelle. Il engageait ses disciples à ne point *écorcher* le latin, « comme nos devanciers qui ont trop sottement

---

1. *Les illustrations des Gaules et singularités de Troye*, Paris, 1513, in-4; livre I, chap xxiv.

2. G. Tory, *Champ-fleury*, début.

3. Rabelais lui-même tombe souvent à son insu dans le travers qu'il flagelle; sa connaissance profonde des langues anciennes lui nuit, et plus d'une fois il lui arrive de penser et d'écrire en latin.

tiré des Romains une infinité de vocables estrangers, veu qu'il y en avoit d'aussi bons dans notre propre langage[1]. » Et en effet, si on considère l'ensemble de ses œuvres, on est frappé du petit nombre de mots étrangers qu'il a admis dans ses poésies. La langue est pure et puisée à la bonne source française. Voici une page prise à la Franciade, toute remplie de souvenirs classiques, où l'imitation d'Homère et de Virgile éclate à chaque vers, et qui, à part les noms propres, ne contient pas un seul mot latin, hormis *estomac*, qui depuis longtemps déjà était reçu dans la langue au sens actuel de *cœur* :

> Lors, en tirant de sa gaine yvoirine
> Un long couteau, le cache en la poitrine
> De la victime, et le cœur lui chercha.
> Dessus sa playe à terre elle broncha
> En trepignant; le sang rouge il amasse
> Dedans le creux d'une profonde tasse,
> Puis le renverse en la fosse à trois fois,
> L'espée au poing, priant à haute voix
> La royne Hecate et toutes les familles
> Du noir Enfer, qui de la Nuict sont filles,
> Le froid abysme et l'ardent Phlegeton,
> Styx et Cocyt', Proserpine et Pluton,
> L'Horreur, la Peur, les Ombres, le Silence,
> Et le Chaos, qui fait sa demeurance
> Dessous la terre, en la profonde nuit,
> Voisin d'Érèbe, où le soleil ne luit.
> Il achevoit, quand un effroy lui serre
> Tout l'*estomac* : un tremblement de terre,
> Se crevassant par les champs, se fendit;
> Un long aboy des mastins s'entendit
> Par le bocage, et Hyante est venue
> Comme un esprit affublé d'une nue.
> « Voici, disoit, la deesse venir.
> Je sens Hecate horrible me tenir;
> Je tremble toute, et sa force puissante
> Tout le cerveau me frappe et me tourmente.
> Tant plus je veux alenter son ardeur,
> Plus d'aiguillons elle me lance au cœur,
> Me transportant, si bien que je n'ay vaine
> Ny nerf sur moy, ny ame qui soit saine;
> Car mon esprit, qui le demon reçoit,
> Rien que fureur et horreur ne conçoit. »
> Plus que devant une rage l'allume;
> Elle apparut plus grand que de coustume;
> De teste en pied le corps lui frissonnoit,
> Et rien d'humain sa langue ne sonnoit. (*Chant* IV.)

1. Voir plus haut, p. 6.

Cette langue franche, nette, éminemment française, est la langue des grands écrivains de la seconde moitié du seizième siècle, Du Bellay, Amyot, H. Estienne, E. Pasquier, d'Aubigné. Mais à côté et au-dessous d'eux, les écrivains préfèrent recourir au latin, les uns par recherche et affectation, les autres par paresse. « La plupart d'entre nous, dit E. Pasquier, nourris dès notre jeunesse au grec et au latin, ayant quelque assurance de notre suffisance, si nous ne trouvons mot à point, faisons d'une parole bonne latine une très-mauvaise en françois, ne nous avisant pas que cesto pauvreté ne provient de la disette de nostre langage, ains de nous mesmes et de nostre paresse [1]. » Les orateurs au style fleuri, à la période cicéronienne, Marion, Du Vair, continuent l'introduction des latinismes. Avec la révolution opérée par Malherbe dans la poésie, par Balzac dans la prose, la phrase latine devient le type sur lequel se moule la phrase française. En vain, Vaugelas interdit la création de mots nouveaux, c'est-à-dire l'emprunt de mots latins, la formation latine continue sans relâche.

L'étude de nos classiques, à cet égard, est curieuse et instructive. Les écrivains de la seconde moitié du dix-septième siècle sont d'autant plus latins que les sujets qu'ils traitent sont nobles et solennels. La langue de Molière et de La Fontaine est plus voisine de la langue du peuple, et par suite, dans une certaine mesure, plus française

Nous avons comparé les débuts du *Tartufe*, du *Misanthrope* et d'*Athalie*. Sur deux cent cinquante vers, nous avons relevé dans le Tartufe *cinquante* mots latins, dans le Misanthrope *soixante-dix*, dans Athalie *cent-dix*. La progression, on le voit, est caractéristique. Quand on passe des conversations de madame Pernelle aux dialogues de Philinte et d'Alceste, le ton s'élève ; le nombre des mots savants également ; et le maximum est donné par les scènes sublimes de Joas avec Abner et Jozabeth[2]. La langue de Boileau est aussi latine.

---

1. *Lettres*, II, xii.

2. Nous relevons ici les mots savants des soixante premiers vers. Dans le Tartufe : *édifiée, impertinente, discrète, exemple, ajustement, estime, sévère, maximes, critique, usurper, tyrannique, zélé, obliger,* total : *treize.* Dans le Misanthrope : *profession, action, excuser, scandaliser, protestations, indifférent, indigne, infâme, sincère, méthode, affectent, mode, contorsions, frivoles, inutiles, éloge, située, prostituée, régals, préférence, estimer,* total : *vingt et un.* Dans Athalie : *adorer, Éternel, antique, célébrer, sacrée, magnifiques, inondait, portiques, introduits, univers, consacraient, sacrifices, audace, ténébreux, adorateurs, fatal, visiter, mystères, blasphème, invoqué, funestes,*

Voici un fragment descriptif que nous détachons de son épopée du Lutrin, pour le rapprocher du fragment épique de Ronsard cité plus haut :

> Entre ces vieux appuis dont l'affreuse grand'salle
> Soutient l'énorme poids de sa voûte *infernale*,
> Est un pilier *fameux*, des plaideurs *respecté*,
> Et toujours des Normands à midi *fréquenté*
> Là, sur des tas poudreux de sacs et de *pratique*,
> Hurle tous les matins une Sibylle *étique :*
> On l'appelle Chicane, et ce monstre *odieux*
> Jamais pour l'*équité* n'eut d'oreilles ni d'yeux.
> La Disette au teint blème, et la triste Famine,
> Les Chagrins dévorants et l'*infâme* Ruine,
> Enfants *infortunés* de ses raffinements,
> Troublent l'air d'alentour de longs gémissements.
> Sans cesse feuilletant les lois et la coutume,
> Pour *consumer* autrui, le monstre se *consume ;*
> Et dévorant maisons, palais, châteaux entiers,
> Rend pour des monceaux d'or de vains tas de papiers.
> Sous le coupable effort de sa noire *insolence*,
> Thémis a vu cent fois chanceler sa balance.
> Incessamment il va de détour en détour ;
> Comme un hibou souvent il se dérobe au jour :
> Tantôt, les yeux en feu, c'est un lion *superbe ;*
> Tantôt, humble serpent, il se glisse sous l'herbe.
> En vain, pour le dompter, le plus *juste* des rois
> Fit *régler* le *chaos* des *ténébreuses* lois ;
> Ses griffes, vainement par Pussort raccourcies,
> Se rallongent déjà, toutes d'encre noircies ;
> Et ses ruses, perçant et digues et remparts,
> Par cent brèches déjà rentrent de toutes parts.
>
> (*Lutrin*, chant V.)

N'est-il pas piquant de voir que la muse de Boileau parle latin plus que celle de Ronsard ?

Au dix-huitième siècle, l'imitation latine grandit sous une nouvelle influence ; je veux parler de cette tendance à l'abstraction qu'on voit poindre déjà dans la langue du dix-septième siècle, et qui, de nos jours, a pris une si funeste extension. Les noms concrets sont remplacés par les abstraits, les verbes par des noms d'action ; de là ce nombre sans cesse grandissant de mots en *ité*, en *ation*, empruntés ou

respect, pressentiment, juste, rare, tiare, religion, sédition, mérite, successeur, sacrilège, infâme, déserteur, persécuteur, mitre, lévite, ministère, importune, impiété, affecte, insatiable, superbe, observais, vaste, édifice, supplice, sanguinaire, sanctuaire. total : quarante-huit.

imités du latin. Ainsi de plus en plus la langue perd ses caractères propres pour prendre ceux de la langue mère. Nous avons montré précédemment et aurons encore l'occasion d'établir dans le cours de cette étude qu'une partie de la dérivation française a disparu pour faire place à la dérivation latine ; *eté* est tombé devant *ité*, *aison* devant *ation*, *eur* tombe devant *ateur*, *able* devant *ible*, *ure* devant *ature*, *ier* devant *aire* ou *iste*, *et* devant *cule*, *é* devant *at*, etc.

Cette langue nouvelle, qui s'apprend par les livres, ne se parle que dans une certaine classe, et reste étrangère au peuple, qui garde sa langue à peu près pure des formes latines. Ces grands mots en *ation*, en *ité*, en *isme*, en *ariat*, il les entend sans les comprendre ; ils frappent son oreille comme des mots d'une langue inconnue. Et comme le peuple ne répète que ce qu'il comprend, il les déforme d'après des principes réguliers, d'après les lois de l'*étymologie populaire*.

Tantôt la signification du mot est changée. Dans la langue commune, ce mot, d'origine latine, a une acception latine ; dans la langue populaire, il est quelquefois rattaché à un mot français ayant un autre sens, et c'est ce dernier sens que le peuple lui donne. Ainsi *définition*, où les gens du peuple voient un dérivé de *finir*, devient le synonyme de *fin* : « Il n'y a pas de *définition* à ce travail. » *Délibéré* se dit pour *délivré* ou *libéré*. Tantôt le terme savant reçoit de la pensée populaire une signification toute nouvelle : les *phénomènes* de la nature se changent en *phénomènes* de saltimbanques. *Mécanique* aboutit à *mécaniser* qui devient — par quelle association d'idées ? — presque synonyme d'ennuyer[1]. Le plus souvent la forme du mot est altérée sous l'influence d'un autre mot avec lequel le premier a quelque affinité de sens et de son, ou même seulement de son. Le *nitrate d'argent* devient *de la mitraille d'argent* ; le *diabète* se change en *diablette*, le *laudanum* en *lait d'ânon* ; le *carbonate* de soude se déguise en *carbonade* et prend le genre qu'indique la terminaison féminine[2]. Si le suffixe *ate* se change en *ade*, *iste* passe à *isse* : il existe une chanson sur le *Baptême du P'tit Ebénisse* ; *ite* devient *ique* : le peuple ne connaît guère que la *bronchique*. La nomenclature scientifique reçoit ainsi un nouveau et

---

1. « Les honnêtes gens comme vous sont rares ; il ne faut pas qu'on vienne les *mécaniser* sans raison. » (E. About, *l'Infâme*, V.)

2. « Si le vin est si mauvais à Paris, c'est qu'on y met du bois *qu'empeste* (du bois de *campêche*). » Phrase entendue dans la bouche d'une femme du peuple, à Paris, en mars 1877.

étrange baptême, dont se rit la bourgeoisie lettrée ; elle ne comprend pas que ces déformations populaires sont fatales, parce que l'idiome populaire est un organisme vivant qui ne peut accepter aucun élément étranger sans se l'assimiler.

Quant à la langue commune, parlée par la classe lettrée ou demi-lettrée, elle s'est si bien pénétrée des éléments latins qu'ils sont devenus organiques. Nous allons voir comment une partie de la dérivation et de la composition latine est devenue familière aux habitudes françaises.

Tantôt la formation savante *emprunte* directement au latin des mots qu'elle habille d'une terminaison française (quelquefois même elle s'en passe) ; tantôt elle *dérive* des mots nouveaux de radicaux soit français, soit latins ; tantôt enfin elle combine des éléments latins ou français suivant les lois de la *composition* latine. Nous passons à l'étude de chacun de ces trois procédés [1].

CHAPITRE XII.

EMPRUNTS FAITS AU LATIN.

La langue contemporaine a fait de nombreux emprunts au latin : certains des mots empruntés ont un caractère littéraire, les autres sont des termes scientifiques ou techniques ; en voici des exemples :

ablactation, ablaquéation.

aborigène, proposé par Mercier, mot aujourd'hui entièrement reçu ; *abrasion.*

abscons : « Les doctrines *absconses* de l'émanation. » (Michelet, *Bible de l'Humanité*, p. 301.)

---

1. Avant d'aborder l'examen des mots savants, une observation est indispensable. Les mots savants pénètrent dans la langue commune par les livres ; mais tel néologisme, risqué par un écrivain, peut demeurer longtemps inconnu, et n'entrer que beaucoup plus tard dans l'usage. La date de l'apparition d'un mot savant dans un livre n'est donc point toujours celle de sa naissance. J.-J. Rousseau déclare avoir créé *investigation ;* le mot se trouve déjà dans Montaigne ; mais il est resté dans les *Essais*, oublié et perdu. Depuis Rousseau, il est entré dans la langue courante ; Rousseau en est donc le créateur. C'est ce que n'a pas toujours vu M. Littré dans son dictionnaire. Cf. Marty-Laveaux, *De l'enseignement de notre langue*, p. 70 ; *Bibliothèque de l'École des Chartes*, 19e année, p. 97.

des *addenda, adscrit* (Littré, *supplém.*), un *agenda*, l'*aléa*, un *aquarium*.

administratif, mot qui date de la Révolution. Gattel ne le cite que dans la seconde édition (1813) de son *Vocabulaire des mots introduits dans la langue* depuis la Révolution.

ascenseur (Littré, *supplém.*), *assesseur*.

avicule (sorte de ballon, de navire aérien, Scholle, *Programme*, p. 13), *avicelle* (Id., *ibid.*) ----

audition d'un morceau de musique (Mercier).

balnéaire (Littré, *supplém.*).

balnéatoire : « Appareils *balnéatoires*. » (*Règlem. de l'Expos. univ.* de 1867.)

belligérants.

calvitie, proposé par Mercier, mot aujourd'hui reçu ; ce mot a fait sortir de l'usage *chauveté*, qui était excellent.

carcère :

> Un lion famélique et rugissant de joie
> Jaillit de la *carcère* et vient flairer la proie.
>
> (Cat. Mendès, *Légendes et Contes*, IV, *le Lion.*)

cérulé : « Des oiseaux *cérulés*. » (Chateaubriand, *Mémoires*, t. II, p. 154.)

les *circufumsa*, terme employé quelquefois pour exprimer ce qu'on désigne d'une façon plus intelligible par le mot français *les milieux*.

clamer, proposé par Mercier : a cours aujourd'hui dans la petite presse.

collaborer :

> Que dire au jeune auteur qui, pour former son style,
> Voudra *collaborer* au quart d'un vaudeville ?
>
> (Viennet, *Epître à Boileau.*)

collaboration est déjà ancien : il arrive souvent que les verbes soient ainsi tirés après coup des substantifs qu'ils semblent avoir formés. Le mot qui suit en est encore un exemple.

commémorer : « De curieux étrangers, séparés de l'unité de l'Église, assistaient en passant à la cérémonie (*le Miserere à la chapelle Sixtine*) et remplaçaient la communauté des fidèles. Une double tristesse s'emparait du cœur. Rome chrétienne en *commémorant* l'agonie de Jésus-Christ avait l'air de célébrer la sienne, de rédire pour la nouvelle Jérusalem les paroles que Jérémie adressait à l'ancienne. C'est une belle chose que Rome pour tout oublier, mépriser tout et mourir. » (Chateaubriand, *Mémoires*, t. IX, p. 44). *Commémorer* est nouveau, mais *commémoration* est ancien dans la langue.

conceptacle, *conferve*, termes d'histoire naturelle.

conscription, *conscrit*; datent de la Révolution.

critérium ou *critère*.

cruor, terme de physiologie.

décime, de *decimus* : et par analogie *centime*, au lieu de *centième* ou *centésime* (comparez *millésime*).

décortiquer, *dédoler*.

délinéer, Chateaubriand a employé le participe passé dans ses *Mémoires*, t. II, p. 178.

dépositeur, celui qui donne un dépôt à un autre.

un *desideratum*, les *desiderata* de la science.

destructible (*destructibilis*, Lactance). *Destructible* peut aussi avoir été tiré de *indestructible*.

le *Directoire*, *district*, mots postérieurs à la Révolution.

ébriété, mot qui se trouve déjà dans A. Paré, mais qui n'est entré dans l'usage que de nos jours.

édicule : « L'entrée des tombeaux de l'ancien empire offre la figure d'*édicules* qui ne sont sans doute que des réductions de façades d'anciens temples. » (E. Renan, *Revue des Deux Mondes*, 1ᵉʳ avril 1865, p. 675; dans Scholle, *Archives* de Herrig, t. XLII, p. 120.)

élémosinaire : « Ecuelle *élémosinaire*. » (Th. Gautier, le *Capitaine Fracasse*, XV). Le mot latin est *eleemosynarius*; il faudrait donc *éléémosinaire*.

élucubrer, néologisme postérieur à *élucubration*.

émigrant, *émigré* ; datent de la Révolution.

esculent : « Les huiles douces... ne sont *esculentes* qu'autant qu'elles sont unies à d'autres substances. » (Brillat-Savarin, *Physiologie du goût*, I, 295). « L'analyse a découvert des parties *esculentes* dans des substances jusqu'ici réputées inutiles. » (Id., *ibid.*, I, 142).

évocateur de fantômes (Saint-René Taillandier, *Revue des Deux Mondes*, dans Scholle, *Programme*, p. 15).

exacerber : « Le cerveau s'enflamme, la sensibilité s'exacerbe. » (Th. Gautier, *Étude sur Baudelaire*.)

extemporanée (Littré, *supplém.*), *extrader* (ibid.).

excitateur ; il existe aussi *exciteur* qui est la forme française.

facule, fédérat'on.

festivité : « Une séance solennelle et une *festivité* de premier ordre. • (Brillat-Savarin, *Physiologie du goût,* II, VIII.)

flagrant :

> Et la guerre civile est aujourd'hui *flagrante.*
> (Barthélemy, *Némésis, Lyon.*)

Ce *flagrant,* qui a la signification propre du latin, est distinct du *flagrant* usité dans l'expression *flagrant délit.*

forficule, nom scientifique du pince-oreille ; latin *forficula,* petits ciseaux.

fragrance : « Les Floridiennes broyaient... des larmes de *liquidambar* et des racines de *libanis* qui imitaient la *fragrance* de l'angélique, du cédrat et de la vanille. » (Chateaubriand, *Mémoires,* t. II, p. 291).

frigide est employé par Chateaubriand dans ses *Mémoires,* t. II, p. 79. Nous ne voyons pas ce que *frigide* dit de plus que *froid.*

fulgurant : « Le premier poëte de notre époque a créé *fulgurant.* Ne pouvait-il s'en passer ? » (Fr. Wey, *Remarques sur la langue française,* t. I, p. 299). « Il était, pour parler son beau langage, ébouriffant, rutilant, *fulgurant,* et même truculent. » (Ch. de Bernard, *les Ailes d'Icare,* I, 112.)

> Elle jetait au vent sa tête *fulgurante.*
> (Th. de Banville, *la Belle Véronique.*)

fulvide : « La classification des blondes est infinie ; il y a le blond *fulvide* légèrement rubellé à l'endroit où ce produit corné sort de son bulbe, etc. » (Roqueplan, *Parisine,* 3ᵉ édit., p. 113.)

gente : « Il tomba ; et depuis, lui, et d'après lui, sa *gente,* ont été marqués de ce signe. » (Michelet, *Bible de l'Humanité,* p. 73.) Mot incorrect. Il faut soit *gens,* soit *gent.* Michelet n'a pas voulu de *gens* qui a une acception spéciale dans l'histoire romaine, ni *gent* qui est familier ou archaïque ; et il a préféré un barbarisme.

gloria, petit verre d'eau-de-vie versé dans une demi-tasse de café noir ; mot tout à fait populaire. « A la chaleur d'une demi-tasse de café bénie par un *gloria* quelconque. » (Balzac, dans L. Larchey).

hilare, hilarant.

hirsute : « leur délivre... roide et *hirsute*. » (Chateaubriand, *Mémoires*, t. III, p. 238).

horripiler : « Il avait le malheur de bien écrire, ce qui a le don d'*horripiler* les sots de tous les pays. » (Th. Gautier, *Étude sur Baudelaire*).

immarcescible : « De l'azur sans tache, de la lumière *immarcescible*. » (Id., *ibid.*).

immémorable : « L'âge où la vie n'a point de souvenir et apparaît de loin comme un songe *immémorable*. » (Chateaubriand, *Mémoires*, t. III, p. 34.)

immémoré : « Je jette un regard attendri sur ces livres qui renferment mes heures *inmémorées*. » (Id., *ibid.*, p. 350).

improbité : « Nous disons *probité, propreté* : pourquoi ne pas dire *improbité, impropreté* ? » (Domergue, dans le *Journal de la langue française*, t. V, p. 334 ; année 1795). *Improbité* a été repris au latin ; *impropreté* n'a pas été reçu : « Les plus vertueux négociants vous disent de l'air le plus candide ce mot de l'*improbité* la plus effrénée : « On se tire d'une mauvaise affaire comme on peut. » (Balzac, *la Maison Nucingen*).

incrassant : « La fécule n'est pas moins *incrassante* quand elle est charroyée par les boissons. » (Brillat-Savarin, *Physiologie du goût*, I, 100).

incuriosité et *incurieux* sont proposés comme mots nouveaux dans le *Journal de la langue française*, t. V (année 1787), p. 330. Seul *incuriosité* a été admis.

inexpié :

> Leurs attentats bénis, heureux, *inexpiés*.
> (V. Hugo, *Légende des siècles*, I, *le Satyre*.)

inéluctable, mot employé pour la première fois par C. Desmoulins, proposé par Mercier dans sa *Néologie*. Il conserve encore aujourd'hui un caractère marqué de néologisme.

influent, mot d'un français douteux ; il n'a été admis par l'Académie que dans la septième édition de son Dictionnaire (1835) ; il est fort reçu aujourd'hui.

initiateur.

ingestion : « L'*ingestion*, opération qui commence au moment où les aliments arrivent à la bouche et finit à celui où ils entrent dans l'œsophage. » (Brillat-Savarin, *Physiologie du goût*, I, 80.) « Les discussions politiques qui troublent également l'*ingestion* et la digestion. » (Id., *ibid.*, I, 146.)

innovateur, mot proposé par Mercier et aujourd'hui reçu.

instable a été proposé par La Harpe et Mercier. Ce mot
était usité au sens qu'il a actuellement, durant le quinzième
et le seizième siècle. Au dix-septième siècle il disparaît de la
langue commune, et Vaugelas, dans ses *Remarques*, constate
que *stable* est usité, mais non *instable*. Conservé seulement
dans la langue spéciale de la mécanique, il est rentré de nos
jours dans l'usage général.

l'*Institut*; le mot et la chose datent de la Révolution.

insurrection; le mot n'est pas inconnu à quelques écrivains latinisants du quinzième ou du seizième siècle; notre
époque a eu le triste privilége de le voir entrer définitivement
dans la langue.

lapilli (cendres volcaniques); c'est le pluriel de *lapillus*.

législative, *législature*; datent de la Révolution.

lénité (Littré, *supplém.*).

lenticule, nom scientifique de la lentille d'eau.

majorer (Littré, *supplém.*).

medium, terme du vocabulaire des spirites.

mellifique, proposé par Mercier, *objurgateur*, *oblivieux*
(Littré, *supplém.*).

multiforme :

Et la peur ridicule,
Hideuse et *multiforme* autour de lui circule.
(Beaudelaire, *Fleurs du mal*, CI).

Cauchemar *multiforme*.
(*Ibid.*, CII.)

obsidional: « Indépendamment de cette répugnance pour
une nourriture *obsidionale* (*la viande de cheval*). » (N. Roqueplan, *Parisine*).

occulter, proposé par Mercier, est employé dans la terminologie spéciale de l'astronomie.

omnibus : voiture *omnibus* et absolument : un omnibus,
ou, comme dit le peuple, en sous-entendant *voiture*, *une* omnibus.

plèbe. Mercier demande en 1801 que le terme méprisant de
populace soit désormais remplacé par *plèbe*. *Plèbe* est en effet
entré dans l'usage, mais avec une signification qui n'est guère
moins dédaigneuse que celle de *populace*. Il est curieux que
plébéien n'ait pas cette acception défavorable. Comparez *la
plèbe* et *les plébéiens*.

pondérateur, *pondéreux*: matières *pondéreuses*.

préliber : « Je laisse tout cela au successeur que j'ai planté en commençant ce chapitre, et me contente de *préliber.* » (Brillat-Savarin, *Physiologie du goût,* I, 103).

prestigiateur, proposé par Mercier. On dit maintenant *prestidigitateur,* qui est moins bon.

procrastiner, procrastination, mots proposés par Mercier, et qui s'introduisent actuellement dans la langue.

processus, publicateur, pugnacité.

radiance : « Tous ceux chez lesquels, en pareil cas, on n'aperçoit ni l'éclair du désir, ni la *radiance* de l'extase. » (Brillat-Savarin, *Physiologie du goût,* I, 70).

radiation, au sens de *action de rayer,* date de la Révolution ; au sens de *action de rayonner* (lat. *radiatio*), il est de formation contemporaine.

reptation : « La *reptation* lente et circonspecte de nos tardigrades. » (Michelet, *la Mer,* 2ᵉ édit., p. 132).

rutilant, vapeurs *rutilantes ;* au figuré, voir un exemple au mot *fulgurant.*

sécession, mot qui date de la guerre civile du Nord et du Sud aux États-Unis (1861-1864).

sélection, mot introduit de nos jours par l'école de Darwin. On peut considérer ce mot et le précédent comme d'origine anglaise. Toutefois la signification latine en est si visible qu'on les reconnaît aussitôt comme latins et qu'on les emploie comme tels.

splénétique. M. Scholle (*Programme,* p. 17) donne ce mot comme un néologisme employé par M. Montégut dans la *Revue des Deux Mondes.*

squalide :

Un *squalide* recors range sur l'établi
Le code où la raison est vouée à l'oubli.

(Barthélemy, Némésis, la Magistrature.)

stranguler : « Claude avait été comme *strangulé* par une douleur atroce. » (J. Claretie, *le Beau Solignac,* 1876, t. I, p. 253.) Qu'est-ce que *strangulé* dit de plus que *étranglé ?*

stupéfaction et *stupéfier* paraissent, dans la langue commune, d'un emploi nouveau.

suburbain, mot proposé par Mercier ; aujourd'hui usuel.

suppéditer : « Les paysans, avaricieux d'argent, ne le sont pas de provisions qu'ils ont en leur huche et qui ne leur coûtent rien, *suppéditées* par la bonne mère nature. » (Th. Gautier, *Capitaine Fracasse*, VII).

sylvicole : « C'était une faute au point de vue *sylvicole.* » (Clavé, *Rev. des Deux Mondes*, 1ᵉʳ février 1865, p. 791, dans Scholle, *Archives* de Herrig, t. XXXIX, p. 435.)

tricolore, date de la Révolution.

trucider. M. Scholle (*Archives* de Herrig, t. XLII, p. 129) cite ce mot comme un néologisme essayé par Th. Gautier (*le Capitaine Fracasse*, XV).

truculent, voir plus haut au mot *fulgurant.*

turbo, terme d'histoire naturelle.

turbulence, proposé par Mercier.

turpe :

> Est-il dit qu'au milieu de ces ignominies
> Nous traînerons longtemps nos *turpes* agonies ?
> > (Barthélemy, *Némésis, Aux soldats de la France.*)
>
> Sur leurs *turpes* secrets je veux porter le jour.
> > (Barthélemy, *Némésis, Apologie du centre.*)

ululation, dans Th. Gautier (*le Capitaine Fracasse*, ɪv).

vertigineux, volvoce (Littré), *vertex* (terme d'anatomie).

CHAPITRE XIII.

DÉRIVATION LATINE.

La dérivation latine a été reprise par la langue moderne presque sous toutes ses formes. Des suffixes que le latin populaire avait abandonnés et qui, par suite, étaient restés étrangers au français, ont reparu dans notre langue pour y retrouver une nouvelle existence. Tels sont *atoire, ique, isme, iste*, etc. Les suffixes latins ont eu ou ont chez nous diverse fortune : les uns restent confinés dans un coin de la terminologie scientifique et gardent leur caractère étranger : tel le suffixe *ium* servant à former des noms de métaux ou de métalloïdes : *calcium, rubidium*, etc. Les autres, grâce à un emploi plus étendu, à une signification plus générale, ont pénétré plus profondément dans la langue ; ainsi *ation, iser, ité, atoire, if*, etc. Parmi ceux-ci, on en voit qui s'ajoutent à des thèmes français : *central* donne *centraliser centralisation ; réglementer* donne *réglementation ;* d'autres se fixent aux thèmes latins : *axilla* donne *axill-aire, genus génér-ique.* Dans le premier cas comme dans le second, le principe de formation est le même ; *iser* et *ation* se combinent avec les radicaux latins (réels ou fictifs) ; mais ces radicaux ne se distinguent pas, sous leur forme latine, de la forme qu'ils affectent en français : *centralisation* aurait pu exister en latin sous la forme *centralisatio, ionis.*

Dans l'examen des suffixes que nous allons entreprendre, nous ne pouvons plus partir de la forme française, comme nous l'avons fait précédemment ; il faut remonter aux types latins, suffixes nominaux et verbaux. Nous suivons l'ordre de Diez, et nous divisons les suffixes nominaux en suffixes formés de voyelles, suffixes formés de consonnes simples et de consonnes combinées. Nous faisons une classe à part pour les suffixes verbaux.

§ 1. *Suffixes nominaux formés de voyelles.*

EUS a pénétré au dix-septième siècle et au dix-huitième sous la forme *ée : momentanée, simultanée,* etc. ; les adjectifs en *ée* n'avaient donc qu'une forme pour le masculin et le féminin ; on écrivait *un cétacée.* De nos jours, l'*e* final, qui pouvait faire illusion sur le genre du mot, a été supprimé avec raison[1]. Les mots latins en *eus,* repris de nos jours, l'ont été sous la forme *é : extemporaneus extemporané, cæruleus cérulé*[2]. Le suffixe *eus* n'a pas donné naissance à des dérivés nouveaux, parce que la dérivation savante l'a transformé en *ianus ien*[3].

EA, sous la forme du pluriel féminin *ées,* est employé dans la terminologie botanique. (Voir plus loin à *aceus.*)

EUM, ÆUM. Sur le modèle de *muséum,* on a créé par plaisanterie *croutéum,* collection de *croûtes* ou de mauvais tableaux : « Bientôt la boutique, un moment changée en *croutéum,* passe au muséum. » (Balzac, cité par L. Larchey).

IUS n'a rien donné.

---

1. Mais, avec cette absence de logique qui caractérise notre orthographe moderne, nous écrivons encore avec *ée* les mots *caducée, colisée, élysée, lycée, musée,* etc.
2. Voir plus haut, p. 178.
3. Voir plus bas, au suffixe *anus,* p. 193.

IA, qui est devenu *ie* dans la langue populaire, appartient également à la langue savante ; toutefois le *ia* latin se confond avec le *ia* grec, et les dérivés savants en *ie* doivent être pour la plupart rapportés au suffixe grec.

IUM a eu un grand développement dans la terminologie chimique, où il sert à désigner les métaux. Il s'ajoute à des radicaux tirés de tous côtés : mots français, mots latins, mots grecs, noms communs, noms propres de personnes, de lieux, adjectifs, etc. : *aluminium, baryum, cadmium, cæsium, calcium, cérium, didymium, gallium, glucinium, indium, iridium, lithium, magnesium, osmium, palladium, potassium, rhodium, rubidium, ruthenium, sélénium, silicium, sodium, strontium, thallium, thorium, uranium, vanadium, zirconium* [1].

UUS, qui se trouve dans *arduus, assiduus, congruus, continuus, exiguus,* etc., n'a pas donné de formations nouvelles.

Nous n'avons pas besoin de faire remarquer que ceux des suffixes précédents qui ont passé dans la langue savante ont dû prendre un accent qu'ils n'avaient pas en latin. On sait que les suffixes atones du latin ont disparu en roman, sauf un ou deux qui ont été sauvés par un déplacement d'accent : *ia* devenu *īa* ; *iŏlus* devenu *iólus,* etc. Les langues romanes n'ont gardé du latin que des suffixes *syllabiques accentués* [2].

§ 2. *Suffixes nominaux formés de consonnes simples.*

§ 2. *Suffixes nominaux formés de consonnes simples.*

C.

ACUS. Ce suffixe est de même nature que le suffixe grec ακὸς, et dans un certain nombre de mots se confond avec lui (*ægyptiacus* = Αἰγυπτιακὸς, *Armeniacus* = Ἀρμενιακὸς). Il se trouve dans un certain nombre d'adjectifs et de substantifs latins qui ont passé dans la langue savante : *aphrodisiaque, cardiaque, élégiaque, maniaque ; opaque ; cloaque, thériaque,* etc. Il n'a pas donné de dérivations nouvelles.

ĪCUS, ĪCA n'a pas plus donné de mots nouveaux à la formation savante qu'à la formation populaire. Quelques mots de la langue mère seulement ont passé dans la langue fille et y

---

1. L'explication étymologique de ces noms nous entraînerait trop loin ; et d'ailleurs elle ne rentre pas dans notre étude. Notons seulement, pour la curiosité du fait, le nom de *gallium* donné par M. *Lecoq* (*gallus*) à un métal qu'il a découvert en 1876.

2. Voir Diez, *Grammaire,* t. II, p. 255 de la traduction française.

sont restés stériles; tels sont : *fourmi, vessie,* dans la formation populaire; *pudique* dans la formation savante.

ICUS, ICA. Ce suffixe qui, en sa qualité d'atone, devait disparaître de la langue populaire, a eu un riche développement dans la formation savante. Le nombre considérable d'adjectifs en *icus,* l'identité de forme que *icus* possède, grâce à une commune origine, avec le grec ικός, suffixe très-fécond dans la terminologie scientifique, ont donné à cette terminaison une consistance assez grande pour qu'on y ait vu le suffixe général de formation adjectivale. De là la quantité d'adjectifs en *ique* tirés, soit de mots latins, soit de mots français reformés sur des types latins.

Voici des dérivés nouveaux :

charivari, charivarique :

> (Les uns)
> Trouvant que de nouveau je pèche et prévarique,
> Élèveront encor leur voix *charivarique.*
>> (A. Pommier, *Colifichets,* 1.)

éden, édénique : « Une des villes d'eau les plus courues du Tyrol *édénique.* » (Lagenevais, *Revue des Deux Mondes,* dans Schölle, *Programme,* p. 14).

faraday, faradique : « Lunettes *faradiques* contre l'affaiblissement de la vue. » (Prospectus d'un magasin d'instruments d'optique, etc.).

féerie, féerique, voir Littré, *supplém.*

humoriste, humoristique : « Écrivain *humoristique.* »

Galvani, galvanique : « L'électricité *galvanique.* »

jambon, jambonique : « Cet os *jambonique,* auquel pendait un lambeau de chair. » (Th. Gautier, *Capitaine Fracasse,* VII).

orphéon, orphéonique.

somnambule, somnambulique : « Sa préoccupation presque *somnambulique* était si rencontrée par les choses, qu'il se trouvait au milieu du monde sans voir le monde. » (Balzac, *Sarrazine*).

Volta, voltaïque : « Le courant *voltaïque.* »

Dans les dérivés qui précèdent, *ique* s'ajoute à un radical français : parfois il s'attache au type latin reconstitué.

voyelle remonte à *vocalis* pour donner l'adjectif *vocalicus, vocalique :* « Le son *vocalique* du *a.* »

consonne remonte à *consonans* pour donner l'adjectif

*consonanticus, consonantique : « Le son consonantique de l'i dans bien. »

Il est souvent difficile de distinguer si dans ique on a affaire au latin icus ou au grec ικός. Peut-être que orphéonique, galvanique, voltaïque, doivent être rapportés à des types grecs. La question d'ailleurs est de peu d'importance, puisque le suffixe grec, ayant passé en latin avec un certain nombre de mots, s'est confondu avec le suffixe latin. C'est ainsi que même les dérivés en -logique, -métrique, -graphique, de -logie, -métrie, -graphie, peuvent être rapportés à des types latins -logicus, etc. Tels sont les mots nouveaux : assyriologie, assyriologique ; égyptologie, égyptologique ; climatologie, climatologique ; sociologie, sociologique ; bathymétrie, bathymétrique ; dynamométrie, dynamométrique ; idéographie, idéographique ; photographie, photographique, etc.

On a plutôt affaire au suffixe ικός dans des dérivations telles que mythe, mythique ; isobare, isobarique, ainsi que dans fantasmatique que les écrivains romantiques ont substitué à fantastique. « Sous la lueur fantasmatique d'un ciel crépusculaire, s'élevait une énorme masse noire chargée d'aiguilles et de clochetons. » (V. Hugo, dans le Dict. de Poitevin).

Fantasmatique est tiré du pluriel neutre φαντάσματα, d'après l'analogie de aromatique, dogmatique, diplomatique, diaphragmatique, emblématique (problématique), empyreumatique, énigmatique, épigrammatique, mathématique, numismatique, phlegmatique, pneumatique, pragmatique, prismatique, spasmatique, spermatique, stygmatique, symptomatique, traumatique, zygomatique, etc.

Ces derniers mots semblent faire revivre un suffixe atique, analogue au suffixe latin aticus (français age) : mais ce n'est qu'une apparence ; il n'y a aucun rapport réel entre les deux suffixes.

Ique a reçu un emploi spécial dans la nomenclature chimique[1].

ACEUS : arenaceus, capillaceus, farinaceus, foliaceus, gallinaceus, lippaceus, vinaceus. Ce suffixe a été repris par la langue scientifique sous la forme acé (plus anciennement acée dans certains mots[2]) : amantacé, crustacé, fromentacé, etc.

1. Voir plus bas, p. 236.
2. Voir plus haut, p. 185.

Il a fait fortune dans la nomenclature botanique, et, employé au féminin pluriel, il sert en général à former des noms de famille de plantes : c'est de beaucoup le plus usité des suffixes destinés à cette fonction. Ainsi, dans la classification de de Candolle, sur *cinquante-six* familles qui composent la classe des *thalamiflores* (phanérogames dicotylédones), *trente-deux* sont formées à l'aide du suffixe *acées* : ce sont les *renonculacées*, les *dilliniacées*, les *magnoliacées*, les *amomacées*, les *ménispermacées*, les *berbéridacées*, les *nymphœacées*, les *papavéracées*, les *fumariacées*, les *résédacées*, les *flacourtiacées*, les *bixacées*, les *violacées*, les *droséracées*, les *trémandracées*, les *frankiniacées*, les *linacées*, les *malvacées*, les *bombacées*, les *bythnériacées*, les *tiliacées*, les *chlénacées*, les *ternstrœmiacées*, les *aurantiacées*, les *margraviacées*, les *hippocratiacées*, les *malpighiacées*, les *salpindacées*, les *méliacées*, les *géraniacées*, les *rutacées*, les *ochnacées*. On trouve aussi *ées* employé concurremment avec *acées*, quoique plus rarement ; on dit aussi bien les *berbéridées* que les *berbéridacées*, les *linées* que les *linacées*, etc.

Remarquons que les formes latines de ces noms en *acées* ne sont pas *aceæ* comme on s'y devrait attendre, mais *acæ*[1].

D.

AS ADIS, EIS EIDIS. Des imitateurs d'Homère et de Virgile, qui n'ont réussi bien souvent qu'à imiter des titres, ont donné à la littérature la *Franciade*, la *Henriade*, la *Pétréide*, etc. En 1792, paraissait « au bureau des sabats Jacobites la *Jacobinéide*, poëme héroï-comi-civique, par l'auteur de la chronique du manége, de sabats Jacobites. » Le fécond Barthélemy a écrit une *Peyronéide* contre le ministère Peyronnet, une *Villéliade* contre le ministère de Villèle, une *Dupinade* (1831) contre le président Dupin. Nous avons vu des *Napoléonides*, des *Philippides*.

On a créé de nos jours le mot *Achilléide* pour désigner l'ensemble des poëmes dont Achille est le héros, et le mot *Rollandéide*, pour désigner l'ensemble des chansons de geste qui célèbrent les exploits du neveu légendaire de Charlemagne.

IDAE, qui sert à former des patronymiques *Atrides*, *Pélo-*

---

1. Du moins chez certains botanistes. Voir, par exemple, la Table de l'*Encyclopédie d'histoire naturelle* du Dʳ Chenu.

pides, *Héraclides*, etc., n'a pas, à notre connaissance, fourni de nouveaux rejetons.

T-UDO, T-UDINEM. Diez, prenant pour caractéristique de ce suffixe la terminaison *i-n-em*, le place sous la lettre N; la formation populaire part en effet de l'accusatif; mais c'est du nominatif que part la formation savante; *-tude* vient de *-tudo* et non de *-tudinem*. En général, la formation savante part du nominatif latin et non de l'accusatif; et même dans les mots qui affectent la terminaison de l'accusatif, les noms en *-tion*, par exemple, les lettrés qui les empruntent au latin ne voient pas l'accusatif *-tionem*, mais le nominatif *-tio*; s'ils ne leur conservent pas la forme *tio*, c'est que cette dernière est contraire à l'analogie de la langue.

Tudo passe en français sous la forme *tude* : de là *amplitude*, *aptitude*, *certitude*, *gratitude*, *habitude*, *lassitude*, *latitude*, *lippitude*, *longitude*, *rectitude*, *solitude*, *sollicitude*, *turpitude*, etc. Sur le modèle de ces mots pris au latin, à des diverses époques, on a créé *plénitude* au quatorzième siècle, *décrépitude* au quinzième siècle, *exactitude* au dix-septième siècle, mot contre lequel Vaugelas protestait vainement; *platitude* au dix-huitième siècle.

De nos jours, on a essayé d'introduire *vastitude* : « La *vastitude* de l'Amérique, » dit Chateaubriand dans ses *Mémoires* (t. II, p. 206). L'ancienne langue disait *vasteté*, qui valait mieux : *vasteté* est de formation française, *vastitude* est latin.

L.

ALIS affecte dans la dérivation savante les mêmes formes *al* et *el* que dans la dérivation populaire. La dérivation savante se reconnaît à ce trait que les radicaux des dérivés doivent avoir la forme latine.

Voici des exemples de formations nouvelles.

AL : *caudal*, *latitudinal* (Ch. Martins, dans Scholle, *Programme*, p. 15), *lilial* : « ton teint *lilial* » (A. Sylvestre, *La Gloire du Souvenir*, II), *pictural*, *piscatorial* (Littré, *supplém.*).

vestimental : « Se montrer élégamment tenu suivant les lois *vestimentales* qui régissent huit heures, midi, quatre heures et le soir » (Balzac, *La Maison Nucingen*, édit. de 1856, p. 27 [1]).

1. Citons ici les noms des mois du printemps dans le calendrier révolutionnaire

EL : *accrémentitiel.*

casuel : « Un sentiment de profonde horreur pour l'homme saisissait le cœur, quand une fatale attention vous dévoilait les marques imprimées par la décrépitude sur cette *casuelle* machine. » (Balzac, *Sarrazine*).

circonstanciel, proposé par Mercier (1801) et Richard (1845).

concordantiel, concurrentiel (Littré, *supplém.*).

gustuel : « l'appareil *gustuel* » (Brillat-Savarin, *Physiologie du goût*, I, 14).

interférentiel (Littré, *supplém.*), *intersticiel, matriciel* (Littré, *supplém.*), *présidentiel; protubéranciel*, mot qui date de la découverte, dans l'atmosphère du soleil, de protubérances gazeuses; *sensoriel, sériel.*

OLUS, OLA, OLUM. Nous avons déjà parlé de ce suffixe[1], qui se trouve dans *areola, gloriola, faseolus, foliolum*, etc. Les mots en OLUS, OLA, OLUM, ont été repris à diverses époques (*gloriole* est dû à l'abbé de Saint-Pierre). Ils ont servi à des formations analogiques : *astériole* (*asteriola de asteria), *étudiole* (*studiola de studium;* mot mal fait; il faudrait *étudole* ou *studiole*); *herniole* (*herniola de hernia\), *luciole* (*luciola de lux;* italien, *luciola); rabiole* (de *rave;* *rapiola de rapa;* mot de formation bizarre; à moins qu'il ne soit d'origine étrangère). Nous n'avons pas à signaler de formations nouvelles.

composé par Fabre d'Églantine : *germinal, floréal, prairial.* Les deux premiers remontent à des types latins (*germinalis, florealis*); le troisième est de formation française : *prairie, prairial.* Les trois noms qui suivent, *messidor, fervidor, fructidor*, sont moins corrects : la combinaison de la terminaison *dor = δῶρον*, avec *messis, fer..*(dus) et *fructus*, en fait des mots hybrides : *fervidor* a été remplacé de bonne heure par *thermidor* qui est meilleur, le premier élément étant aussi grec. *Vendémiaire, brumaire*, sont corrects; ils supposent des types *vindemiarius, *brumarius*, formés d'après l'analogie latine; *frimaire* est plus difficile à justifier; il suppose un substantif *frime*, radical de *frimas*, qui n'existe pas. Pour *nivôse, pluviôse, ventôse*, les mots latins *pluviosus, nivosus, ventosus*, ont été simplement retranscrits en français. Ces quatre séries de noms sont d'une rare harmonie, et singulièrement appropriées aux saisons de l'année : quoi de plus riant que les noms des mois printaniers *germinal, floréal, prairial?* de plus éclatant, de plus riche, que ces noms de *messidor, thermidor, fructidor?* et comme ces syllabes sonores rendent bien l'éclat du ciel brûlant, du soleil rayonnant des mois d'été! *Vendémiaire, brumaire, frimaire*, sont plus simples, comme il convient aux mois de transition qui de l'été conduisent à l'hiver. Mais quelle harmonie sourde dans *nivôse, pluviôse, ventôse*, et combien conforme à la sombre poésie de l'hiver! On retrouve dans ces noms si heureusement inventés l'oreille musicale du méridional et le goût du poëte.

1. Voir plus haut, p. 102.

ULUS, ULA, ULUM. Suffixe à signification diminutive, qui forme des substantifs masculins (*-ulus,-ulum*) ou féminins (*-ula*), et des adjectifs, la plupart appartenant à la langue scientifique : *antennule, appendicule, aspérule* (s. f.), *crépidule, libellule* (s. f.), *ovule, plantule* (s. f.), *pyxidule, silicule* (de *silique* = *siliqu-ula*).

Ce suffixe se fait souvent précéder en latin d'un *c* : *corpus-c-ulum, homun-c-ulus;* de là le diminutif *cule* qui donne de nos jours : *théâtricule* : « Tous ces *théâtricules*, qui.... ont surgi sur tous les points de Paris. » (*Indépendance belge*, 5 oct. 1868); *touristicule* dans Topfer (*Voyages*, II, 1ʳᵉ journée; cité par Scholle, *Archiv.* de Herrig, XLII, p. 129); *principicule*, que M. Littré signale comme un néologisme; *connecticule*, terme scientifique.

Ni *-ulus* ni *-culus* n'ont pu produire des dérivés nouveaux dans la langue populaire parce qu'ils ne portent pas d'accent, et que seuls les suffixes syllabiques accentués ont passé du latin populaire au roman. La langue populaire d'ailleurs n'en a que faire, puisqu'elle possède *et ette*. La langue savante au contraire, ne pouvant joindre *et ette* à des radicaux latins, a dû utiliser les suffixes *-culus, -ulus*.

I-B-ILIS donne *-i-ble* qui correspond au suffixe *able* de la formation populaire. Les dérivés en *i-bilis* sont formés sur les types latins, le suffixe s'ajoutant au thème du participe présent ou au participe passé : *tangible* *tangi-bilis* de *tang-entem*; *destructible* *destructi-bilis* de *destruct-us*. Le suffixe populaire *able* ne se joint qu'au thème du participe présent.

Dérivés nouveaux : *conceptible* (concept-us), *concrescible* (concresc-entem), *conscriptible* (conscript-us), *explosible* (explos-us).

impressible (impress-us) : « Il est des natures *impressibles* où les idées se logent et qu'elles ravagent. » (Balzac, *le Père Goriot*, I, p. 259; édit. de 1835).

répétible (Littré, *supplém.*).

Les formes latines en *ēbilis ūbilis* (*flēbilis, solūbilis*) n'ont pas donné de rejetons en français.

N.

ANUS ANA a donné dans la formation populaire *ain aine* et dans la formation savante *an âne*[1]. Sous la forme *ianus iana*, nous avons vu qu'il est devenu *ien ienne* et a produit un suffixe nouveau. Aujourd'hui *ien ienne* est d'un emploi usuel dans la langue savante; il s'ajoute aux thèmes des adjectifs en *icus* désignant des personnes pour remplir en français les mêmes fonctions qu'en latin *icus : rhetoricus rhétoricien, logicus logicien*, de sorte que là où le féminin *-ica* donne un substantif abstrait en *-ique : rhétorique, logique*, le masculin, pris substantivement, se transforme en *-icianus, icien*, et reçoit un nouveau féminin *-iciana, icienne*.

Citons les néologismes *esthéticien, fabricien* (Littré, *suppl.*), *organicien, polytechnicien*.

Ien ienne, représentant *ianus iana*, forme des dérivés adjectifs qui se tirent généralement de noms propres : le modèle en est donné par les mots *Italianus, Lucianus, Quintilianus*, etc. Les néologismes ne manquent pas. *Byronien, dévonien* (t. de géologie), *cachemirien*, d'où *cachemirienne*, sorte de lainage, *épiscopalien* (Laugel, Duvergier de Hauranne, dans Scholle, *Programme*, p. 14), *Garibaldien* (le club des), *haschischiens, hégelien, Jupitérien, Kantien, libérien* « couche *libérienne* » (Grimard, *Rev. des Deux Mondes*, 1ᵉʳ août 1866, dans Scholle, *Archives* de Herrig, t. XLII, p. 124), *ligurien, louxorien*, « idée *louxorienne* » (Th. Gautier, *Mˡˡᵉ de Maupin*, préface), *napoléonien, normalien, neptunien* (t. de géologie), *Parnassien, phalanstérien, rhodanien*, « glacier *rhodanien* » (Ch. Martins, *Rev. des Deux-Mondes*, 1ᵉʳ février 1867, p. 598, dans Scholle, *Arch.* de Herrig, t. XLII, p. 127), *shakespearien, silurien* (t. de géologie), *voltairien, zéphyrien*, etc., etc.

A côté de *ien* il faut placer *éen*, qui est à *eus* (*æus*) ce que *icien* est à *icus :* de là pour le latin *Chaldæus, Heracleus, Nemæus, Phocæus*, etc., les traductions *Chaldéen, Héracléen, Néméen, Phocéen*, etc. Les néologismes que nous avons constatés sont *marmoréen* (marmoreus), *éburnéen* (eburneus), *céruléen* (cœruleus), *hyménéen* (hymenæus) : « Parmi la poussière et le bruit de cette kermesse *hyménéenne*. » (Daudet, *Jack*, III, 36.)

> Ton front *marmoréen* éternelle pâleur.
>
> (Armand Sylvestre, *La gloire du souvenir*, II.)

---

1. Notons le pluriel neutre *ana*, qui sert de suffixe à des noms propres, *Menagiana, Perroniana, Scaligerana, Huetiana*, etc., et qui, détaché du radical, est devenu un nom commun : un recueil d'*anas*; un *ana*.

C'est l'analogie de ces formes eu *eus* donnant *éen* qui de *alizé* permet de tirer *alizéen* : « contrées *alizéennes* » (Jamin, *Revue des Deux Mondes*, 15 février 1867, p. 924, dans Scholle, *Archives* de Herrig, t. XLII, p. 114). C'est ainsi encore que *lycée* donne *lycéen*.

Le suffixe *en* se trouve à l'état pur dans *tridien* = *tridianus*, de *tridi*, et dans *Sidien*.

> Eh ! comment finira la fête *tridienne?*
> (Barthélemy, *Némésis, l'Anniversaire des trois jours.*)

« Sidi Mahmoud vint assister comme ambassadeur du bey de Tunis au sacre de Charles X. Barthélemy et Méry firent trois satires contre le dix-neuvième siècle sous le nom de *Sidiennes*. » (N. Roqueplan, *Parisine.*)

INUS INA (*inus* ne se distingue pas de *inus*). Nous avons vu précédemment l'emploi du suffixe *in ine*[1], dans la langue commune. La nomenclature chimique s'en sert pour désigner les principes essentiels de corps composés organiques. Le point de départ a été donné par *térébenthine* (lat. *terebinthina*), *résine* (lat. *resina*), etc.

Presque tous les dérivés en *ine* appartiennent à notre époque et datent de la création de la chimie organique : *alizarine, amigdaline, aniline, atropine, bassorine, benzine, buxine, caféine, camphorine, caséine, cétine, codéine, conicine, cubébine, daphnine, daturine, dextrine, digitaline, elléborétine, elléborine, émulsine, fibrine, fungine, gélatine, gommeline, glairine* (dite aussi *glairidine, zoïdine, géline, thermaline, pyrénéine, nérésine, viridine,* etc., etc.[2]), *glycérine, hordéine, indigotine, indine, isatine, juglandine, lactine, lactoline, lapathine, leucine, margarine, méconine, morphine, narcéine, narcotine, oléidine, oléine, pectine, protéine, salicine, spongine, stéarine, strychnine, thujine, tigline, vanilline, vératrine, zéine,* etc., etc.

Cette dérivation, issue de la formation populaire, adoptée par la terminologie spéciale de la chimie, rentre de nouveau dans la langue commune, enrichie de la signification propre qu'elle a reçue en passant par la nomenclature chimique.

---

1. Voir plus haut, p. 112.
2. Voir le Dictionnaire de médecine de MM. Littré et Robin, au mot *glairine.*

M. Nestor Roqueplan, voulant désigner le principe essentiel de l'esprit parisien, crée le mot *Parisine* [1].

T-IONEM, S-IONEM, voir plus bas aux suffixes *t-or*, *t-ura*, *t-orius*.

R.

ARIS a donné dans la langue populaire *ier ière*, dans la langue savante *aire* : ainsi *adversarius*, devenant en vieux français *aversier*, est repris ensuite au latin sous la forme *adversaire*. *Aire* a reçu dans la langue commune un développement si considérable qu'il y a pris racine et forme directement des adjectifs à l'aide de radicaux, non plus latins, mais français.

annuaire, de *annuus* : l'adjectif *annuaire* n'existe pas : le mot dès sa formation a été pris substantivement.

constabulaire (Littré, *supplém.*), du bas-latin *constabulus* pour *comestabulus*.

dispensataire.

divitiaire, de *divitiarius* [2] : « Je consens à voir dans le droit de l'éducation gratuite une charge imposée par le pauvre au riche, un véritable impôt *divitiaire*. » (Duvergier de Hauranne, *Huit mois en Amérique*, VII, 29 novembre).

égalitaire : « Principes *égalitaires*; société *égalitaire*; un *égalitaire*. »

entrepositaire, dérivé d'*entrepôt*, sur le modèle de *dépositaire*, de *dépôt*.

garnisaire paraît dater de la fin du siècle dernier. Mercier chercha vainement à substituer à ce mot barbare le dérivé régulier *garnisonnaire*.

---

1. Voir la préface, assez originale, de ce livre, qui l'est beaucoup moins.

« On dit :

strychnine,
quinine,
nicotine,
aniline,

. . . . . .
. . . . . .

Je dis :

Parisine. »

2. Toutefois le substantif *divitiarium* existe.

glaciaire (*glaciarius, de *glacies*). « Ils soutiennent la théorie de l'affouillement *glaciaire*. » (Ch. Martins, *Rev. des Deux Mondes*, 1er février 1867, p. 607; cf. plus haut, p. 95).

mandataire, *obligataire*, *plébiscitaire* (Littré, *supplém.*), *protestataire* (ibid.), *retardataire*.

rivulaire : « Une onde ornée de plantes *rivulaires*. » (Chateaubriand, *Mémoires*, t. I, p. 240.)

sanitaire est proposé par Mercier en 1801. Le mot n'est-il pas plus ancien que le commencement du siècle?

vendémiaire. Sur ce mot ainsi que sur *brumaire* et *frimaire*, voir plus haut, p. 190, note 1.

Les dérivés suivants sont formés de mots français auxquels s'ajoute le suffixe :

actionnaire, *autoritaire* (Littré, *supplém.*), *budgétaire*, *cellulaire*, *collinaire*, *cométaire*, *concordataire*, *concrétionnaire*.

confinaire, habitant des confins militaires (Buloz, *Revue des Deux Mondes*, 15 octobre 1867, p. 968; dans Scholle, *Archives*, t. XLII, p. 118).

décadaire, *démissionnaire*, *divisionnaire* (Littré, *supplém.*), *doctrinaire*, *égalitaire*, *émissionnaire* (Littré, *supplém.*).

humanitaire : « Pour ce qui est du mot *humanitaire*, je le révère, et quand je l'entends, je ne manque jamais de tirer mon chapeau; puissent les dieux me le faire comprendre ! » (A. de Musset, 1re *lettre de Dupuis et Cotonnet*). « *Humanitaire*, en style de préface, veut dire : homme croyant à la perfectibilité du genre humain, et travaillant de son mieux, pour sa quote-part, au perfectionnement dudit genre humain. » (Id., 2e *lettre*). Cf. Fr. Wey, *Manuel des droits et des devoirs*, p. 334.

lésionnaire (Littré, *supplém.*), *parasitaire*, *particulaire* (Littré, *supplém.*), *pétitionnaire* (ibid.).

réactionnaire, *réglementaire*, *relationnaire*, *réquisitionnaire*, *soumissionnaire*, *utilitaire*.

La signification du suffixe *aire*, dans les mots qui désignent des personnes, prête à observation. « Les substantifs de ce genre en *aire*, dit M. Littré, ont ordinairement le sens passif : *donataire*, celui à qui on donne; *légataire*, celui à qui on lègue; cela est surtout vrai quand ils viennent de verbe où l'on peut distinguer le sens actif et le sens passif. Dans d'autres cas, ils ont le double sens passif et actif, comme *démissionnaire*[1], comme *pensionnaire*, celui à qui on paye pension et celui qui la paye. Dans d'autres cas enfin, ils n'ont que le sens actif, *commissionnaire*, celui qui fait des commissions. » (Dictionnaire, au mot *démissionnaire*.) Au fond *aire* garde partout sa signification propre de « *qui tient, qui a,* » et les différences de sens viennent du radical seulement. Dans les substantifs en *ataire* tirés de participes passés, la signification passive est dérivée, non primitive : *légataire, donataire,* ne sont pas étymologiquement ceux à qui on lègue, à qui on donne quelque chose, mais ceux qui *ont* une chose léguée (*legatum*), une chose donnée (*donatum*). L'exactitude de cette traduction est évidente pour *mandataire, concordataire,* qui est « celui qui a *mandat* (*mandatum*), concordat (*concordatum*).* » De même, *pensionnaire* est « celui *qui a pension;* » or, comme *pension* désigne aussi bien la somme en tant qu'elle est touchée qu'en tant qu'elle est donnée, *pensionnaire* doit avoir les deux sens. C'est pour une raison analogue que *démissionnaire*, signifiant proprement *celui qui a démission*, a pu aussi bien prendre le sens de *celui qui reçoit, pour qui est faite la démission*, que le sens de *celui qui fait démission, qui donne sa démission*. En un mot, quand *aire* se joint à des participes passés neutres, comme la signification de ces neutres est fort nette, les dérivés ont une signification aussi nette, passive en apparence, active en réalité, et qui s'oppose à celle qu'indique le participe présent du verbe (*mandataire*, qui a, qui reçoit *mandat; mandant*, qui donne *mandat*). Quand *aire* se joint à des substantifs abstraits dont la signification, comme pour tous les mots abstraits, peut être considérée à des points de vue différents, la signification des dérivés change avec ces points de vue divers, mais *aire* partout conserve sa valeur propre.

Ce que *aire* est au participe passé dans *légataire* et les analogues, il l'est au participe futur dans *référendaire*, qui a amené *récipiendaire*.

Le nombre marqué des néologismes que nous avons cités montre combien est riche cette dérivation en *aire*. Elle a supplanté sa sœur aînée, la dérivation en *ier*, qui avait le mérite d'être française. Quelle nécessité cependant de la substituer à *ier?* Ne pouvait-on pas dire, par exemple : *écrinier* pour *scriniaire, aissellier* pour *axillaire, anglier* pour *angulaire*,

---

1. Anciennement, celui en faveur de qui se fait la démission. Aujourd'hui, celui qui a renoncé à un emploi, une charge, une dignité.

iler pour *insulaire, poitrinier* pour *poitrinaire,* etc.? Voilà un des cas nombreux où la formation savante a restreint et affaibli la dérivation populaire.

(A)T-OR et S-OR, (A)T-URA et S-URA, (A)T-ORIUS et S-ORIUS, (A)T-IONEM et S-IONEM. — Nous considérons d'ensemble ces divers suffixes qui forment des noms d'agents, des noms abstraits d'action, et des adjectifs tirés de participes passés de verbes. *Recitare* donne, par l'intermédiaire de *recitatum*, le substantif *recitator; pingere*, par *pictum*, produit *pictor* et *pictura; censere*, par *censum*, donne *censor, censura*, et *censorium*; enfin, par *laudatum, laudare* amène *laudator, laudatorius* et *laudatio*. Nous avons vu la dérivation populaire, sans se préoccuper des différences de conjugaison, appliquer à tous les participes présents les suffixes de la première conjugaison : *atorem, aturam, atorium, ationem*. La formation savante ressuscite ces différences[1].

De plus, la formation populaire avait réduit *atorem, aturam, atorium, ationem*, à *eur, ure, oir, aison;* la formation savante fait peu à peu disparaître ces suffixes (*aison* même a totalement été détruit) pour faire revivre les formes purement latines *ateur, ature, atoire, ation;* et de ces quatre suffixes, il en est deux, *ateur* et *ation*, qui, par le nombre considérable des formations nouvelles, sont devenus assez familiers à la langue commune pour qu'elle les ait adoptés et les ait fait servir à ses dérivations organiques.

Il suit de là qu'il faut distinguer les dérivés reproduisant des types latins fictifs, mais formés régulièrement d'après les règles de la dérivation latine, et les dérivés tirés directement de mots français.

NOMS NOUVEAUX EN (a)t-ion, s-ion.

1. *aviation* (**aviatio*, de **aviare*, de *avis*) (Littré, *supplém.*).

cérébration (**cerebratio*, de **cerebrare*, de *cerebrum*). « Théorie de la *cérébration* inconsciente.»(*Revue de philosophie*, 1876, t. II, p. 544.)

claustration (**claustratio*, de *claustrare*, de *claustrum*).

formication (**formicatio*, de **formicare*, de *formica*).

imperméabilisation (de *imperméable*, d'après **impermea-*

---

1. Cf. plus haut, p. 76.

bilisatio). « *Imperméabilisation* des tissus. » (*Almanach Bottin*, 1875, p. 1084).

majoration (* *majoratio*, de * *majorare*, de *major*).

spication (* *spicatio*, de * *spicare*, de *spica*) : « Mouvements de *spication*, de rotation et de verrition. » (Brillat-Savarin, *Physiologie du goût*, I, 14).

arrosion (* *arrosio*, * *arrodere*, de *ad* et *rodere*).

accrémentition (de * *accrementitio*, * *accrementire*, de *accrementum*).

compromission (* *compromissio*, * *compromittere*, de *cum* et *promittere*).

verrition (* *verritio*, de *verrere*); voir plus haut à *spication*.

2. *absorbation* (Littré, *supplém.*), *acétification*, *actualisation*, *aération*, *annexation* (Littré, *supplém.*).

centralisation, *colorisation*, *conglomération*, *constatation*, *déblatération*.

dégénération (a été employé pour *dégénérescence* par Chateaubriand dans ses *Mémoires*, t. I, p. 311).

dégoûtation, mot familier qui se dit pour *dégoût*.

démoralisation, *domestication*, *revaccination* (Littré, *supplém.*), *frelatation* (ibid.).

germanisation, *hellénisation* (Michelet, *Bible de l'Human.*, 347), *idéalisation* (Th. Gautier, Baudelaire), *individualisation*.

irisation : « Quand cette *irisation* capricieuse dansa sur la gueule béante des abîmes. » (G. Sand, *Lélia*, xxiii.)

localisation, *momification*, *numérotation*, *ornementation*, *prussification*, *réglementation*, *réorganisation*, *romanisation*, *solidarisation*, *vulgarisation*, *unification*, etc., etc.

Remarquons les dérivés en *isation* (de *iser*) et en *ification* (de *ifier*) dont le nombre grandit sans cesse : cette dérivation fournit ainsi à la langue une foule de mots abstraits, souvent utiles, le plus souvent disgracieux et lourds.

Le nom abstrait ne suppose pas toujours le verbe, et peut être dérivé directement du substantif radical du verbe : *coloris* donne *colorisation*; *coloriser* n'existe pas; *accrémentition* vient directement de *accrementum*.

NOMS NOUVEAUX EN (*a*)*t-eur*, *s-eur*.

1. *adjudicateur* (* *adjudicator*, de * *adjudicare*, de *ad* et *judicare*).

aviateur (* *aviator*, de * *aviare*, de *avis*; cf. plus haut *avia-tion*) : « Les mots (*aviateur*, *aviation*) sont maintenant entrés dans la circulation. » (Saveney, *Revue des Deux-Mondes*, dans Scholle, *Programme*, p. 13.)

clavélisateur (* *clavilisator*, de * *clavilisare*, de *clavis*) (Littré, *supplém.*).

commutateur (* *commutator*, de *commutare*).

copulateur, trice (* *copulator*, de *copulare*) (Littré, *supplém.*).

jugulateur (* *jugulator*, de *jugulare*) (Littré, *supplém.*).

mensurateur (* *mensurator*, de *mensurare*).

panificateur (* *panificator*, de * *panificare*, *panificus*). « Je l'ai proclamé le premier *panificateur* du monde. » (*Brillat-Savarin*, I, 99.)

percolateur (* *percolator*, de * *percolare*, de *per* et *colare*) (Littré, *supplém.*), *rotateur* (* *rotator*, de *rotare*) : « Mécanisme dit *rotateur*. » (*Descript des brevets*, 1832, 1re série, t. XXXIII, p. 59).

absoluteur (* *absolutor*, de *absolutus*, de *absolvere*).

descenseur (* *descensor*, d'après *ascensor*, de *descensum*, *descendere*). Le descenseur est le nom d'un appareil nouveau à l'aide duquel on descend, dans les incendies, des personnes et des objets des fenêtres, quand les escaliers sont attaqués par les flammes. (V. *ascenseur*, plus haut, p. 178.)

injecteur (* *injector*, de *injectus*, *injicere*) (Littré, *supplém.*).

réacteur (* *reactor*, de *re* et de *actor*; d'après *acteur* et *réagir*).

2. *accélérateur, acclamateur, aérateur* (Littré, *supplém.*), *animateur, annonciateur* (Littré, *supplém.*, de *annoncer*, d'après le latin * *annunt-i-ator*), *aspirateur, assimilateur, civilisateur, coagulateur, colonisateur, concentrateur, condensateur* (*condenseur* est de formation populaire), *congélateur, coordinateur* (Scholle, *Programme*, p. 14), *décarburateur* (Littré, *supplém.*), *déformateur, déviateur, dislocateur, élucubrateur, émasculateur* (Littré, *supplém.*), *épurateur*. « Appareil propre à épurer les céréales, graines oléagineuses, etc., dit *épurateur graminal*. » (*Description des brevets*, 1834, 1re série, t. XXXV, p. 99), *évaluateur* (Littré, *supplém.*), *évangélisateur* (Scholle, *Programme*, p. 14), *extirpateur* (*Description des brevets*, 1851, 2e série, t. XIX, p. 357.), « Houe *extirpatrice*. » (*Ibid.*, p. 66, 1850), *filateur* (s'oppose à *fileur*, mot de formation populaire), *fixa-*

teur, insufflateur, momificateur, monopolisateur (Littré, *suppl*), *régulateur* (Littré, *supplém.*), *retardateur* : « Appareil dit *retardateur* des fermentations. » (*Description des brevets*, 1801, 1ʳᵉ série, t. II, p. 100), *réorganisateur, scarificateur, triturateur* : « Appareils tels que *triturateurs*, chaudières. » (Le prince Bibesco, *Revue des Deux Mondes*, dans Scholle, *Programme*, p. 17), *volateur*, sorte de navire aérien (Scholle, *Programme*, p. 13), *vulgarisateur*, etc., etc.

NOMS EN (a)t-oire.

Ici la formation savante a enrichi le français d'une sorte d'adjectifs qui lui manquait. En effet, dans la langue populaire, *atorius* n'avait donné que des substantifs masculins ou féminins, désignant des instruments d'action, c'est-à-dire que le neutre *atorium* et le féminin *atoria* avaient seuls été utilisés : *grattoir, balançoire*. Il n'existe pas d'adjectifs correspondant, par exemple, aux adjectifs italiens en *tojo toja* : *pensatojo,-toja*, « qui fait penser », *serbatojo,-toja*, « bon, bonne à garder », ou aux adjectifs espagnols en *dero, dera* (= *duero duera, torium, toriam*) : *casadera* « nubile », *duradero* « durable », *hacedero* « faisable ». En reprenant au latin les adjectifs en *atorius* sous la forme *atoire* (et non *atoir : aléatoire, transitoire, résolutoire*, etc.), la formation savante a fait reparaître cette sorte de dérivation : *absolutoire, adjutoire, ambulatoire, attentatoire, blasphématoire, comminatoire, conservatoire, consolatoire, criminatoire*, etc.

Voici quelques formations nouvelles, adjectifs et substantifs, qui montrent que cette dérivation est devenue organique :

accusatoire (Littré, *supplém.*), *divisoire* (*ibid.*), (dîner) *soupatoire* (Brillat-Savarin).

pissatoire : « Appareil nommé *pissatoire*, propre à recevoir les urines et à empêcher les exhalaisons. » (*Description des brevets*, 1805, 1ʳᵉ série, t. VI, p. 127.) La forme populaire est *pissoir*.

sécrétoire : « Appareils à l'air et à l'eau, propres à la séparation des grains..., et nommés par l'auteur *sécrétoires*. » (*Ibid.*, 1ʳᵉ série, t. XXXIX, p. 402). *Sécrétoire* est ici * *secretorius* de *secretum*, supin de *secerno*, et n'a rien de commun avec le terme médical *sécrétoire*, qui dérive, par formation populaire, de *sécréter*, **secretare*, fréquentatif de *secernere*. Ce dernier représente un type **secretatorius*.

NOMS EN *at-ure*.

Le suffixe de formation savante *ature* se distingue par sa signification du suffixe de formation populaire *ure*. Celui-ci se tire généralement de verbes, pour former des noms exprimant l'action verbale subie et le résultat de l'action : ainsi *blessure* est d'abord l'action par laquelle on est blessé ; puis la partie blessée. Celui-là peut se tirer de substantifs et il exprime l'ensemble des caractères qu'indique le radical, du moins dans les mots de dérivation nouvelle. Tels sont :

> *arcature* de *arc*, *climature* de *climat*,
> *musculature* :

Ce sont....

> Des faces de lion avec des cols de bœuf,
> Des chairs comme du marbre et des *musculatures*
> A pouvoir d'un seul coup rompre un câble tout neuf.
>
> (Th. Gautier, *Premières poésies*, *Cariatides*.)

ossature, mot créé par Mercier dans sa *Néologie*, aujourd'hui reçu : « L'*ossature* et les vertèbres du grand animal ont leurs singularités dont nous ne pouvons encore bien nous rendre compte. » (Michelet, *la Mer*, 2ᵉ édit., p. 32).

S.

OSUS a passé en français sous la forme *eux euse*. La langue savante l'a repris sous la forme latine *ose : morose, nivôse, pluviôse, ventôse*[1], ou sous l'une des formes *eux, i-eux, u-eux*. Dans ce dernier cas, la formation savante se laisse facilement reconnaître à cette marque que le type latin est conservé fidèlement. Ainsi *difficultueux*, de *difficultuosus*.

Les néologismes sont peu nombreux :

> *luxueux*,
> *précipitueux* : « Glacier *précipitueux* » (Rambert, *Revue des*

---

1. Pour les mois du calendrier républicain, voir plus haut, p. 190, n. 1. *Virtuose*, qui paraît représenter le latin *virtuosus*, a été tiré au dix-huitième siècle de l'italien *virtuoso*, de même que *grandiose* l'a été de *grandioso*. Furetière et Bayle disent *virtuoso*, en conservant la forme italienne.

Deux Mondes, 15 novembre 1867, p. 395, dans Scholle, *Archives* de Herrig, t. XLII, p. 126.)

torrentueux : « Les affaires et les plaisirs se ruent, enlacés les uns dans les autres, dans un galop si *torrentueux....»* [Ch. de Bernard, *les Ailes d'Icare*, I, 1.)

T.

ATUS dans la langue populaire a donné *é*, qui sert à former des adjectifs et des participes. (Voy. plus haut, p. 92.) La langue savante en a tiré *é, at, ate*.

1. *é* est le suffixe adjectival ou participial de la langue populaire que la formation savante joint aux thèmes des mots latins Tel est *salarié* de *salarium*, par l'intermédiaire de *⋆salariatus :* « Le mot *salaire* est dans la langue ; *salarié* doit l'être. » (Mirabeau, dans Mercier, *Néologie*.) De *diluvium*, Chateaubriand tire *diluvié* (*⋆diluviatus*) : « Un matelot, les cheveux épars et *diluviés*. » (*Mémoires*, t. II, p. 342.) *Ferruginem* donne *ferruginé* par l'intermédiaire de *⋆ferruginatus; punctulum, ponctulé* par *⋆ punctulatus*. Cette dérivation offre les mêmes caractères que la dérivation verbale, dont nous parlerons plus bas.

2. *at* vient de *atŭs, atūs : magistrat*, de *magistratus ;* il vient aussi de *atum : mandat*, de *mandatum*.

Formations nouvelles de *at = atum : alcoolat, alternat, assignat*.

Formations nouvelles de *at = atus : anonymat* (Littré, *suppl.*), *bambinat* (asile pour les bambins, dans le *Familistère*, Scholle, *Programme*, p. 13), *commissariat, électorat, externat, hospoaarat, honorariat, internat, inspectorat, mandarinat* (Littré, *suppl.*), *médiumnat*, « mission providentielle (!) des médiums » (*Répertoire du spiritisme*), *orphelinat, patronat, provisorat, pouponnat* (crèche dans le *Familistère*, cf. *bambinat ;* Scholle, *Programme*, p. 10), *prolétariat, salariat, séniorat* (Littré, *supplém.*), *septennat* (date de 1872), *syndicat, volontariat*, etc.

La plupart de ces dérivés sont tirés d'adjectifs en *aire = arius*. Pour le peuple, qui ne peut saisir le rapport de *aire = arius* à *ariat = ariatus*, rien de plus bizarre que ce suffixe : aussi change-t-il *ariat* en *airiat*. Le mot *volontariat*, que les circonstances font pénétrer dans la langue du peuple beaucoup plus profondément que les autres mots en *at*, y devient *volontairiat*, exemple qui montre nettement quelle différence sépare la formation populaire de la formation savante, et combien cette dernière est artificielle.

3. *ate*, qui représente le féminin *ata* ou le neutre *atum*, joue un rôle particulier dans la nomenclature chimique; nous examinerons plus loin[1].

ITATEM. Nous avons vu ce suffixe, sous la forme *eté*, donner dans la langue populaire un certain nombre de dérivés. La formation savante le reprend, avec la voyelle de liaison du latin *i*. *Veracitatem*, qui, dans la bouche du peuple, serait devenu *veraisté*, *vraisté*, *vraité*, comme *mendacitatem* était devenu *mendisté*, garde sa forme primitive intacte dans *véracité*. La plupart des mots en *ité* sont tirés, ou d'adjectifs en *able*, *ible*, qui donnent, non les formes françaises *ableté*, *ibleté*, mais les formes latines *abilité*, *ibilité*, ou d'adjectifs en *ique et* en *if*, qui produisent non *-isté*, *-iveté*, mais *-icité*, *-ivité*. Les terminaisons de la langue populaire *ableté*, *ibleté*, *isté*, *iveté*, nous semblent aujourd'hui barbares, tant nous avons oublié le français pour le latin !

La liste des mots en *ité* est fort étendue; le Dictionnaire des rimes de Landais et Barré, qui est loin d'être complet, en donne près de quatre cent cinquante. La langue contemporaine en crée sans cesse et en augmente le total indéfiniment : cette dérivation répond en effet aux tendances irrésistibles qui poussent le français vers l'abstraction à outrance.

Voici quelques-unes des nouvelles formations : elles appartiennent aux terminologies spéciales des sciences historiques, philosophiques ou naturelles :

absorptivité, acquisivité, actualité, adultérinité (Littré, *suppl.*), *alibilité* (Brillat-Savarin, *Physiologie du goût*, I, 13), *altérabilité, émissibilité, amativité, angularité* (Littré, *supplém.*), *aperceptibilité, appréhensibilité, atomicité* (Littré, *supplém.*), *brevetabilité* (ibid.), *capillarité, centralité* (Littré, *supplém.*), *coercibilité* (des gaz), *collectivité, compatibilité, compréhensivité, comptabilité, conceptibilité, concevabilité*[2], *congélabilité, concrescibilité, confortabilité* (Littré, *supplém.*), *conicité* (Cousy de Fageolles, *Dictionnaire des chemins de fer*), *corporalité, corrélativité, cristallinité* (Littré, *supplém.*), *décimalité* (ibid.), *endémicité* (d'Avril,

---

1. Page 236.

2. *Concevabilité* et *inconcevabilité* ont été employés par M. Littré dans des articles de la *Revue des Deux-Mondes*, 15 août 1866, p. 837 ; M. Littré a omis le premier dans son dictionnaire.

dans les *Archives* de Herrig, XLII, p. 120), *étanchéité* (Hudry-Ménos, dans Scholle, *Programme*, p. 15), *erraticité :* « État des esprits non incarnés pendant les intervalles de leur incarnation. » (*Répertoire du spiritisme*), *filialité* (Littré, *supplém.*), *fixibilité* (ibid.), *finalité, fumivorité, génialité* (Montégut, dans Scholle, *Programme*, p. 15), *grandiosité, historicité* (Littré, *supplém.*), *honorabilité, idéalité :* « Le jeune Raphaël devait tomber dans cette contemplation extatique, lorsque Dieu lui faisait apparaître une virginale *idéalité* de femme. » (G. Sand, *Lélia*, éd. de 1833, I, p. 103; ch. XIV), *impalpabilité, impressionabilité :* « Son *impressionnabilité* datait certes du jour de sa naissance. » (G. Sand, *Un dernier amour*, III), *impraticabilité, inaccessibilité, inamovibilité, incompréhensibilité, inconcevabilité, indiscutabilité, indispensabilité, individualité :* « Il ne croit pas que son *individualité*, comme on dit aujourd'hui en assez mauvais style, vaille la peine d'être autrement étudiée. » (V. Hugo, *Chants du crépusc.*, *préf.*); *inéligibilité, inévitabilité, inexorabilité* (proposé par Mercier), *inextinguibilité, inextricabilité* (Mercier), *infatigabilité* (Mercier), *infernalité, ingéniosité* (Mercier), *innumérabilité, insociabilité, instinctivité, intermédiarité, inviolabilité* (Littré, *supplém.*, mot que Mercier autorise d'un exemple de Mirabeau), *irraisonnabilité, irréformabilité, irrécevabilité, libidinosité, marsupialité* (Littré, *suppl.*), *messianité* (Réville, dans Scholle, *Programme*, p. 15), *motricité* (Cl. Bernard, ibid.), *médiumnité* (ou *médiumnat*) « faculté des médiums » (*Répertoire du spiritisme*), *notabilité, nervosité* (Michelet, *Bible. de l'Hum.*, p. 72), *officiosité, parabolicité* (Littré, *supplém.*), *pondérosité* (ibid.), *portabilité* (ibid.), *priorité, respectabilité, réversibilité, révocabilité, salinité, siliginosité, squalidité, spécialité, sporadicité, subalternéité* (créé par Lamartine, selon M. Fr. Wey, *Remarques sur la langue française au* XIXᵉ *siècle*, II, 94), *superficialité, tardivité.* (Chateaubriand, *Mémoires*, III, p. 47), *tonalité, verbosité* (Mercier), *véridicité* (Mercier), etc., etc.

V.

IVUS qui, dans la langue populaire, était devenu *if ive* (*nativum, naïf*), n'a pas changé quand il a été repris par la langue savante. Il se joint au thème des participes passés et forme un grand nombre d'adjectifs qui appartiennent pour la plupart aux nomenclatures spéciales.

Voici quelques formations nouvelles :

amplificatif, annulatif, certificatif, contractif, coopératif, dispersif, exportatif, extensif (Littré, supplém.), *exterminatif, extinctif* (Littré, supplém.), *explosif* (consonnes *explosives*) (ibid.), *fricatif* (consonnes *fricatives*) (ibid.), *liquidatif, normatif, quidditatif* (Th. Gautier, *le Cap. Fracasse*, xii), *sélectif, suggestif* (Montégut, dans Scholle, *Programme*, p. 17).

§ 3. *Suffixes nominaux formés de consonnes combinées.*

LL.

Le diminutif *ellus* (qui est devenu dans la langue populaire *el-eau*) et le diminutif *illus* peuvent se fixer à des radicaux latins et former de nouveaux dérivés : *spongia*, **spongilla, spongille :* « De petites sphères échappent de la mère-éponge,... bientôt fixées, elles se montrent des *spongilles* délicates qui vont à leur tour grandir. » (Michelet, *la Mer*, p. 136). — *Nux *nucella, nucelle*, t. de botanique ; — *vitellus *vitella, vitelle*, nom d'un mollusque.

ND.

ANDUS, ENDUS. Le participe futur passif latin a donné des mots nouveaux en *ande, ende*, qui, le plus souvent, sont masculins : bizarre caprice de la formation savante qui, pour serrer de plus près l'orthographe étymologique, porte le trouble dans la langue. On dit LE *multiplicande* et LA *propagande*. C'est ainsi que *orium*, devenu *oir* dans la formation populaire, s'est enrichi d'un *e* muet sous la plume des lettrés : UN *versoir*, UN *compulsoire*.

Comme mots nouveaux, je ne vois guère que *dividende*, terme de banque.

B-ONDUS. Sur l'analogie de *moribundus, populabundus, errabundus*, on a créé *floribond* (Littré, supplém.). Mercier proposait l'introduction des adjectifs *masculins : négabonde, nauséabonde*. Si on écrit *un dividende*, il n'y a pas de raison, en effet, de ne pas écrire « un personnage *nauséabonde* ». Tel est l'avis de Barthélemy qui a, peut-être pour le besoin de la rime, admis le masculin *nauséabonde :*

Mais s'il existe un jeu flasque, *nauséabonde.*

(Némésis, le Jeu de la Bourse.)

NT.

ANT(EM) ANT(IAM), ENT(EM) ENT(IAM), ESC-ENT(EM) ESC-ENT(IAM). Ces suffixes donnent naissance à des adjectifs verbaux et à des noms abstraits d'action ; *ant ance* sont des suffixes de la langue populaire ; ils peuvent être revendiqués par la langue savante quand ils se fixent à des radicaux latins. Les autres appartiennent à la formation savante. *Escent, escence*, donnent des inchoatifs.

esculence (*esculentus*) : « C'est la gastronomie qui fixe le point d'*esculence* de chaque substance alimentaire. » (Brillat-Savarin, *Physiologie du goût*, 1, 19).

effluence : « Elles vivaient dans une atmosphère de parfums émanés d'elle, comme des orangers et des fleurs dans les pures *effluences* de leur feuille et de leur calice. » (Chateaubriand, *Mémoires*, t. II, page 291). Le mot est fait d'après *influence*.

insurgence (*insurgens*), *rutilance* (*rutilant*), *tonitruant* (*tonitru*) ;

acescent, azurescent, dégénérescent, iridescent, lapidescent ;

opalescent : « Des solutions légèrement *opalescentes*. » (Radau, *Revue des Deux Mondes*, 1er nov. 1866, p. 773, dans Scholle, *Archives* de Herrig, XLII, p. 435).

rubescent ;

arborescence, coalescence, détumescence, turgescence.

M-ENTUM. Le suffixe *mentum*, que nous avons étudié sous la forme populaire *ement*[1], peut servir à des dérivations savantes, comme dans le mot *susurrement* créé par Chateaubriand : ce mot ne se rattache qu'à un radical latin, puisque *susurrer* n'est pas français.

SC.

ISCUS. *Iscus*, devenu l'italien *esco*, a passé les Alpes sous la forme *esque*, avec les mots *arabesque, barbaresque, burlesque, charlatanesque, chevaleresque, gigantesque, grotesque, pédantesque, pittoresque*[1], *romanesque, soldatesque*, mots venus d'Italie

---

1. Page 95.

1. *Grotesque* et *pittoresque* ont été remis à la mode à l'époque romantique. Voir Musset, *Première lettre de Dupuis et Cotonnet*.

à des dates différentes. Les suivants sont des emprunts contemporains :

dantesque, raphaëlesque[1].

carnavalesque : « Une fantaisie un peu trop *carnavalesque*, jouée à l'Opéra-Comique. »(Lagenevais, *Revue des Deux Mondes,* dans Scholle, *Programme,* p. 13).

cardinalesque : « La pourpre *cardinalesque* de son nez. » (Th. Gautier, *le Capit. Fracasse,* XII).

michel-angelesque (Arsène Houssaye , *Revue des Deux Mondes,* 15 octobre 1866, p. 1025, dans Scholle, *Archives de Herrig,* XXXIX, p. 433).

Sur le modèle des adjectifs tirés des noms communs, on a créé de nos jours :

caricaturesque, charivaresque (Scholle, *Programme,* p. 14), *chevalesque* (ibid.), *funambulesque, paysanesque.*

simiesque : «Des grimaces plus *simiesques* qu'humaines. » (Th. Gautier, *le Capit. Fracasse,* VII). « Mettant en relief tous les défauts de cette tête *simiesque.* » (Daudet, *Jack,* I, § 3).

Sur le modèle de *dantesque, raphaëlesque,* etc., on a créé *moliéresque, aristophanesque.* Pourquoi *aristophanesque* plutôt qu'*aristophanien,* comme on dit *shakespearien,* ou qu'*aristophanique,* comme on dit *homérique?*

iscus, qui est au fond de *esque,* est le même suffixe que le grec ισκός, auquel on doit *ménisque, obélisque, astérisque. Isque* a agi sur le mot *odalique* (turc *odalik*), qu'il a transformé indûment en *odalisque* : par un retour assez curieux, ce suffixe grec, qui se substitue dans un mot à *ique,* est dans d'autres précisément réduit à *ique* par la prononciation populaire, qui change les *astérisques* en *astériques,* et fait de l'*obélisque* un *obélique,* à moins qu'elle ne le renverse en *obélixe.*

SM, ST.

ISMUS et ISTA sont d'origine grecque : ισμός et ιστής. Mais les suffixes grecs ont de bonne heure passé en latin, et ils s'y sont si complétement naturalisés, qu'on peut à bon droit oublier leur origine grecque. Favorisée par les Pères de l'Église

1. Voir sur ces deux mots Fr. Wey, *Remarques sur la langue française au dix-neuvième siècle,* t. I, p. 311.

latine, cette dérivation a reçu une grande extension au moyen âge dans le latin de la scolastique ; c'est de là qu'elle a passé dans les idiomes vulgaires. Dans la langue moderne, *isme* a d'abord servi à donner des noms aux systèmes, aux doctrines : *calvinisme, luthérianisme, cartésianisme, spinozisme, etc.; iste* aux partisans de ces systèmes, de ces doctrines, *calvinistes,* etc.; puis la signification de ces suffixes s'est étendue, sans perdre toutefois la notion de chose *intellectuelle* qui y est renfermée : *césarisme, favoritisme, dandisme, vocalisme.* Que l'on compare *journaliste* et *journalier,* on sentira la différence de la valeur des deux suffixes. *Iste* pénètre dans la classe ouvrière, et sert à désigner des corps d'état : *bandagiste, fleuriste, jardiniste, figuriste, pierriste, ébéniste,* etc.: il semble que les ouvriers, en affectant cette terminaison, veuillent relever leur profession, et montrer que le goût et l'intelligence y sont des éléments plus essentiels que le travail manuel. Le *jardiniste* n'est plus un *jardinier;* celui-ci entretient les jardins, celui-là les dessine.

· Le nombre des dérivés en *isme* et en *iste* est fort considérable. Le dictionnaire des rimes de Landais et Barré contient *deux cent seize* mots en *isme* et *cent soixante seize* en *iste,* et il y manque les neuf dixièmes des mots suivants, créés de nos jours :

abolitionniste.

—

absolutiste,
abstentionniste (Littré, *suppl.*).
alarmiste (Mercier, Littré, *id.*).

—

—

altruiste,

—

—

—

annexionniste (Ch. de Mazade, dans Scholle, *Progr.*, p. 13).
anthropologiste.
anthropomorphiste,

—

absinthisme.
absolutisme.

—

—

alcoolisme.
alphabétisme.
altruisme, mots créés par A. Comte.
américanisme (De Lagenevais, dans Scholle, *Archives,* XLII, 115).
anglicisme.
animalisme.

—

—

(*anthropomorphisme* est ancien).

aquafortiste. —
aquarelliste. —
arbitragiste. —
— *archaïsme* (Mercier).
arrêtiste. —
—. —
autonomiste (Littré, supplém.). —

badinguiste. —
bandagiste. —
— *banditisme* (Littré, supplém.).
banquiste. —
bombagiste (Littré, supplém.). —
bonapartiste, *bonapartisme.*
Borrussianiste (Laveleye, *Rev.* —
    des Deux Mondes, 1ᵉʳ nov.
    1867, dans Scholle, *Archives*
    de Herrig, XLII, 116).
bouddhiste, *bouddhisme.*
— *boursicotiérisme* (L. Larchey).
calembouriste. —
— *cannibalisme.*
— *cantonalisme* (Littré, *suppl.*).
— *caporalisme.*
caricaturiste. —
centraliste (Littré, supplém.). —
— *césarisme.*
champignonniste. —
— *chauvinisme.*
— *civisme.*
— *cléricalisme.*
collectiviste (Littré, supplém.), *collectivisme* (Littré, supplém.).
communaliste, *communalisme.*
communiste, *communisme.*
— *compatriotisme.*
compensationniste (Litt., *suppl.*). —
— *confessionnalisme* (Litt., *suppl.*)
congréganiste, *congréganisme.*
congrégationnaliste, *congrégationnalisme* (Littré,
    supplém.).
— *conservatisme* (Littré, *suppl.*).
— *consonnantisme* (Litt., *suppl.*).

darwiniste,

détailliste.
déterministe,

équilibriste.
esclavagiste,

excursionniste.

fantaisiste.

fédéraliste (de la révolution).

feuilletonniste.
figuriste (Bottin, 1875, p. 1220).
filigraniste.

fourriériste,
gambettiste.
germaniste
gouvernementaliste (Littré, supplém.).
gréviste (Littré, supplém.).

hautboïste.
Henriquinquiste (L. Larchey).

---

constitutionnalisme.
cosmopolisme (Mercier), remplacé par
cosmopolitisme.

dandisme.
darwinisme.
démagogisme.

déterminisme.
dilettantisme.

égotisme.
électrotonisme.

esclavagisme.
exclusivisme.

fatuitisme (voir plus haut, p. 98, au mot *désœuvrerie*).
favoritisme.
fédéralisme (de la révolution).
fénianisme.

fonctionnarisme.
fourriérisme.

germanisme.

Héraclitéisme (Caro, *Revue des Deux Mondes*, 15 nov. 1865, p. 333, dans Scholle, *Archives de Herrig*, XLII, p. 123).

humoriste.

idémiste : « Poiret l'*idémiste* (qui est toujours de l'avis des autres). » (Balz., *le Père Goriot.*)

immobiliste,
impérialiste,

indianiste.
instrumentaliste.

jardiniste.

journaliste (date du siècle dernier).

libre-échangiste (Littré, *suppl.*).
librettiste.
lithochromiste.

humanitarisme : « Son cœur s'enflait de ce stupide amour collectif qu'il faut nommer *humanitarisme* (souligné dans le texte), fils aîné de défunte philanthropie. » (Balzac, *les Employés,* 1856, p. 274.)

idéographisme.
ignorantisme
immobilisme.
impérialisme.
incivisme.

jacobinisme.

jésuitisme [1].
joachimisme (Renan, aans Scholle, *Archives,* XLII, 123).

journalisme.

laryngisme.
légalisme (Réville, dans Scholle, ibid., 123).
libéralisme.

littéralisme.

1. Pasquier disait *jésuiste* et *jésuisme. Jésuiste* a été remplacé, dès le dix-septième siècle, par l'italien *jésuite. Jésuisme,* qui semble avoir été créé par Pasquier et auquel le vieux gallican attachait le sens que nous donnons à *jésuitisme,* disparut au dix-septième siècle. *Jésuitisme,* dérivé de *jésuite,* est moderne, et date de la Restauration. *Jésuitisme* est plus logique que *jésuisme.*

lundiste (Littré, *supplém.*). —

machiniste.
maniériste, *maniérisme.*
médiéviste (mot récent, qui a
   remplacé *moyenâgiste,* usité
   de 1840 à 1850). —

— *mercantilisme.*
— *métamorphisme.*
— *militarisme.*

millénariste. —

— *modérantisme.*
monogéniste, *monogénisme.*
monogrammatiste.

— *monosyllabisme.*
monothéiste, *monothéisme.*
— *mormonisme.*
— *municipalisme* (Littré, *suppl.*).

mythologiste. —

— *mythisme.*
— *mysticisme.*

— *nationalisme.*
— *naturalisme.*
nihiliste (créé par Mercier). *nihilisme.*
nordiste. —
nosologiste. —

obscurantiste, *obscurantisme.*
oculiste.
oculariste (fabricant d'yeux ar- —
   tificiels, Bottin, 1875, p. 1240).
(non)-opportuniste, *(non)-opportunisme.*
organiciste. —
Orléaniste, *Orléanisme.*
ornemaniste. —
orphéoniste. —
orthopédiste. —

— *ossianisme.*
ovaliste. —

parlementariste, *parlementarisme.*

—	parsisme.
particulariste,	particularisme.
pastelliste (**Littré**, *supplém.*).	—
—	paupérisme.
pessimiste,	pessimisme.
pierriste (voir plus haut, p. 152).	—
polémiste.	—
—	polonisme (**Klaczko**, *Revue des Deux Mondes*, dans Scholle, *Archives*, XLII, 126).
—	popularisme.
—	—
portraitiste.	—
portraituriste (Duvergier de Hauranne, dans Scholle, *Progr.*, 16).	
positiviste,	positivisme.
posthétomiste.	—
—	pràcritisme.
primeuriste (**Littré**, *supplém.*).	—
progressiste.	—
prohibitionniste (**Littré**, *suppl.*).	—
propagandiste (**Littré**, *suppl.*).	—
—	prosaïsme.
—	proxénétisme.
—	psychisme.
—	pugilisme (**Littré**, *supplém.*).
—	puritanisme.
quatre-vingt-neuviste (**Mercier**).	—
rampiste (voir plus haut, p. 152).	—
récidiviste.	—
—	réglementarisme.
réserviste.	—
révisionniste (**Littré**, *supplém.*).	—
—	romantisme.
—	sacerdotalisme.
sanscritiste,	sanscritisme.
sécessionniste.	—
sémitiste,	sémitisme.
sentimentaliste,	sentimentalisme.

socialiste,

soliste.

sonnettiste.

spécialiste.

spiritiste, peu usité, remplacé
par *spirite,* qui est d'origine
anglaise.

spontépariste.

styliste.

sudiste.

—

thiériste.

télégraphiste.

terroriste (Littré, *supplém.*),

traditionnaliste.

transformiste,

unitariste,

—

—

vélocipédiste.

—

servantisme : « Il tomba dans
le *servantisme* le plus minutieux et le plus astringent. »
(Balzac, *Maison Nucingen*).

servilisme : « Cet état de choses
amenait le *servilisme* de l'employé. » (Balzac, *les Employés,* 1856, p. 172.)

socialisme.

—

—

—

spiritisme.

—

—

—

supranaturalisme.

—

—

terrorisme.

—

transformisme.

unitarisme.

vandalisme. Cf. sur ce mot le
Bulletin du bibliophile, 1845,
p. 494.

védisme.

—

voltairianisme.

En jetant un coup d'œil sur deux séries parallèles, on reconnaît qu'une infime minorité de radicaux seulement possède
les deux dérivés en *isme* et en *iste.* Le plus souvent, les mots
en *iste* n'ont pas de corrélatifs en *isme* et réciproquement; ou,
si les deux formes se rencontrent, elles ne se correspondent
pas : le *naturaliste* n'a rien de commun avec le *naturalisme.*

A quoi tient ce fait singulier? A ce que les substantifs abstraits en *isme* sont d'ordinaire formés après les adjectifs concrets auxquels ils correspondent[1]. Il arrive donc, ou que les adjectifs concrets en *iste* n'ont pas encore développé l'idée abstraite qui doit fournir un correspondant en *isme :* ainsi *sonnettiste, spécialiste, styliste, figuriste,* etc.; ou bien que les mots abstraits en *isme* ont été tirés d'adjectifs correspondants présentant, non le suffixe *iste,* mais une autre terminaison : ainsi *romantisme-romantique; puritanisme-puritain; mysticisme-mystique; exclusivisme-exclusif; cosmopolisme-cosmopolite,* etc.

§ 4. *Suffixes verbaux.*

Il n'existe dans la formation savante que deux suffixes verbaux : *er* et *iser.*

Er, suffixe verbal de la formation française, appartient à la formation latine quand il se joint aux thèmes, non des mots français, mais des mots latins (réels ou fictifs) : *injecter* suppose *injectare* de *injectus; conférencier* vient, non de *conférence,* qui aurait donné *conférencer,* comme *balance* a donné *balancer,* mais de ** conferentia.*

Les dérivés nouveaux sont, à notre connaissance, peu nombreux.

convulser, de *convulsus* (proposé par Mercier et aujourd'hui mis en usage par Th. Gautier et son école[2]);

contagier, de *contagium.*

conférencier, faire une conférence : « S'il doit *conférencier* jeudi, il ne dort plus depuis dimanche. » (Vallès, *la Rue, Premier début*).

inventorier : « L'arrivée entraîne des frais de toute nature qu'il est peu convenable d'*inventorier.* » (Balzac, *les Employés,* éd. de 1856, p. 200).

---

1. *Journaliste* date du siècle dernier, *journalisme* est de formation contemporaine.

2. « L'homme pâle, crispé, tordu, *convulsé* par les passions factices. » (Th. Gautier, *Etude sur Baudelaire.*)

> Et tes doigts *convulsés* d'une infernale fièvre.
> (Baudelaire, *Fleurs du mal,* cxx.)

> Te *convulsant* quand l'heure tinte.
> (Baudelaire, *Fleurs du mal,* xc.)

« Elle ouvrait sa bouche en O, la tordait, l'allongeait, la *convulsait.* » (Daudet, *Jack,* I, § 4.)

transfuser, de *transfusus*.

plagier, proposé par Mercier, néologisme assez usité aujour-d'hui, mais qui manque encore au dictionnaire de M. Littré ; il est formé de *plagiat*, dont la forme latine **plagiatus* suppose un verbe ** plagiare*.

tintinnabuler (**tintinnabulare* de *tintinnabulum; tintinnabu-latus* est latin.) « Ornés de clochettes qui *tintinnabulaient* sans cesse. » (Th. Gautier, *Étude sur Baudelaire*). *Tintin-nabuler* se trouve encore dans *le Capitaine Fracasse* (VII et IX).

L'emploi de *er* devient plus rare, parce que son domaine se restreint de plus en plus devant les envahissements du suffixe *iser :* nouvel exemple des empiétements de la formation savante sur la formation populaire. *Iser*, en effet, a si profon-dément pénétré dans la langue commune qu'il se joint non-seulement à des thèmes latins, mais encore à des substantifs ou à des adjectifs français : cette dérivation est désormais devenue organique[1].

La langue contemporaine est riche en dérivés nouveaux.

1. Dérivés de types non français :

actualiser (Littré, *supplém.*), *américaniser* (*ibid.*), *botaniser* (*ibid.*), *européaniser* (d'Alaux, *Revue des Deux Mondes*, dans Scholle, *Programme*, p. 15), *dramatiser* (Mercier), *dynami-ser* (se) (Littré, *supplém.*), *électriser*, *extérioriser* (*ibid.*), *germaniser*, *hypnotiser*, *mnémoniser*, *sensibiliser*, *sociabiliser*, *terroriser*, *romaniser*, *spiritualiser*, *vulgariser*, etc.

2. Dérivés de mots français :

anecdotiser (Littré, *supplém.*), *animaliser* (Brillat-Savarin, I, 26 ; Michelet, voir plus haut, p. 79), *champagniser* (Littré, *supplém.*), *coltariser* (*ibid.*), *commercialiser* (*ibid.*), *centraliser*, *charivariser*, (se) *décadiser :* on disait autrefois s'*endimancher* (Mercier), *fossiliser*, *fédéraliser*, *galvaniser*, *harmoniser* (André Theuriet, *Lucile Désenclos*, 1), *idéaliser*, *localiser*, *militariser*, *monopoliser*, *municipaliser*, *naturaliser*, *opaliser :* « globes opa-

1. Que l'on compare, entre autres, l'archaïque *déchristianer* au moderne *déchri-stianiser*, le verbe *harmonier*, encore employé par Bernardin de Saint-Pierre, au néologisme *harmoniser*, l'on verra comment le suffixe latin *iser* empiète sur le suffixe français *er*.

lisés » (Daudet, *Jack*, 1, § 5), *organiser*, *ossianiser* : « Dans ce temps-là, on *ossianisait* tout. » (Balzac, *La maison Nucingen*), *philosophiser* (Montégut, dans Scholle, *Programme*, p. 16), *ronsardiser* : « La politique a *ronsardisé*. » (Chateaubriand, *Mémoires*, I, 368), *sataniser* : « L'ardente ambition *satanisa* mon âme » (Barthélemy, *Némésis*, *Liberté de la Presse*), *socialiser*, *solidariser*, *utiliser*, *motionner*, mot contemporain de *lanterner* (mettre à la lanterne), *municipaliser* (Mercier), *paraboliser* (Littré, *supplém.*), *rabbiniser* (Réville, *Revue des Deux Mondes*, 1ᵉʳ nov. 1867, p. 121; dans Scholle, *Archives*, XLII, p. 126), *romantiser* (Lagenevais, *ibid.*, 1ᵉʳ avril 1867, p. 793; dans Scholle, *ibid.*, p. 127), *septembriser*, *stériliser* : « Nous disons *fertile*, *fertiliser*; pourquoi, disant *stérile*, ne dirions-nous pas *stériliser*? » (Mercier) [1], *voltairianiser* (Veuillot, *Odeurs de Paris*, II, 4).

On ajoute volontiers au radical le suffixe *iser* sous la forme du participe présent ou de l'adjectif verbal en *isant*, sans que l'on ait besoin de créer le verbe aux autres temps : un *indianisant*, un *sanscritisant*, un *iranisant*, un *scandinavisant*; une forme *prâcritisante*; l'action *épileptisante* de l'absinthe. Cette dérivation est fort usuelle dans la terminologie scientifique.

CHAPITRE XIV.

COMPOSITION LATINE.

Comme la formation savante reprend au latin non-seulement ses mots dérivés, mais encore ses composés, toutes les formes qu'affecte la composition latine peuvent reparaître dans notre langue, suivant les caprices des lettrés. Nous n'avons donc qu'à passer en revue les divers procédés que met en usage le latin, et voir s'ils sont représentés en français.

Composés syntactiques : je ne vois à citer que *similor* (*simile auro*).

Composés asyntactiques : Le nombre des composés nouveaux est considérable; ils se classent d'après la nature des éléments composants.

---

1. On le dit maintenant.

1. Adjectif et adjectif ou substantif, donnant naissance à des adjectifs ou à des substantifs.

médianimique : « Faculté *médianimique*, relative à la médianimité. » (*Répertoire du spiritisme.*)

médianimité : « faculté des médiums. » (*ibid.*).

omniscience, omniconvenance : « L'on n'admirera que ce que le septicisme adopte : l'omnipotence, l'*omniscience*, l'*omniconvenance* de l'argent. » (Balzac, *Maison Nucingen*).

multifide, multicolore, multiforme et *multiformité* (Br.-Savarin, *Physiol. du goût*, I, 89), etc. ; *primidi, duodi, tridi, quartidi, quintidi, sextidi, septidi, octidi, nonidi,* (decadi). Les subdivisions du système métrique, *déci-, centi-, milli-* (*mètre, gramme, litre, are, stère*), contiennent les thèmes des adjectifs cardinaux *decem, centum, mille,* qui ne signifient nullement *dixième, centième, millième.*

Les adjectifs ou adverbes *uni-, bis, tri-, quadri-, quinti-,* etc., sont utilisés par les nomenclatures spéciales des sciences naturelles : *uniloculaire, uniréfringent, unipare,* etc., *bi-basique, bi-carboné, bi-colore, bi-pétalé,* etc., *triatomique, triaurique, tricapsulaire, tricobaltique, tricorne, tricosté, trifolié, triforme,* etc. ; voir le Dictionnaire de M. Littré.

Citons encore *bivoie,* bifurcation de la voie d'un chemin de fer ; *bicorporéité,* qualité de l'esprit qui « pendant le sommeil peut s'isoler du corps ; son esprit peut acquérir la visibilité et même la tangibilité. » (*Répertoire du spiritisme*) ; *bi-mensuel,* barbarisme pour *semi-mensuel, tricycle* (mot hybride) : « herse à trois roues, dite herse *tricycle.* » (*Descrip. des brevets*, 1831, 1re série, XXXII, p. 93).

2. Substantif et substantif, donnant naissance à des adjectifs (composés possessifs) : *acinaciforme, aculéiforme, cauliflore, fraxinifolié, granuliforme, lamellibranche, lamellicorne, lamellipède, lamellirostre, piriforme* (ventre *piriforme ;* Balzac, le *Père Goriot*), *vélocipède*[1], *crédirentier, débirentier,* etc.

---

1. *Vélocipède* date de 1818, « machine dite *vélocipède.* » (Descript. des brev. 1re série, t. X, p. 114.) Ce mot, appliqué à un autre appareil, a reparu dans ces dernières années et a fait fortune ; il a même sa petite famille : *vélocipédiste, vélo-sport.* Le mot pourtant est mal fait : il faudrait *vélocifère* ou quelque chose d'analogue : *vélocipède* veut dire qui a les pieds rapides, et ne peut s'appliquer par suite qu'au cavalier. Celui qui monte le *vélocifère* est un *vélocipède. Pède,* d'ailleurs, dans ces sortes de composition, désigne l'individu : *bipède, quadrupède.*

3. Substantif et substantif donnant naissance à des substantifs : *caulobulbe, harmonicorde, clavicorde, fulmicoton* pour *fulminicoton* (le nom et la chose datent de 1846 ; *Descript. des brev.*, 2ᵉ série, XII, p. 189), *viaduc*, etc.

4. Substantif et adjectif ou substantif dérivé de verbe et ayant valeur verbale ; résultat de la composition : adjectif :

-CIDE : *insecticide, liberticide, loculicide* (t. de botanique), *raticide* (*raticide* Burnichon, Bottin, 1875, p. 924), *tyrannicide*.

-COLE : *favicole* (Littré, *supplém.*) ; *vignicole* (Barthél., *Némésis, Aux électeurs du juste-milieu*), *sourisicole* (Vallès, *la Rue, All right!*) etc.

-CULTEUR et -CULTURE : *agriculteur* (créé par Delille) ; *hirudiniculture, -teur* ; *pisciculture, pisciculteur*, qui ont remplacé les vieux et excellents mots français *alevinage, alevinier* ; *ostréiculture, -teur, puériculture* ou l'Art d'élever hygiéniquement et physiologiquement les enfants (par A. Caron, 2ᵉ édit., 1865) ; *sylviculture*, etc.

FÈRE : *aérifère* : « chapeaux de soie *aérifères* » (prospectus d'un marchand), *célérifères* : « voitures dites *célérifères*. » (*Descript. des brev.*, 1817, 1ʳᵉ série, XIV, p. 337), *casquettifère* : « L'abus des plaisirs en faisait un mollusque anthropomorphe à classer dans les *casquettifères*. » (Balzac, le *Père Goriot*) ; *corollifère* (t. de bot.) ; *filifère* : « Outil propre à enfiler les aiguilles, dit *filifère*. » (*Descript. des brev.*, 1829, 1ʳᵉ série, XXVIII, p. 74), *foraminifères* (genre de coquillages) ; *rotifères* (sorte d'infusoires) ; *vélocifères* : « voitures dites *vélocifères*. » (*Déscript. des brev.*, 1803, VII, p. 258), etc.

-FIQUE : *calorifique, frigorifique, lactifique*, etc.

-FUGE : « appareil dit *fumifuge*. » (*Descript. des brev.*, 1817, IX, p. 335).

-LUVE : *maniluve, pédiluve*.

-MOTIVE : *locomotive*, et avec d'autres dérivés de *moveo* : *locomoteur* (*électro-moteur*, etc.), *locomobile*.

-PARE : *fissipare, foliipare, gemmipare, multipare, ovivivipare, spontépar -ité*, etc.

-VORE : *budgétivore, fumivore, insectivore*, etc.

Ajoutons *vélocipiqueuse*, nom d'une machine à coudre, *falsifrage*, « papier destiné à mettre les papiers de commerce, de banque, etc., à l'abri des faux. » (*Descript. des brevets*, 1828, 1ʳᵉ série, XXVI, p. 310, etc.).

4. Attribut et verbe : c'est ici que peuvent prendre place les verbes en *ifier* (*i-ficare*) et en *éfier* (*e-facere*). On peut les placer également, dans le chapitre de la composition proprement dite, à côté de composés formés d'un régime et d'un verbe, comme nous l'avons fait dans notre *Traité de la formation des mots composés*[1]. Nous avons montré comment cette composition d'origine savante a pénétré dans la langue commune et est devenue organique. Voici quelques exemples contemporains : *baronifier* : « D'Aldrigger fut alors *baronifié* par S. M. l'Empereur et Roi. » (Balzac, *la Maison Nucingen*), *bondieusardifier* (la jeunesse) (le journal *les Droits de l'Homme*, cité par le *Correspondant* du 25 oct. 1876, p. 247), mot tiré de *bondieusard*, cité plus haut, p. 89 ; *momifier, noblifier, prussifier, russifier, terrifier*[2], — *stupéfier*.

Les verbes en *ifier* donnent des dérivés en *i-ficateur, i-fication* ; les verbes en *éfier*, des dérivés en *é-facteur, é-faction*.

Nous arrivons aux composés par particules.

Nous avons à examiner *ab, ad, ante, circum, cis, cum, contra, de, dis* (*di*), *e* (*ex*), *extra, in* (prépos.) ; *in* (négation), *inter, intra, intro, ob, pæne, per, post, præ, præter, pro, quasi, re, retro, satis, se, sub, super, trans, ultra.* Ces particules présentent les mêmes combinaisons que les particules françaises que nous avons étudiées dans la formation populaire[3].

AB, AD. Nous ne voyons pas que ces particules aient donné naissance de nos jours à de nouveaux composés.

ANTE : composés parasynthétiques : *anté-diluvien* (* *ante-diluvi-anus* = qui est (-anus) *avant* (ante) *le déluge* (diluvi-um), cf. plus haut, p. 131) ; *anté-historique* (= qui est (-ique) *avant* (ante) *l'histoire*).

CIRCUM : composés parasynthétiques : *circumméridien, circumaxile, circumzénithal* : dans *circumnavigateur* on a un composé syntactique, c'est-à-dire un juxtaposé.

CIS : composés parasynthétiques : *cismontain, cispadan, cisrhénan ; cisleithan* ou *cisleithanien, cisgangétique*.

---

1. Page 143.
2. Suppose un type *terrificare*; le latin a *terrefacere*, qui aurait donné *terréfier*, comme *torrefacere* a donné *torréfier*. — Ajoutons *pontifier* qui, logiquement, devrait être *pontififier*, mais qui représente un type latin *pontificare* : « Le beau d'Argenton, coiffé en archange, frisé, pommadé, ganté de clair, génial, austère, *pontifiant*. » (Daudet, *Jack*, I, § 4.)
3. Voir plus haut, p. 128 et suiv.

CUM (*cum, con, co*) : Formations nouvelles : *conduptiquer* (*cum* et *duplicare*), *conduplicatif, conduplicable,* termes de botanique ; *connotation, connotatif ; — coaptation, coarctant, coauteur, co-bourgeois, co-député, co-éducation, co-détenu, co-électeur, co-occupant* (*droit de co-occupant,* Lasteyrie, *Revue des Deux Mondes,* dans Scholle, *Programme,* p. 14).

Cette formation à l'aide de *co* devient d'un usage général ; elle est commode, et ici la formation savante apporte un enrichissement à la langue.

CONTRA ni DE n'ont donné de compositions nouvelles.

DIS : *discontinuité, disqualifier :* « C'était forfaire à l'honneur et se *disqualifier.* » (O. Feuillet, M. de Camors, *Revue des Deux Mondes,* 15 mai 1867, p. 273).

EX. Nous ne citerons pas les formes latines telles que *excurvé, exfétation,* etc., mais les formes de la langue commune où *ex* a pris le sens de l'archaïque *ci-devant : ex-préfet, ex-instituteur, ex-député.* « Deslandes prit son chapeau, salua son *ex-protecteur* d'un air de dignité blessée, et sortit du cabinet. » (Ch. de Bernard, *Les ailes d'Icare,* I, 12). « Par la grâce de madame Peard, *ex-femme vertueuse.* » (*Ibid.,* II, 11.) « Cette résolution avait coûté à Audebert ; son orgueil d'*ex-propriétaire* et d'homme à projets ne se plaisait guère à l'austérité du simple compagnonnage. » (G. Sand, *La Ville noire,* IX). « Il y avait bien là-dedans un peu de vengeance contre son *ex-hôtesse,* avec laquelle il s'était fâché. » (*Ibid.,* VIII).

Ici encore la langue commune tire un heureux parti de ce procédé de composition ; il est simple, commode, et, depuis la Révolution, qui l'a introduit, il a pénétré assez profondément dans la langue pour devenir organique [1].

EXTRA se combine comme préposition dans des parasynthétiques : *extra-axillaire, -budgétaire, -conjugal, -européen, -folié, -foliacé, -humain, -légal, -naturel* [2], *-oculaire, -organique, -personnel, -réglementaire, -statutaire, -utérin, -vertébré,* etc. Il se combine comme adverbe dans *extra-blanc,* « métal *extra-blanc* argenté », *extra-réfractaire, extra-lucide* [3], *extra-fin, extra-fort,* « toile de coton écru, *extra-forte* » (Catal. d'un mag. de nouveauté) ; « (Un surtout de table) plaqué

---

1. Cf. *Courrier de Vaugelas,* 1872, n°° 8 et 12.
2. « Figurez-vous un paysage *extra-naturel.* » (Th. Gautier, *Étude sur Ch. Baudelaire.*)
3. « Mais non, allez, je n'étais pas fou, j'étais surexcité, *extra-lucide* peut-être. » (G. Sand, *Le dernier amour,* III.)

extra-superfin, plus beau que l'argent. » (Ch. de Bernard, *Les ailes d'Icare*, I, 4).

Extra s'emploie absolument comme adjectif et substantif avec le sens de *extraordinaire, sur quoi l'on ne comptait pas* : « Tous ces articles *extra* avaient l'air d'être autant de gracieusetés de sa part. » (Brillat-Savarin, *Physiologie du goût*, I, 144). « Aux tables d'officiers un *extra* est un invité. Au café ou au restaurant à prix fixe on appelle *extra*, soit un plat demandé en dehors de la carte, soit un garçon supplémentaire venant aider au service. » (L. Larchey). « Vin d'*extra*, bouteille de vin fin. » (Id.). *Extra* signifie également repas plus soigné qu'à l'ordinaire : « se permettre *un extra*. » — Cf. plus bas *ultra*.

IN, préposition, donne quelques parasynthétiques : *incurvation, inalpage* (ascension dans les Alpes), *inalper*.

IN négation. De fort bonne heure cette particule s'est peu à peu substituée aux composés que le vieux français formait avec *non*[1]. Depuis le dix-septième siècle surtout elle a reçu une extension considérable, et a pénétré si profondément dans la langue que son emploi est devenu aujourd'hui familier et presque populaire. Elle se combine avec les adjectifs ou participes (*juste injuste, consolé inconsolé*), et avec les substantifs (*conscience inconscience*), rarement avec les verbes. Elle forme de *faux parasynthétiques* qui méritent d'être examinés.

Dans ses *Commentaires* sur Corneille, Voltaire, citant le vers de *Cinna* (III, 3) :

> Rendez-la, comme à vous, à mes vœux *exorable*,

fait remarquer qu'il est bien étrange qu'on dise *implacable*, et non *placable, âme inaltérable*, et non pas *âme altérable; héros indomptable*, et non *héros domptable*. La remarque est juste; beaucoup d'adjectifs en *able, ible*, n'existent d'abord que sous la forme de composés négatifs : *inusable, indéracinable, inoubliable, inextirpable, indéniable, inextinguible, indestructible*, etc. A quoi tient ce fait? C'est sans doute que l'affirmation d'une impossibilité est toujours plus catégorique, plus péremptoire que l'affirmation d'une possibilité. Pour dire qu'un feu peut s'éteindre, il n'est pas nécessaire de recourir à une forme spéciale : « ce feu est *extinguible;* » la construction ordinaire suffit pour exprimer un fait ordinaire.

1. Cf. plus haut, p. 140.

Mais si l'on veut dire que le feu ne peut s'éteindre, que rien n'est capable de l'étouffer, on préférera à une périphrase qui étend et affaiblit l'idée une expression synthétique qui la condense et lui donne une forme absolue : « Ce feu est *inextinguible*. »

Il résulte de ce fait que la langue, avec *in*, tire directement des composés en *able*, *ible*, des verbes, sans passer par les adjectifs simples : *user* donnera immédiatement *inusable*; *surmonter*, *insurmontable* : ce sont là des parasynthétiques d'une nature particulière, différents de ceux qu'on rencontre dans *emplacement*, *embarquer*, etc. Ceux-ci sont des parasynthétiques de langage, ceux-là d'idées; les uns sont régis par des lois philologiques, les autres par une loi intellectuelle.

Les formations nouvelles avec *in* sont très-nombreuses; on en jugera par la liste suivante[1] :

illimitable, *illittérature*, *illogique*, *imbrûlable*, *immérité* (proposé par Pougens dans son *Vocabulaire des privatifs*[2]), *immesuré*, *imméthodique*, *immiséricordieux*, *immodulé*, *impardonné*, *impartageable*, *impatriote*[3], *imperfectible*, *impermanence*, *impermutable*, *impersévérance*, *impesé*, *impeuplé*, *impleuré* (Pougens, *Vocab.*), *impliable*, *impondérable*, *impopulaire*, *—arité*, *impotable*, *impratiqué*, *improductif*, *improduit*, *improfitable*, *improtégé*, *impudeur* (Pougens, *Vocab.*; le mot n'est dans le Dict. de l'Académie qu'à partir de l'édition de 1835), *impurifié*[4], *imputrescible*, *inabrité*, *inabrogé*, *inacclimatable*, *inaccompagné*, *inaccord*, *inacheté*, *inachèvement* (Balzac, *Facino*

---

1. Les mots qui sont donnés ci-après sans indication spéciale sont pris au Dictionnaire de M. Littré, qui les cite sans exemples anciens ou modernes; et comme ils manquent au Dictionnaire de l'Académie, il y a tout lieu de croire qu'ils sont de formation récente; la plupart d'ailleurs ne sont pas encore consacrés par l'usage.

2. Cf. plus haut, p. 25, n. 2.

3. « On a demandé en ma présence à un sourd et muet la définition du *patriotisme*. Comme ce mot est très-composé, l'habile instituteur a fixé l'attention de son élève; d'abord sur le mot père, *pater patris*, ensuite sur le mot *patrie*, puis sur le mot *patriote*, et enfin sur la force de la terminaison *isme*. De la définition de chaque mot est sortie une définition très-logique du mot composé. Passant après du patriotisme en général au patriotisme françois, on a demandé à l'intéressant élève quels sont les ennemis des François; il a répondu les *impatriotes*; mille applaudissements ont annoncé *la fortune que fera ce mot* dont notre langue aura été redevable à un sourd et muet. » (*Journal de la langue françoise*, par Urbain Domergue, 1791, deuxième année de la liberté, t. IV, p. 161.) L'usage brutal devait tromper l'espérance de ces braves patriotes. Serait-ce que les « impatriotes », à l'honneur du pays, étaient trop peu nombreux pour mériter une épithète spéciale?

4. Voir plus bas, à *inflétrissable*.

Cane), *inactif, inadhérent, inadmis, -sion, inaffecté, inaffligé, inajournable, inaltération, inaltéré, inamical, inapaisable, inaperçu* (Pougens, *Vocab.*), *inapparent, inappauvri, inapprécié, inapprouvé, inapte, inassiduité, inassignable, inassimilable, inassociation, inassorti, inassoupi* (proposé par La Harpe dans Mercier), *inassouvi* (Pougens, *Vocab.*), *inauriculé, inauthenticité, inautorisé, inavouable, incalcinable, incalculé, incalomniable, incandeur, incassable, incélébré, inchangé, inchavirable, inchrétien, incivilisable, inclassable, incoagulable, incoction, incoercition, incommençable, incommisération, incompacité, incompassion, incompatissant, incompensable, incomprimé, inconciliant, inconcluant, inconcrescible, inconçu, inconditionné, inconditionnel, inconducteur, inconfessé, inconfiant, incongelé, inconjugal, inconnaissable, inconnexité, inconquis, inconscience, inconservable, inconsistance* (proposé par La Harpe, Mercier et Pougens), *inconsolé, inconsommable, inconstitutionnel, inconsumé, incontinuité, incontractile*[1], *incontrit, incontrôlable, incontroversé, inconvaincu, inconversible, inconviction, inconvié, incoordination, incourbé, incriminel, incritiquable, incrochetable, incroyant, incuit, inculture*[2], *indébrouillable*[3], *indébrouillé, indécachetable, indéchiré, indécisif, indécliné, indécomposé, indécousable, indécrit*[4], *indéfié, indéfiguré, indéfrichable, indégonflable* (Littré, *supplém.*), *indéguisé, indéhiscent, indélégable, indélégation, indélicat* (Pougens, *Vocab.*), *indemandé, indémontré, indéniable, indénoncé, indénouable, indenté, indépouillé, indéracinable, indescriptible, indigérer*[5], *indirection, indiscutable, indispersé, indisputé, indistinction, inéclairci, ineffacé, inemployé, inenvié, inépanoui, inéprouvé, inépuisé,*

---

1. « Flanelle *incontractile* » se lit dans les prospectus et les annonces d'un chemisier de Paris. *Incontractile* est mal fait : il faudrait *incontractible.*

2. « Ces ci-devant hurleurs de démagogie et de socialisme, la plupart sans lettres, trop souvent même remarquables par leur *inculture.* » (Veuillot, *Odeurs de Paris*, I, 2.)

3. « Que sais-je ? un fouillis, un chaos *indébrouillable* à faire tomber la plume de lassitude au nomenclateur le plus intrépide. » (Th. Gautier, *Les Jeune France*, éd. de 1833, p. 309.)

4. « Les torrents qui pleurent et sanglotent comme des âmes malheureuses, les cerfs qui brament d'une voix plaintive et passionnée, la brise qui chante et rit dans les bruyères, les vautours qui crient comme des femmes effrayées ; et ces autres bruits étranges, mystérieux, *indécrits*, qui grondent sourdement dans les montagnes, ces glaces colossales qui craquent dans le cœur des rocs. » (G. Sand, *Lélia*, XXVIII). *Indécrits* est en italique dans le texte.

5. « Le docteur Malouet qui en absorbait des quantités (*de truffes*) à *indigérer* un éléphant. » (Brillat-Savarin, *Physiol. du goût*, I, 44). *Indigérer* se construit autrement que *digérer*. On dira : *il ne digère pas ce plat, et ce plat l'indigère.*

inéquitable, inérudition, inescomptable (Littré, *supplém.*), *in-
essayé, inestimé, inétudié, inévité, inexaucé, inexcusé, inexigé,
inexploité, inexploré, inexplosible,* un *inexpressible, inexpri-
mé*[1], *infertilisable, inflétrissable*[2], *infumable* (Littré, *supplém.*), *ingagnable*[3], *ingaranti, inglorifié, inharmonie, -ieux,
inhumecté, inimité, inimprimable, inindustrieux, ininflammable,
inintelligent, -ence, -emment*[4], *ininterruption, injustifiable, in-
négociable, inofficiel, inopérable, inopportun* (proposé par Pougens, *Voc.*), *inopportuniste* (Littré, *supplém.*), *inorganisable,
inorné, inoubliable, inovulé, inoxydable, inqualifiable, inré-
contable*[5], *insapide, insaponifiable, insaturable, insécurité*
(Pougens, *Voc.*), *insermenté, inservilité, insincérité*[6], *insoli-
darité, insouci, -cieux, insoupçonnable* (Littré, *supplém.*), *insubmersible*[7], *insuccès* (proposé par Pougens, *Vocab.*), *in-
suivi, intransférable, intransparent, intransportable,* (couverts)
inusables (Bottin, 1875, p. 1170), *inversable, invérification*[8], *irraisonné*[9], *irraisonnable, irrassasié, irratifiable, irrecherchable,
irréfuté, irrégénérable, irrelatif, irremboursable, irreproductif,
irrespirable, irrespect*[10], *irresponsable, irrévérencieux* (Pougens,
Vocab.), etc., etc.

INFRA donne un adjectif parasynthétique : (terrains) *infra-
jurassiques.*

INTER est riche en formations nouvelles : il joue le même

---

1. « Tant d'idées *inexprimées,* inexprimables plutôt. » (Daudet, *Jack*, I, § 4.)

2. « Je trouve ailleurs quelques traces d'un néologisme moins véniel : *inflétrissable, impurifié.* » (Cuvilier-Fleury, *Journal des Débats,* 16 sept. 1876, p. 3, col. 5,
sur Mlle *Louise Bertin.*)

3. « L'aristocratie, de sa nature, ingrate et *ingagnable.* » (Chateaubriand, *Mémoires,* t. II, p. 83.)

4. « Les quatre-vingt-dix mille francs amassés sou à sou provenaient donc d'é-
conomies sordides et fort *inintelligemment* employées. » (Balzac, *les Employés,*
éd. de 1856, p. 206.)

5. « Le bonheur fait d'une foule de joies menues et *inracontables.* » (Daudet,
Jack, I, § 7.)

6. Ce mot aurait été créé par M. de Tocqueville à la tribune, selon M. Fr. Wey,
Remarques sur la langue française, II, p. 93.

7. « Celle-ci (la physalie) n'a au-dessus de l'eau qu'un petit ballon, une vessie
insubmersible. » (Michelet, *la Mer,* p. 169.)

8. « Ce qui a graduellement ébranlé dans l'esprit des hommes les philosophies,
théologique et métaphysique, c'est d'une part leur *invérification* (il a toujours été
impossible de vérifier *à posteriori* leur dire), etc. (Littré, *Revue des Deux Mondes,* 15 août 1866, p. 838, dans Scholle, *Archives de Herrig,* XXXII, p. 432). — Ce
mot, dû à M. Littré, ne se trouve pas dans son dictionnaire.

9. « Un malaise *irraisonné,* accru du grand silence et de la solitude. » (Daudet,
Jack, I, § 7.)

10. « Cette persécution mélangée de pitié, cet *irrespect* du malheur. » (Balzac,
Le père Goriot, 1835, t. I, p. 58.)

rôle que le français *entre*, en combinaison avec des noms et des adjectifs; et dans la plupart des composés il a pris une place qui revenait de préférence à *entre*. Il est d'un grand emploi dans la terminologie scientifique :

inter-ambulacral, -antennaire, -cellulaire, -claviculaire, -columnaire, -continental, -cutané, -digital, -épineux, -fibrillaire, -foliacé, -frontal, -maxillaire, -national (l'internationale).

interocéanique : « Le chemin de fer *interocéanique.* » (Simonin, *Rev. des Deux Mondes,* 1ᵉʳ août 1867, p. 719; dans Scholle, *Archives* de Herrig, XLII, p. 123.)

interoculaire, -pariétal, -pétiolaire.

interplanétaire : « Le vide *interplanétaire.* » (Radau, *Rev. des Deux Mondes,* 1ᵉʳ sept. 1867, p. 254; Scholle, *ibid.*)

Ces composés sont des parasynthétiques, dans lesquels *inter* est une préposition régissant le substantif, thème de l'adjectif.

Inter est préposition dans *interars,* terme d'hippiatrique, qui peut être ancien, et dans le mot tout nouveau de *intersession*[1], créé par l'administration du chemin de fer de Paris à Versailles : « Trains supprimés pendant les *intersessions.* » (*Règlement du départ des trains de Paris à Versailles.*)

Il est adverbe dans *intercommunication, intercourse, interdépendance.*

INTRA se trouve dans un grand nombre d'adjectifs parasynthétiques appartenant à la nomenclature moderne des sciences : *intra-crânien, -dermique, -foliacé, -marginal, -médullaire, -mercuriel* (planète *intramercurielle*), *-pétiolaire, -pulmonaire, -tropical, -tubaire, -utérin, -vasculaire, -vertébré.*

INTRO. On a créé le mot *intropelvimètre.*

OB, PÆNE et PER n'ont pas, à notre connaissance, donné de compositions nouvelles.

PARUM : citons *paraffine.*

POST, adverbe : *postabdomen* (Latreille), *postface* (date de la fin du dix-huitième siècle), *postfloraison, postposition;* préposition, dans les parasynthétiques : *post-oculaire, -pectoral, -pliocène, -positif.*

PRAE est adverbe dans *préabdomen* (Latreille), *préachat, préaddition* (Lemare), *prébalancier* (Latreille), *précompte, prédenté, prédénommé, prédigestion, prédisposer (-sant, -sition), préfloraison, préfoliation.*

---

1. Comparez *interrègne.*

Il est préposition dans les parasynthétiques : *pré-aryen,
-buccal, -caudal, -celtique, -hanchial, -lombaire, -oculaire,
-romain, -tibial.*

PRÆTER, PRO : nous ne voyons pas que ces prépositions
aient donné lieu à des formations nouvelles.

QUASI présente le même emploi que *presque* : il s'en distingue cependant, dans l'usage commun, par un caractère
de familiarité qu'il donne à l'expression, et que n'a point
presque, chose curieuse, *presque* appartenant à la langue
commune, et *quasi* étant latin. Les gens du peuple diront : « il
est *quasi* fou, » plus volontiers que : « il est *presque* fou. »

« Ce fut ainsi que Clément Chardin des Supeaulx, dont le
père, anobli sous Louis XV, portait écartelé au premier
d'argent, un loup ravissant de sable emportant un agneau de
gueules ;... avec *En Lupus in historia* pour devise, put surmonter cet écusson *quasi railleur* d'une couronne comtale. »
(Balzac, *les Employés*, p. 434, édit. 1856.)

« *Quasi-évidence* » (Montégut dans Scholle, *Programme*,
p. 16); « *quasi-insoumission* » (d'Alaux, *ibid.*).

« C'est un *quasi-droit* que nous avons sur eux. » (Michelet,
La Mer, 2e édit., p. 338.)

« Les uns ont la solidité, la *quasi-éternité* de l'arbre. »
(*Ibid.*, p. 140.)

« (La Bruyère) peint le paysan de l'ancien régime comme
une bête, non-seulement noire et affreuse, et misérable, mais
quasi-sauvage, et qui possède à peine les rudiments du langage humain. » (Veuillot, *Odeurs de Paris*, VI, 2.)

RE; voir plus haut, p. 141.

SINE : *sinombre* : « Nouvelle lampe astrale, dite *sinombre*. »
(*Descript. des brevets*, 1810, 1re série, t. XIII, p. 22.)

SUB, préfixe « qui, dans le langage didactique, exprime soit
la position en dessous, soit une espèce de diminutif ou d'ap-
proximatif. » (Littré). Il exprime « la position en dessous, »
quand il est préposition ; il forme alors des parasynthétiques : *sub-abdominal, -alpin, -apennin, -apiculaire, -aquatique,
-brachien, -caudal, -cortical, -tropical, -oculaire*, etc. Il exprime
« une espèce de diminutif, » quand il est adverbe : *sub-acicu-
laire, -agrégé, -calcaire, -caréné, -comprimé, -conique, -cor-
diforme, - cylindrique, - décurrent, - déprimé, - fossile,
-fusiforme, -globuleux, -imbriqué, -inflammation, -lobé, -luxa-
tion, -lyré, -ombiliqué, -ostracé, -ovale, -parasite, -pentamère,
-pétiolé, -sessile, -sphérique.*

SUPER, préposition, fournit des parasynthétiques : *superaxillaire, supercrétacé, superéquatorial, superovarié ; supernaturalisme.*

super est aussi adverbe : « C'est qu'elle (*la route d'Aigle*) nous est archi et *super -connue.* » (Töpfer, *Voyages en zigzag*, II, 1re journée); *superfin; superstructure,* « terme d'administration qui ne s'est pas encore vulgarisé. On entend par là le ballast et la voie de fer proprement dite, c'est-à-dire les travaux exécutés par-dessus les travaux de maçonnerie et de terrassement. » (C. de Fageolles, *Dict. des chem. de fer*).

SUPRA fournit quelques parasynthétiques : *supra-axillaire, suprajurassique, supramondain, suprasensible,* etc.

TRANS donne des adjectifs parasynthétiques : *transandin, -atlantique, -continental, -danubien, -gangétique, -marin, -océanien (-ique), -pacifique, -padan, -pontin, -uranien.* — Dans *transvider,* il est adverbe.

ULTRA, préposition, donne des parasynthétiques: *ultra-pontin, -réglementaire, -zodiacal,* (les rayons du spectre solaire) *ultra-chimiques, ultra-violets.* « Cette graine *ultra-naturelle* est aussi délicieuse. » (Brillat-Savarin, *Physiol. du goût*, I, 32). Il est adverbe dans *ultra-libéral, ultra-révolutionnaire, ultra-royaliste, ultra-radical.* « Jeunes gens à tournure *ultra-cavalière.* » (Ch. de Bernard, *les Ailes d'Icare*, I, 13). C'est de la valeur adverbiale que sort le substantif un *ultra*[1], homme qui pousse les opinions de son parti à l'extrême : « Je suis un vieil *ultra...* entêté, incorrigible, fossile, tout ce qu'il y a de plus momie. » (Ch. de Bernard, *ibid.*, II, 3.)

---

1. L'italien nous montre quelque chose d'analogue, non plus pour un préfixe, mais pour un suffixe. Le suffixe *accio*, qui a un sens péjoratif, s'est détaché des thèmes auxquels il se joint, pour devenir une sorte d'adjectif ou de substantif signifiant *mauvais* : « Quanto siete *accio!* — Comme vous êtes désagréable! » On va jusqu'à dire, avec redoublement du suffixe, *egli è acciaccio.* Voir Blanc, *Grammatik der italianische Sprache*, Halle, 1844, p. 159.

Parmi les diverses particules que nous venons d'examiner, *ultra, super, extra,* prennent un développement de plus en plus marqué dans la langue commune. Il y a là un fait qui n'est plus d'ordre linguistique, mais qui relève de l'histoire sociale de notre époque. L'usage des adverbes de superlatif doit en effet grandir dans cette époque de concurrence à outrance qui a vu naître la *réclame* et le *puff*. Voir plus haut, p. 52.

DEUXIÈME SECTION.

FORMATION GRECQUE.

CHAPITRE XV.

VUES GÉNÉRALES SUR LA FORMATION GRECQUE,
DÉRIVATION, COMPOSITION.

I

Jusqu'au milieu du quatorzième siècle le français ne contenait que fort peu d'éléments grecs. C'étaient des mots qui avaient passé dans le latin populaire ou dans le latin ecclésiastique et avaient perdu la trace de leur origine première : *episcopus, apostolus, ecclesia, diaconus, epistola, monachus, canonicus*, etc. ; ou bien c'étaient des termes du *bas-grec* que les Croisés, au onzième et au douzième siècle, avaient rapportés de Constantinople : *dromond, bezant, (ac)cabl(er), mangonneau, chaland*, etc.

Au quatorzième siècle, le grec commence à pénétrer dans la langue. Il est introduit par Nicole Oresme[1], le traducteur d'Aristote. Bien que sa version des *Éthiques*, des *Politiques*, des *Économiques* et du traité *du Ciel et du Monde*, fût faite non sur l'original, mais sur des traductions latines ; néanmoins un nombre relativement considérable de mots grecs passa dans le texte français[2]. Les œuvres d'Oresme cependant, bien

1. Fr. Meunier, *Essai sur la vie et les œuvres de Nicole Oresme*, p. 84 et suiv.

2. Oresme a dressé lui-même des Tables des *mots estranges* (grecs et latins) ou des *fors mots*, qu'il a employés dans sa traduction des *Éthiques* et dans sa traduction des *Politiques* d'Aristote. Feu M. Meunier avait transcrit ces tables d'après le texte original ; dans son manuscrit que j'ai sous les yeux, je note les mots grecs suivants : *architectonique, aristocratie, bomolothos, chaymes, democratie, demos, demotique, discoles, epiekeye, eubulie, eutrapeles, gnonie, economie, monarchie, oligarchie, phylautos, policie, synesie, tymocratie,* — *agonie, -isacion, -iquement, -iser, agronome, -mie, akmes, anarchie, andries, androkalgachie, autharchie, autharkes, architectonique, aristocratie, -tique, -tizer, armonie, astynomie, bannause, -ausie, -ausique, delphique, démago-*

que fort appréciées en leur temps, furent de bonne heure oubliées ; aussi la plupart des termes grecs employés par le vieux traducteur, n'entrèrent que plus tard dans la langue et furent repris à la source grecque. Au seizième siècle, les traducteurs furent sobres d'emprunts à la langue hellénique ; c'est par la science beaucoup plus que par la littérature que la terminologie grecque pénétra chez nous. D'ailleurs elle ne s'y installa pas brusquement, mais fit une sorte de stage en passant par la forme latine. Les dictionnaires de médecine du seizième et du dix-septième siècle sont rédigés en latin et présentent une terminologie mi-partie latine, mi-partie grecque. Ambroise Paré, au seizième siècle, fait seul exception ; ses œuvres, écrites en français, contiennent un grand nombre de mots grecs ; mais encore quelques-uns sont-ils reproduits sous la forme purement latine[1] et donnés comme mots latins. Le premier dictionnaire qui, à notre connaissance, donne un commencement de terminologie française est le dictionnaire qui accompagne les œuvres de M° Fr. Thévenin, publié en 1658[2].

gue, -ogiser, democratie, -tique, -tizer, demiurgique, despotes, -tie, -tique, -tizier, dyonisialz, dorie ou doriste (dorien), effores, -ric, eglise « assemblee ou congregacion faite pour avoir aucune deliberacion. Et en ceste meesme maniere en use la sainte Escripture aucune foiz », ephebe, -ebie, equiarches, evagogues, eusynagogue, frigie ou frigiste (phrygien), gerasie, gymnasie, gymnastique, gymnothocratique, gymnochonomos, yconome, yconomie, -mique, ydios, ieronomes, ylores, kalogagathon, kosmoz, lydie ou lydiste (lydien), melodie, monarche, -chie, navarches, obeliscoklisme, obolostatique, olygarchie, -igue, -iser, olympiade, -ique, pedonomes, -mie, pentarchie, peryode, philaucie, phylauton, phylantropos, phylarches, poemes, poetizier, policeme, policie, politique, -iser, pomplophylon, potagogides, syngores, sophisme, trierarches. — Cf. Egger, L'hellénisme en France, t. I, p. 129.

1. Ou même grecque. Des mots tels que acrocordon, amphémérinos, anasariia, ancyloblépharon, aporrexis, etc., pour être écrits en lettres françaises, peuvent-ils être considérés comme des mots français? Voir le lexique qui se trouve à la fin de l'édition des œuvres de A. Paré, publiée par M. Malgaigne.

2. Les Œuvres de M° Fr. Thévenin, chirurgien ordinaire du roy, etc. Paris, in-fol., M.DC.LVIII. A la suite des œuvres de Thévenin, se trouve un Dictionnaire étymologique de mots grecs servant à la médecine, avec leur transcription en lettres Romaines, leur explication en François et quelques définitions tirées et traduites de celles de M° Degorris. Dans ce dictionnaire, on voit des mots grecs traduits ou plutôt transcrits en latin, et quelquefois accompagnés de la traduction en langue française vulgaire, lorsqu'il s'agit d'affections, de lésions de parties du corps, de remèdes qui ont un nom dans la langue populaire. Cette terminologie n'a pas encore franchi le cercle d'un petit nombre d'initiés. Le Lexicon medicum etymologicum (sive tria Etymologiarum millia quas in scholis publicis Medicinæ alumnos ita postulantes edocuit M. J. B. Callard de la Duquerie), publié à Caen et à Paris en 1692, contient des mots latins et des mots grecs, ceux-ci écrits soit en latin, soit en grec. Le dictionnaire français-latin des termes de médecine et de chirurgie, publié soixante-dix ans plus tard (1760), par Élie Cal

Au dix-huitième siècle, notre langue est décidément conquise par le grec. Jusqu'alors elle n'avait reçu qu'un certain nombre de termes de médecine et de chirurgie, et quelques termes de philosophie, ceux-ci venus directement de la scolastique. Mais l'immense développement que prennent dès lors et les sciences naturelles et leurs nomenclatures charge le lexique scientifique d'un nombre presque infini de mots nouveaux. C'est la botanique avec la nomenclature de Linné et la classification de Jussieu qui ouvre la route : puis viennent la physique, la chimie, la minéralogie, l'histoire naturelle, la géologie. Des espèces innombrables d'insectes, de plantes, de minéraux, de fossiles, sont découvertes et classées ; il faut les dénommer : où trouver assez de noms, clairs, précis, bien faits ? Heureuses les sciences qui, comme la chimie, s'enrichissent dès le début d'une nomenclature simple et féconde ; mais toutes n'ont pas le bonheur d'avoir à leur berceau un Guyton de Morveau et un Lavoisier. Aussi chaque savant se crée d'ordinaire sa terminologie qui varie avec l'idée maîtresse qui le guide dans sa classification. Toutefois, avec le progrès des sciences, l'ordre arrive à se faire au milieu de ce chaos, quoique telle science, la minéralogie, par exemple, de nos jours encore, offre le spectacle d'un désordre absolu [1]. Le minéralogiste, avec des milliers de corps à dénommer, n'ayant aucun principe scientifique de nomenclature, prend occasion de toute circonstance : tantôt c'est le nom du voyageur qui l'a découvert qui désignera le minéral. Karsten nomme *reussine* un sulfate de soude et de magnésie découvert par *Reuss*, Vernes appelle *withérite* le carbonate de baryte trouvé par *Wittering ;* tantôt le minéral fait la cour à quelque personnage plus ou moins fameux en son temps : la *zurlite* doit éterniser le nom d'un certain *Zurlo*, ministre plénipotentiaire ; *la johannite*, d'un archiduc Jean d'Autriche ; le prince *Mislosch*, et le ministre russe *Cancrin*, oubliés du reste de l'univers, trouveront un souvenir dans la mémoire du minéralogiste, grâce à *la misloschine* et *la cancrinite*. Mais qu'avait besoin *Herder* de laisser donner son nom à la *herdérite ?* Des hommes, on passe aux héros anciens, aux demi-dieux, aux dieux même. Klaproth consacre le *titane* aux

de Vilan, présente les mots grecs sous la forme française ; c'est déjà notre nomenclature moderne.

1. Pour les détails qui suivent, voy. Landrin, *Dictionnaire de minéralogie, de géologie et de métallurgie* (Paris, Didot, 1852, in-12) ; Préface.

Géants; Rose, le *niobeum* à Niobé; Breithaupt, deux minéraux trouvés ensemble dans une granite aux deux frères mythiques *Castor et Pollux*; Berzélius place la *thorite* sous l'invocation du dieu *Thor*. La géographie n'est pas oubliée : le nom dira la patrie. La *bavalite* vient de *Bavalon* (Côtes-du-Nord), la *wichtine* de *Wichty* (Finlande), la *killenite* de *Killeney* (Irlande). Mais le nom moderne est trop banal : il ne donne pas cette teinte de mystère qui ne déplaît pas à la science, ou, pour être plus juste, aux savants : on fait appel à la géographie ancienne : de là la *ligurite*, trouvée dans les Apennins, dans l'ancienne Ligurie; la *couziranite* trouvée dans une partie de la chaîne pyrénéenne qui portait jadis le nom de *Couziran*. Souvent bien entendu, et c'est le cas le plus fréquent, ces minéraux se trouvent dans plusieurs localités; la *labradorite* existe en Finlande, comme dans le Labrador; l'*epsomite* existe à Epsom, il est vrai, mais encore à Saint-Etienne, dans le Tyrol, à Saltzburg, et ailleurs. Enfin des noms propres on passe aux qualificatifs, et ici viennent à la rescousse le latin et le grec, le grec surtout; le choix du qualificatif sera d'ailleurs le plus bizarre qu'il se pourra et de nature à dérouter le profane Que peuvent bien avoir de spécifique des noms de minéraux comme *acerdèze* « sans utilité », *allomorphite* « qui a une autre forme », *péristérite* « presque solide »? L'*euxénite* « l'hospitalière » est un tantalate d'yttria uranifère qui admet volontiers, outre ses trois principes constituants, une demi-douzaine de substances étrangères. « Le nom de *xénotime* a été appliqué à un phosphate d'yttria *à qui on avait fait l'honneur de le prendre pour un autre*, pour un oxyde de thorium. » L'hydro-phosphate alumineux de fer a reçu le nom de *cacoxène* « ou mauvais étranger » parce qu'il renferme de l'acide phosphorique, qui *peut nuire* à la qualité du fer que ce minerai fournit. Enfin un même minéral reçoit souvent plusieurs noms, chaque savant lui donnant le sien; en revanche, plusieurs minéraux sont désignés par un seul et même nom. Ainsi la *glairine* porte encore les noms de *glairidine, daxine, thermaline, sulfurose, sulfurine, hydrose*, etc.; et la *philippite* désigne du cuivre panaché et un hydro-silicate d'alumine. C'est le triomphe de l'anarchie.

La plupart des sciences présenteraient des faits analogues; bien plus, chaque ordre de sciences. En botanique, les noms des classes, des familles et des genres, et les noms des parties de la plante, dans l'ordre des phanérogames, sont à peu près fixés : mais les noms des espèces et des individus sont encore livrés à l'arbitraire. Quant aux cryptogames, la nomenclature des parties de la plante et à plus forte raison celle des plantes varient avec chaque auteur.

Cette incertitude de la terminologie vient augmenter dans une singulière mesure le nombre des mots spéciaux. Ajoutez que chaque science se subdivise en sous-sciences, en branches qui se développent, et poussent à leur tour des rejetons. Des sciences nouvelles sont en même temps créées; notre siècle a vu fonder la géologie, l'anthropologie, la philologie, la sociologie, pour ne citer que les plus importantes; et chacune d'elles apporte ses termes techniques. Le mouvement industriel suit le mouvement scientifique : les chemins de fer, la télégraphie, la photographie, la galvanoplastie, ont besoin de termes spéciaux. Ainsi grandit à l'infini cette nomenclature spéciale qui vient s'ajouter à la langue commune.

Cette langue artificielle est prise d'un peu partout, comme nous l'avons vu pour la minéralogie. Mais c'est le grec qui a l'honneur de lui fournir les éléments les plus importants. La richesse du grec, ses remarquables qualités de précision et de netteté, son égale puissance de composition et de dérivation, le désignaient naturellement aux savants du siècle dernier et de nos jours qui y puisaient et qui y puisent toujours à pleines mains.

Tantôt on prend simplement des mots grecs qu'on habille à la française, tels sont par exemple ces termes de médecine et de sciences naturelles[1] : *agalactie, agaric, angiologie, agérat, ankyloglosse, ankylose, ancyroïde, anchilops, adiante, adynamie, aérophobie, azygos, athérome, égilops, éther, hématite, hématose, hémorrhagie, étiologie, acalèphe, acarus* (ἄκαρι), *acéphale, acrismie, acrisie, acrochordon, achromion, alexétère, alexipharmaque, allantoïde, aloès, haltères, alphos, alopécie, amaurose, amblyopie, amiante, amnésie, amnios, amorphe, amphibie, amphiblestroïde, anabrochisme, anadrome, anémie, analeptique, analyse, anaplérose, aphonie, anaphrodisie, androgyne, anévrysme, anthélix, anthère, anthrax, anthropophage, anorexie, aorte, apozème, aponévrose, apoplexie, apospastique,*

---

1. Nous suivons l'ordre alphabétique des mots grecs qu'il est inutile de reproduire, tant le français les calque fidèlement : nous ne prenons nos exemples que dans la lettre A.

*apostème, apophyse, aptère, apyrexie, arachnoïde, arthrite,
aristoloche, artère, aryténoïde, asthénie, asthme, ascaride, ascite,
asphalte, atocie, atonie, atrophie, aphérèse, aphthe, aphylle,
aphonie, achore,* etc., etc.

Tantôt de radicaux grecs et même latins ou français on tire
des dérivés nouveaux à l'aide de suffixes grecs. Tantôt enfin
on combine des mots grecs, suivant les principes de la composition grecque.

II

Les principaux suffixes utilisés par la nomenclature scientifique sont *ie* (ία), *ose* (ωσις), *ite* (ῖτις), *ite* (ίτης).

Ie, qui se confond avec le suffixe latin *ie* (voy. plus haut,
p. 186), n'a pas de signification déterminée ; il sert surtout à
former des dérivés de composés (*apétalie*, etc.). Il n'en est
pas de même des suivants, qui méritent de nous arrêter.

ose. Sur le modèle du grec αἱμάτωσις (*hématose*) ἀμαύρωσις
amaurose, ἄρθρωσις (*amphi-*)*arthrose,* γαλάκτωσις *galactose,* ἐγχύ-
μωσις *enchymose,* etc., le langage de la médecine crée des
dérivés tels que *dermatose, gastrose, névrose,* etc., dans
lesquels *ose* indique l'ensemble des affections qui peuvent
atteindre la partie du corps indiquée par le radical. Dans *chlo-
rose* le suffixe change légèrement de signification : il indique
d'une manière générale une affection caractérisée par les
pâles couleurs.

ite, de ῖτις. Le point de départ est donné par des mots tels
que νεφρῖτις *néphrite,* ἀρθρῖτις *arthrite,* inflammation des
reins, des articulations. De là l'emploi de *ite* pour former,
avec les radicaux des noms latins ou grecs de quelque partie
du corps, des substantifs féminins qui désignent l'inflammation de ces parties : *adénite, bronchite, colite, conjonctivite,
cystite, dermatite, diorite, dorchite, duodénite, élytrite, entérite,
hépatite, iléite, laryngite, méningite, mésentérite, métrite, pala-
tite, péritonite, pharyngite,* etc. Ce suffixe est d'un emploi plus
étendu que *ose,* parce qu'il a une signification beaucoup plus
précise.

ite, de ίτης, se trouve dans αἱματίτης *hématite,* βελεμνίτης
bélémnite, μαλαχίτης *malachite,* πυρίτης *pyrite.* Le langage de la
minéralogie a formé sur l'analogie de ces types : *ampélite,
anthracite, azurite, chalcite, cimolite, crespite, cténite, draconite,
hélicite, hyalite, franklinite, fulgurite, granite, graphite, humboldtite, labradorite, lignite, mélanite, onychite, rhédonite,*

sélénite, uranite, vauquelinite, etc., etc. Ici encore le radical est indifféremment un mot grec, latin, français, un nom propre de personne ou de lieu.

Ce suffixe sert à désigner des minéraux qui se rencontrent souvent à l'état de cristaux; de là à l'utiliser pour désigner des *sels,* il n'y a pas loin. Telle est, ce nous semble, l'origine de l'affectation qui lui a été donnée dans la nomenclature chimique.

Nous arrivons à cette nomenclature à laquelle les immenses progrès accomplis durant notre siècle par la chimie donnent une importance sans cesse grandissante.

En 1782, Guyton de Morveau publiait un *Mémoire sur les dénominations chimiques, la nécessité d'en perfectionner le système et les règles pour y parvenir*[1]. Après avoir montré les abus de la nomenclature chimique telle qu'elle existait alors, comment elle était fondée presque entièrement sur de fausses analogies, comment des objets différents étaient souvent désignés par un seul et même nom, des corps simples par des périphrases obscures et compliquées, il établit quatre principes généraux qui conduisaient à cette conséquence de donner à chaque corps un nom simple d'où se dérivât aisément un adjectif : *quartz quartzeux, alumine alumineux, barote* (aujourd'hui *baryte) barotyque, soude soudite,* etc. L'idée émise par Guyton de Morveau fit son chemin, et, le 18 avril 1787, Lavoisier lut en séance publique à l'Académie des sciences un *Mémoire sur la nécessité de réformer et de perfectionner la nomenclature de la chimie,* mémoire pénétré des doctrines de Condillac sur le caractère des langues bien faites; il y reprenait, en les développant, les théories du jeune chimiste dijonnais. Quinze jours après, le 2 mai, Guyton de Morveau lisait son mémoire sur les principes de la nomenclature; on y voyait pour la première fois les noms depuis devenus si familiers, d'*oxygène* et d'*hydrogène* et les règles de la nomenclature qui établissait la signification et l'emploi des suffixes *ite, ate; eux, ique; ure*[2]. Un second mémoire de Fourcroy faisait l'application de ces principes à la plupart des corps étudiés alors

---

1. Publié dans le recueil des *Observations et mémoires sur la physique, sur l'histoire naturelle, et sur les arts,* t. XIX (année 1782), p. 370-382.

2. *Ite* est sans doute le *ite* de la minéralogie, avec changement de genre ; *ate* est le latin *atum :* il était indiqué par *muriate* (*muriatum* sal); *eux* et *ique* sont les suffixes français. Nous ne voyons pas ce qui a pu déterminer l'emploi de *ure.*

par la chimie[1]. L'Académie des sciences ne parut pas montrer un vif enthousiasme pour cette nouveauté ; elle fit preuve du moins d'une prudente réserve, et, par l'organe de sa commission, elle décida de rester neutre, attendant impartialement pour donner sa sanction que l'usage eût décidé entre l'ancienne nomenclature et la nouvelle[2]. Elle put bientôt donner son adhésion sans se compromettre; car la nouvelle nomenclature triompha sans grande résistance. Les progrès de la chimie la popularisèrent rapidement; aujourd'hui les suffixes en *ite* et en *ate* ont pénétré dans la langue commune, sinon dans la langue du peuple. Nos cuisinières transforment *le carbonate* de soude en *la carbonade*[3]; quel sens en effet peuvent leur offrir ces grands mots pédants? Mais quand un pamphlétaire, naguère fameux, analysant le second empire, ne trouvait dans son creuset qu'«un *verminate* d'infamie et un *crapulate* de despotisme, » il était sûr d'être compris de ses lecteurs bourgeois.

La nomenclature nouvelle fit faire à la chimie des progrès rapides; mais ces progrès mêmes la rendirent bientôt insuffisante. Les deux séries de suffixes *ique eux*, *ate ite*, ne répondaient plus aux multiples combinaisons des acides et des sels; de là l'emploi de particules augmentatives et diminutives *hyper*, *per*, *hypo* dont nous parlerons plus bas.

De nos jours la création de la chimie organique a amené la création d'une nomenclature correspondante où paraissent de nouveaux suffixes. Nous avons parlé déjà du suffixe *ine* servant à désigner certains principes essentiels de corps organiques. Si l'on considère la série suivante : *amylène, butylène, caprilène, camphène, citrène, éthylène, pétrolène, propylène,*

---

1. Toutes les pièces relatives à l'histoire de la nomenclature furent publiées en 1787, sous le titre suivant : *Méthode de nomenclature chimique proposée par MM. de Morveau, Lavoisier, Berthollet et Fourcroy. On y a joint un nouveau système des caractères chimiques adaptés à cette nomenclature par MM. Hassenfratz et Adet;* Paris, 1787, *sous le privilége de l'Académie des sciences*, in-8°, 312 pages.

2. Le rapport de la commission, en date du 13 juin 1787, est signé *Baumé, Cadet, Darcet et Sage;* il est certifié conforme, en date du 23 juin 1787, par *le marquis de Condorcet*.

3. Il est curieux de voir comme la plupart des composés grecs, entrés dans la langue populaire, se raccourcissent et se simplifient; ils perdent, en général, leur second élément : un *aristo*, un *typo* (typographe; cf. plus haut, p. 46), un *topo* (dans l'armée, pour un *topographe*), un *photo*, un *kilo* (*kilogramme* dans le peuple, *kilolitre* dans l'armée), un *clyso* (*clyso-pompe*) (voir *Descrip. des brev.*, 1845; 2ᵉ série, t. IV, p. 14). Cf. p. 176.

styralène, turalène, etc., il faut reconnaître une formation toute nouvelle de dérivés. Ces mots désignent des carbures d'hydrogène, et vraisemblablement le suffixe *ène* n'est autre chose que la finale de *hydrogène*. Il existe également des dérivés en *ose : cellulose, galactose, glycose, lévulose, mélitose*, etc.; en *ide : lactide, saccharide, glycéride, uréide*, etc.; en *ane : glucosane, lévulosane, caramélane*, etc. Mais la prudence nous défend de nous aventurer sur un terrain qui n'est pas le nôtre : ces dérivations nouvelles d'ailleurs n'appartiennent plus à la langue, ou du moins ne lui appartiennent pas encore. C'est une langue de convention qui n'est pas encore fixée et consacrée comme la première nomenclature chimique; comme tout ce qui est artificiel, elle échappe à la science.

III

La composition est une source inépuisable de formations nouvelles. Certains mots servent de radicaux ou de premiers éléments à des composés dont le second varie de diverses manières; ou au contraire certains mots remplissent le rôle de suffixes communs à divers radicaux.

Voici une liste qui, quelque longue qu'elle soit, ne donne qu'une faible idée de la richesse infinie de cette composition. Nous n'y réunissons — sauf erreur — que des mots créés au plus tôt vers la fin du siècle dernier.

1. ANTHROPO-*graphie, -lâtrie, -lithe, -logie*[1], *-morphe.*
AUTO-*biographie, -clave*[2], *-clinique, -plastie.*
BARO-*logie, -scope, barymétrie.*
BIO-*graphie, -logie, -nomie.*
CHROMO-*lithe, -lithographie, -phore; chromurgie.*
CHRONO-*mètre, -métrie, -métrique, -scope.*
CHRYSO-*carpe, -céphale, -chlore, -gastre, -logie, -mèle, -ptère, chrys-ophthalme.*
COSMO-*cratie, -nomie, -sophie, cosm-orama.*
CRÉO (κρέας) *-génie, -graphie, -phage, -phagie, -phile, -sote.*
CRYPTO-*branche, -carpe, -céphale, -cère, -game, -gastre, -gramme, -logique, -pode, -pore, -stémone; crypt-orchide.*

---

1. *Anthropologie*, existait au dix-septième siècle, au sens de *anthropomorphisme*; au sens actuel, il a été refait de nos jours.
2. (*Marmite*) *autoclave*, mot hybride qui date de 1820 (*Descript. des brev.*, 1re série, t. XI, p. 127).

CYANO-*carpe, -céphale, -dermie, -gastre, -gène, -gyne, -leuque, -mèle, -mètre, -pathie, -phosphore, -pode, -ptère, -pyge,* CYAN-*ophthalme, -ure.*

CYCLO-*branche, -carpe, -céphale, -céphalie, -graphe, -lithe, -morphe, -note, -phore, -phylle, -ptère, -sperme, -thèle, -zoaire.*

CYST-*algie, -hépatique, -odynie;* CYSTI-*pathie, -rrhagie, -rrhée, -tomie;* CYSTO-*cèle*[1]*, -lithique, -plastie, -plégie, -ptose, -spastique, -stomie.*

DACRY-*oïde;* DACRYO-*ciste, -pée.*

DACTYL-*oïde;* DACTYLO-*graphe (-ie, -ique), -lalie, -nomie, -ptère, -thèque.*

DASY-*anthe* (δασυς, *garni de poils*), *-carpe, -caule, -céphale, -gastre, -pe, -pleure, -stachyé, -stémone, -ure.*

DERMA-*ptère;* DERMAT-*algie, -odonte, -odynie, -oïde, -ophide;* DERMATO-*branche, -gastre, -graphe (-ie), -logie, -lysie, -pathie, -pathologie, -phile, -pnonte, -squelette, -tomie;* DERMO-*chelyde, -phage, -ptère, -rrhynque.*

DEUTERO (VOY. *proto*).

ÉLECTRO-*aimant, -chimique, -dynamique (-isme), -galvanique (-isme), -gène, -génèse, -graphe, -logie, -lyse (-ser, -sable),-lyte (-ique), -magnétique (-isme), -mètre (-ie, -ique), -moteur, -négatif, -positif, -phore, -physiologique, -polaire, -puncture, -scope, -statique, -thérapeutique, -thérapie, -type (-ie), -vital (-isme).*

ÉLYTR-*oïde;* ÉLYTRO-*cèle, -plastie, -ptose, -rrhagie, -rrhapie.*

ENTOM-*oïde, -ostracé;* ENTOMO-*gène, -graphe (-ie),-lithe, -logie*[2] *(-iste), -phage (*ou *insectivore), -phile, -phore, -stome, -zoaire.*

ÉRIO-*calicé* (εριον, *toison*), *-carpe, -caule, -céphale, -mètre, -pétale, -phore, -sperme, -stémone, -stome, -style.*

ÉRYTHRO-*carpe, -céphale, -cère, -dactyle, -derme, -gastre, -lophe, -pe, -phylle, -ptère, -sperme, -stome, -thorax, -xyle.*

GALACT-*agogue, -urie;* GALACTO-*cèle, -graphie, -logie, -mètre, -péèse, -péétique, -phage, -phore, -phthisie, -posie, -rrhée, -scope.*

GASTÉRO-*pode, -ptérygien, -zoaire.*

GASTR-*algie, -odynie;* GASTRO-*adynamique, -bronchite, -cèle, -colique, -colite, -conjonctivite, -duodénal, -duodénite, -encéphalite, -entérite, -épiploïque, -hépatique, -hépatite, -hystérotomie, -intestinal, -laryngite, -logie, -malacie, -mèle, -mé-*

---

1. Les composés en *cysto-* sont incorrects, le mot grec étant κυστις et non κυστος.

2. Bonnet n'a pas osé créer ce mot.

ningite, –*métrite*, –*muqueuse*, –*necte*, –*nome* (-*ie* [1]), –*néphrite*,
-*péritonite*, –*pharyngite*, –*pylorique*, –*rrhapie*, –*rrhée*, –*splénique*,
-*sténose*, –*thèque*, –*thoracique*, –*tome* (-*ie*), -*vasculaire*.

GÉO-*logie*, –*logue*, -*saure*, *gé-orama*.

GLYCO-*colle*, –*gène* (-*ie*), –*mètre*; GLYCY-*mètre*, –*rrhize* (-*zine*).

HÉLIC-*oïde*; HÉLICO -*stègue*, –*trème*.

HÉLIO-*chromie* (-*ique*), –*comète*, -*graphe* (-*ie*), –*mètre*, -*scopie*,
-*scopique*, -*stat* (-*ique*), -*tropie* (-*ique*, –*isme*).

HELMINTH-*oïde*; HELMINTHO-*lithe*, –*logie* (-*ique*, -*iste*).

HÉM-*agogue*, –*ophthalmie*; HÉMA-*statique*.

HÉMAT-*oïde*, –*omphale*.

HÉMAT-*urie*, –*idrose*; HÉMATO-*carpe*, -*cèle*, -*céphale*, -*graphe*,
-*logie* (-*ique*), –*phylle*, –*rrhachis*, -*zoaire*.

HÉMO-*phobie*, –*planie*, –*plastique*, –*rrhée*, –*rrhinie*, -*spasis*, -*stase*.

HÉMI-*carde*, –*carpe*, –*chorée*, –*crânie*, –*cylindrique*, –*dactyle*,
-*èdre* (-*ie*, -*ique*), –*encéphale*, –*gamie*, –*goniaire*, –*mèle*, –*méro-*
ptère, –*opie*, –*page*, –*palmé*, –*plégie*, –*pomatostome*, –*ptéronote*,
-*sphéroïde*, -*térie*, -*tome*.

HYDR-*ophthalmie*; HYDRO-*bie*, –*branche*, –*carbure*, –*cirsocèle*,
-*électrique*, –*mètre*, –*pathe*, –*phane*, –*phyte*, –*pote*, –*rachis*, –*rrhée*,
-*thérapie* (-*eutique*), –*thorax*, -*tomie*.

HYGRO-*logie*, –*phobie*, -*scope* (-*ie*, -*ique*).

HYMÉNO-*carpe*, –*graphie*, –*lépidoptère*, –*logie*, –*phore*, –*phyllies*,
-*pode*, –*rrhize*, -*tomie*.

ICHTHY-*odonte*; ICHTHYO-*colle*, –*dorylithe*, -*graphe*, –*morphe*,
-*phage* (-*ie*), -*saure*.

IDÉO-*génie*, –*gramme*, –*graphie*, -*logue*, -*logie*.

IDIO-*électrique*, –*gyne*, –*métallique*, –*morphe*, –*pathie*, -*syn-*
crasie.

IRIDO-*cèle*, –*colobome*, –*dialyse*, –*ptose*, -*scope*, -*tomie*.

ISO-*bare*, -*trope*, –*therme*.

LARYNG-*algie*; LARYNGO-*graphie*, -*scope* (-*ie*), –*stome*, -*tomie*,
-*typhus*.

LITH-*oïde*; LITHO-*carpe*, –*chromie* (-*ique*, *iste*), –*claste* (-*ie*),
-*dialyse*, –*glyphe* (-*ie*, -*ique*), -*labe*, -*lysie*, –*phanie*, –*phylle*,
-*sperme*, –*tritie*, –*triteur* (mots hybrides), -*typographie*.

MACRO-*céphale*, –*cère*, –*cerque*, –*chire*, –*dactyle*, –*glosse*, –*pétale*,
-*phylle*, –*pode*, –*ptère*, –*rrhize*, -*scélide*; *macroure*.

---

1. Ce mot a été créé par Berchoux, l'auteur de la *Gastronomie* (1801). « On a
ressuscité du grec le mot de *gastronome*; il a paru doux aux oreilles françaises. »
(Brillat-Savarin, *Physiol. du goût*, I, 136.)

MÉS-*omphale;* MÉSO-*carpe,* -*colon,* -*crâne,* -*discal,* -*gastre,*
-*lobe,* -*mérie,* -*phragme,* -*phryon,* -*phylle,* -*phyte,* -*rectum,*
-*rrhynien,* -*sperme,* -*thorax,* -*zoïque.*

MON-*odonte;* MONO-*atomique,* -*base,* -*carpe,* -*céphale* (-*ien*),
-*cère* (-*os*), -*chire,* -*cline,* -*dactyle,* -*delphe,* -*dyname,* -*genèse,*
-*génisme,* -*géniste,* -*graphie,* -*gyne,* -*podie,* -*rime,* -*sperme,*
-*style,* -*syllabisme,* -*théisme,* -*trème,* -*xyle.*

MYTHO-*graphe* (-*ie*), -*logie* (-*iste*).

NÉO-*catholique* (-*icisme*), -*chrétien,* -*christianisme,* -*graphie,*
-*latin,* -*lithique* (l'âge), -*membrane,* -*plasme,* -*plastie,* -*zoïque.*

NÉVR-*agmie,* -*axe,* -*ilème;* NÉVRO-*graphie,* -*pathie,* -*sthénie,*
-*tome.*

NOS-*encéphale;* NOSO-*génie,* -*graphie* (-*ique*).

NYCT-*anthe,* -*éribies;* NYCTO-*bate,* -*graphe,* -*typhlose.*

ODONT-*algie,* -*orthosie;* ODONTO-*dermes,* -*génie,* -*gnathe,* -*gra-*
phie, -*lithe,* -*logiste,* -*style,* -*technie,* -*thèque.*

OENO-*métrie,* -*phile,* -*thère.*

OPHI-*odonte;* OPHIO-*glosse,* -*graphie* (-*ique*), -*lithe* (-*ique*),
-*logie,* -*phage,* -*stome;* OPHIOS-*ure.*

OPHTHALM-*odynie;* OPHTHALMO-*blénorrhée,* -*cèle,* -*copée,* -*gra-*
phie, -*lithe,* -*logie,* -*mètre,* -*rrhagie,* -*scope,* -*thèque,* -*tomie.*

ORNITHO-*glosse,* -*lithe,* -*myze,* -*scopie,* -*trophie.*

ORTH-*odonte;* ORTHO-*basique,* -*cère,* -*dactyle,* -*dromie,* -*épie,*
-*gnathe,* -*lexie,* -*logie,* -*morphie,* -*pnoïque,* -*ptère,* -*rrhombique,*
-*rrhynque,* -*sperme,* -*trope.*

ORYCTO-*géologie,* -*gnosie,* -*graphie* (-*ie,* -*ique*), -*logique* (-*iste*),
-*technie.*

OSTÉO-*gène,* -*graphe,* -*graphie,* -*logie,* -*lyse,* -*malacie,* -*plaste,*
-*plastie,* -*porose,* -*sarcome,* -*sclérose,* -*stéatome,* -*tome* (-*ie,* -*iste*),
-*zoaire.*

PALÉONTO-*graphie,* -*logie* (-*ique,* -*gue*).

PALÉO-*graphe* (-*ie*), -*thérien,* -*thérium,* -*zoïque,* -*zoologie.*

PAN-*iconographie* (**Bottin,** 1875, p. 1052), -*triteur* (ou
broyeur universel, 1831, *Descript. des brevets,* 1ʳᵉ série, XXX,
326), -*germanisme,* -*slavisme,* -*lexique* (de **Boiste**).

PHILO-*come* (huile, 1817, *Descript. des brevets,* t. IX, 337; XIII,
14), -*mathique,* -*technique.*

PHLÉBO-*graphie,* -*lithe,* -*malacie,* -*ptère,* -*rrhagie.*

PHOT-*opsie;* PHOTO-*chromatique* (-*ment*), -*électrique,* -*gène,*
-*graphe,* -*graphie,* -*graphiquement,* -*gravure,* -*sculpture,* -*niel-*
lure, -*lithographie,* -*logie,* -*mètre,* -*métrie,* -*phobe,* -*phobie,*
-*scopique,* -*sphère.*

POD-*ophthalmaire*, *-ure*; PODO-*branche*, *-carpe*, *-gyne*, *-lachnite*, *-logie*, *-mètre*, *-phylleux*, *-sperme*.

POLY-*atomique*, *-basique*, *-carpien*, *-céphale*, *-cholie*, *-chroïsme*, *-cladie*, *-cotylaire*, *-dactyle*, *-dipsie*, *-galactie*, *-gamique*, *-ginglyme*, *-gnathien*, *-graphique*, *-lymphie*, *-mathique*, *-mélien*, *-mère*, *-morphe*, *-morphisme*, *-orama*, *-pétalie*, *-phonie*, *-pore*, *-rrhize*, *-sarcie*, *-scope*, *-stome*, *-style*.

PROTO-*bromure*, *-carbure*, *-chlorure*, *-cyanure*, *-fluorure*, *-iodure*, *-phosphure*, *-séléniure*, *-sulfure*, *-sel*, protoxyde (de même *deutero-*); PROTO *-pathie*, *-phyte*, *-plasma*.

PSEUD-*encéphale*, *-épigraphique*, *-érythrine*, *-esthésie*, *-opsie*, *-orexie*; PSEUDO-*agate*, *-alcool*, *-améthyste*, *-asbeste*, *-basalte*, *-béryl*, *-blipsie*, *-carpe*, *-chrysolithe*, *-cobalt*, *-continu*, *conti-nuité*, *-cristal*, *-émeraude*, *-grenat*, *-iris*, *-kinique*, *-malachite*, *-martyr*, *-médecin*, *-membrane* (*-eux*), *-morphique* (*-isme*, *-ose*, *-osé*), *-néphéline*, *-périptère*, *-plasme*, *-pleurésie*, *-révolutionnaire*, *-rubis*, *-saphir*, *-science*, *-scope*, *-sperme*, *-topaze*, *-volcanique*.

PYR-*oïde*; PYRO-*électrique*, *-gène*, *-génèse*, *-nomie*, *-phagie*, *-phosphate*, *-phyllite*, *-scaphe*, *-scope*, *-sphère* *-stat*, *-stéarine*, *-xanthine*, *-xyle*.

RHIN-*algie*, *-optie*; RHINO-*plastie*, *-rrhagie*, *-rrhée*, *-thèque*.

RHIZ-*anthe*, *-onychion*; RHIZO-*blaste*, *-carpe*, *-graphie*, *-lithe*, *-phage*, *-phore*, *-pode*, *-tome*.

SIDÉRO-*graphie* (σίδηρος, *fer*), *-lithique*, *-technie*.

TÉLÉ-*gramme*, *-graphe* (*-ie*, *-ique*), *-iconographie*, *-mètre* (*-ie*, *-ique*), *-phonie*.

THERMO-*chimie*, *-chrose*, *-dynamique*, *-électrique* (*-icité*), *-graphe*, *-magnétique*, *-mécanique*, *-neutralité*, *-pathologique*, *-scope*.

TRACHÉLI-*pode*; TRACHÉLO-*branche*, *-diaphragmatique*, *-dorsal*; TRACHÉO-*cèle*, *-sténose*.

TYPO-*chromie*, *-lithe*, *-lithographie*, *-phonie*, *-tone*.

ZOO-*bie*, *-biologie*, *-chimie*, *-glyphite*, *-magnétisme*, *-morphisme*, *-nomie*, *-nosologie*, *-phage*, *-phorique*, *-phyte*, *-phytique*, *-phytographie*, *-sperme*, *-spore*, *-taxie*, *-tomie*.

2. ALGIE, *cardi-algie*, *cephal-*, *dermat-*, *gastr-*, *laryng-*, *névr-*, *odont-*, *ophthalm-*, *rhyn-*.

BRANCHE, *crypto-branche*, *cyclo-*, *hydro-*, *podo-*, *trachélo-*.

CARPE, *chryso-carpe*, *crypto-*, *cyano-*, *cyclo-*, *dasy-*, *ério-*, *érythro-, hémato-, hémi-, hyméno-, litho-, méso-, mono-, podo-rhyzo-.*

CÈLE, *brancho-cèle, bubono-, crypto-, encéphalo-, gastro-, hydro-, hystéro-, ischio-, liparo-, mégalo-, ophthalmo-, ostéo-, pneumato-, sarco-, scroto-, spermato-, strato-, varico-.*

CÉPHALE, *brachy-céphale, cyano-, cyclo-, dolicho-, hydro-, macro-.*

CRATIE, *aristocratie, démocratie, bureaucratie, pédantocratie, voyoucratie* (trivial).

GÈNE[1]**, GENÈSE,** *chryso-gène, cyano-, électro-génèse, entomo-, glyco-, hystéro-, méta-génèse, mono-, noso-, odonto-, parthéno-, photo-gène, pyro-génèse.*

GRAPHIE, GRAPHE, GRAPHIQUE, *biblio-, anthropo-, auto-, catalo-, chalco-, crypto-, épi-, épistolo-, glosso-, hélio-, hémata-, holo-, hydro-, hyméno-, ichthyo-, mimo-, néo-, orycto-, paléonto-, panto-, photo-, pneumato-, psycho-*[2]*, rhyzo-, stégano-, tachy-, télé-, topo-,* etc.

LATRE, LATRIE, *hugo-lâtre*[3]*, anthropo-lâtrie.*

LOGUE, LOGIE, LOGIQUE, *adéno-logie, algo-, anthropo-, assyrio-, baro-, bio-, citol-, cranio-, dactylo-, dermato-, égypto-, électro-, entomo-, eschato-, hyméno-, idéo-, méso-* (Bertillon, *Dict. des sc. médicales*), *morpho-, onomato-, ophio-, ophthalmo-, organo-, orycto-, patho-, photo-, phono-, podo-, sépulcro-*[4]*, téléo-, toxico-, typto-*[5]*.*

MANIE, MANE, *anglo-manie, danso-, décalco-* (**Bottin,** 1875, p. 913), *mélo-, théâtro-, lypé-.*

MÈTRE, -IE, -IQUE, *acéti-mètre* (**Littré,** *supplém.*), *actino-* (*id.*),

---

1. Le premier composé en *gène* est *oxygène*, dû à Lavoisier ; mot composé, dit-il, « du grec ὀξύς, *acide,* et γείνομαι (*sic*), *j'engendre.* » On peut pardonner à Lavoisier d'avoir ignoré le grec, et d'avoir confondu γίγνομαι avec γεννάω ; il est regrettable toutefois que *oxygène* ait amené à sa suite un nombre considérable de mots en *gène,* où *gène* a la valeur d'un suffixe signifiant *producteur.* Il aurait fallu -*génète.*

2. Psychographie, « écriture des esprits par la main du médium » (*Répertoire du spiritisme*). Pneumatographie, « écriture directe des esprits sans le secours de la main du médium » (*ibid.*).

3. « Les Janinphiles, les *Janinlâtres* ou les Janiciens ; car ces trois mots sont d'une composition également régulière, allèrent se placer auprès des Balzaciens. » (Th. Gautier, *Les Jeune France,* p. 520 de l'éd. de 1833). Réclamons en passant contre cette dérivation, barbare, quoi qu'en dise Th. Gautier, des *Janiciens ;* il fallait *Janiniers.*

4. *Sépulcrologie française,* titre d'une étude de M. Caraven-Cachin sur des sépultures gauloises, romaines, etc. Castres, Huc, 1873, in-8°.

5. Langage par coups frappés (*Rép. du spiritisme*), etc.

alcooli-, arco-métrie, atmido- (*id.*), *barathro-* (*id.*), *bathy-, bio-* (*id.*), *calori-, crystallo-, cyclo-, ério-, galacto-, ophthalmo-, plani-, photo-, podo-, radio-, stéréo-métrie, télé-mètre, déca-mètre, hecto-, kilo-, myria-*.

MORPHE, -ISME, *acténi-morphe, antropo-, idio-, poly-, zoo-*.

NOME, NOMIE, *bio-nomie, dactylo-, gastro-, métro-nome*.

OÏDE, *alcaloïde-, cist-, coll-, dermat-, granit-, hélic-, métall-, siph-, solén-*.

ORAMA, *panorama* (inventé en 1799 ; *Descript. des brev.*, t. III, p. 44), *géorama* (inventé en 1822 ; *ibid.*, XI, 145), *diorama, cosmorama*[1] (1823 ; *ibid.*, XVI, 201), *hydrorama* (1829 ; *ibid.*, XXVII, 206), *néorama, polyorama*.

PATHIE, PATHIQUE, *cyano-pathie, idio-, anthropo-*.

PÉDIE, PÉDIQUE, *ortho-pédie, gymno-*.

PHAGIE, PHAGE, *hippo-phagie, ichthyo-, rhyzo-, zoo-*.

PHANE, *litho-phane, chromo-duro-phane* (Bottin, 1875, p. 880), *sapo-*.

PHILE, *ichthyo-phile* (Brillat-Savarin, I, 41), *dindono-* (*ibid.*, 36), *négro-, œno-, russo-*.

PHOBE, PHOBIE, *anglo-phobe, franco-, prétro-phobe* (Th. Gautier, *Daniel Jovard*).

PLASTIE, PLASTIQUE, *galvano-, rhyno-*.

PLÉGIE, *hémi-plégie, para-*.

PODE, *a-pode, cyano-, céphalo-, crypto-, hémino-, macro-, myria-, rhyzo-*.

PTÈRE, *chryso-ptère, aplo-, dactylo-, derma-, di-, érythro-, hémi-, héminéro-, hexa-, lépido-, macro-, ortho-*.

PTÉRYGIEN, *acantho-ptérigien, gastéro-, malaco-*.

RRHÉE et RRHAGIE, *blenno-rrhée, -rrhagie, cisti-rrhée, galacto-, hépati-, logo-* (Boiste), *otor-, spermato-*.

SAURE, *ichthyo-saure, plésiau-*.

SCOPE, SCOPIE, *anémo-scope, baro-, ébullio-* (mot hybride)—— (Bottin, 1875, p. 951), *électro-, endo-, hélio-scopie, hygro-scope,*

---

1. Vers 1822-23, les panoramas, les dioramas, les géoramas faisaient fureur : la terminaison *orama* devint une sorte de suffixe qui, dans l'argot parisien d'alors, s'ajoutait à tous les mots. Balzac nous a conservé un souvenir de cette mode dans son *Père Goriot*. Il nous fait assister à la conversation des pensionnaires de madame Vauquer : « Hé bien! monsicurre Poiret, dit l'employé du Muséum, comment va cette *santérama*?... — Il fait un *froitorama*, dit M. Vautrin.... — Illustre monsieur Vautrin, dit Bianchon, pourquoi dites-vous froitorama ; il y a une faute, c'est *froidorama*.... — Ha! ha! voici une fameuse *soupcaurama*.... » (t. I, p. 137 et suiv. de l'édition princeps de 1835).

irido-, *kaléido-* (*Descrip. des brev.*, 1818; t. X, p. 218), *laryngo-*, *ophthalmo-*, *poly-*, *pyro-*, *thermo-*, *stéréo-*.

THÉRIUM, *dino-thérium*, *mega-*, *méso-*, *paléo-*.

TOMIE, *andro-tomie*, *artério-*, *cardio-*, *cysti-*, *dermato-*, *entéro-*, *gastro-*, *glosso-*, *hydro-*, *hystéro-*, *irido-*, *laryngo-*, *néphro-*, *parthé-*.

URIE, *albumin-urie*, *chyl-*, *isch-*, *py-*, *strang-*.

A ces listes ajoutons les mots composés à l'aide de particules; celles-ci sont nombreuses :

à privatif, ἀμφί, ἀνά, ἀντί, ἀρχί, διά, δίς, δύς, εἰς (ἐς), ἐξ (ἐκ), ἔνδον, ἔξω, ἐπί, κατά, μετά, παλίν, παρά, περί, πρό, πρός, σύν, ὑπερ, ὑπό. Chacune d'elles apporte son contingent de composés. Quelques-unes ont pénétré dans la langue commune, ἀντί, *anti*, ἀρχί, *archi*; l'*a* privatif commence à y entrer [1].

anti forme, avec des mots français, de nombreux composés. Tantôt il joue le rôle d'adverbe : « Il consent à la demande de son *anti-partenaire.* » (Brillat-Savarin, *Physiol. du goût*, I, 25). « Par-dessus tout cela, il a l'art épouvantable de faire par la magie une *anti-nature* qui trompe, des êtres éphémères, charmants, terribles à volonté. » (Michelet, *Bible de l'Human.*, p. 74). Tantôt il joue le rôle de préposition; dans ce dernier cas, il régit des substantifs : « Dentifrice *anti-carie.* » (Catalogue de la maison Pivert). « Chaussure dite *anti-crotte.* » (1823; *Brevets*, t. XVI, p. 309; au tome XXIV, p. 289, on trouve *paracrotte* (1827), qui est préférable). « Chapeaux en bois et en soie, dits *anti-feutres.* » (1824, t. XXVIII, p. 100). Le plus souvent il se combine avec des adjectifs pour former des parasynthétiques.

anti-divin (Réville , *Revue des Deux Mondes;* Scholle, *Programme*, p. 13).

anti-gluant : « Composition dite *anti-gluante*, propre à

1. Voy. notre *Traité de la formation des mots composés en français*, p. 224-229. Aux exemples cités ajoutez, pour à privatif, *anarien* (langues anariennes), *anesthésie, anurie, apétalie, apode, athermane, atone.* Remplacez l'étymologie de *anéroïde* par la suivante : ἀ et νηρός, humide; voy. Littré, *Supplém.*, sub voce. Pour ἀπό, ajoutez *apophonie*, terme de grammaire, qui traduit l'allemand *ablaut.* À παρά ajoutez *paramagnétisme, -ique*, où *para* signifie *parallèle.* À περί ajoutez *périsprit*, mot hybride qui, dans les rêveries des spirites, désigne « l'enveloppe matérielle de l'esprit. » (*Répert. du spirit.*). *Hyper* et surtout *hypo* ont reçu en chimie un emploi spécial : *hyper* est souvent remplacé par *per* : *peroxyde* de manganèse, *perchlorure* (et aussi *hyperchlorure*), etc.

graisser les roues des métiers, des machines, etc. » (1832, *Descript. des brev.*, XXXIII, p. 251.)

anti-goutteux, anti-humain (Schérer, dans Scholle, *ibid.*, p. 13); *anti-méphitique :* « vinaigre *anti-méphitique* de Bully. » (1809, *Descript. des brev.*, t. V, p. 97); *anti-obésique :* « ceinture *anti-obésique* » (Brillat-Savarin, *Physiol. du goût*, I, 40); *anti-naturel :* « goût excessif, baroque, *anti-naturel*, presque toujours contraire au beau classique. » (Th. Gautier, *Étude sur Baudelaire*); *anti-parlementaire, anti-patriote.*

anti-rationnel : « Peut-être à la folie faudrait-il un traitement *anti-rationnel*. » (G. Sand, *Un dernier amour*, III.)

anti-républicain, anti-scientifique (Claude Bernard, dans Scholle, *Progr.*, p. 13); *anti-systématique* (*id., ibid.*).

anti-social : « l'œuvre est immorale, *anti-sociale* au possible. » (Veuillot, *Odeurs de Paris*, III, 2.)

antidramatique, antiévangélique.

Archi a pénétré dans la langue commune. Il s'emploie avec des adjectifs. « Je ne sais quoi d'antique et d'*archi-grec* (A. de Musset, 4° *lettre de Dupuis et Cotonnet*). « Il passe pour un critique *archi-compétent*, infaillible. » (J. Vallès, *la Rue, Courbet*). « Ils sont crétins, *archi-crétins*. » (L. Desnoyers, *les Béotiens de Paris*). « Là dedans vivait une vieille femme *archi-vieille*, prétentieuse et malpropre. » (Daudet, *Jack*, III, § 7). « Elle proclamait une triste vérité. — Et morale? — *Archi-morale*. » (Balzac, *la Maison Nucingen*). — On l'emploie même avec des participes : « Je suis décidé et *archi-décidé* à trouver bon le parti que tu prendras. » (G. Sand, dans Scholle, *Programme*, p. 13.) • C'est qu'elle (*la route*) nous est *archi* et *super-connue*. » (Töpfer, *Voyages en zigzag*, II, 1re journée.)

IV

Les exemples qui précèdent montrent comment se forme et grandit sans fin cette masse de mots étrangers qui composent le vocabulaire scientifique. Ils montrent aussi que ces mots ne restent pas confinés dans le domaine restreint de la science, mais envahissent de tous côtés la langue commune, la pénètrent, et menacent de la désorganiser. L'extension, le progrès des sciences, la *vulgarisation*, pour employer le terme consacré, l'action incessante de la presse, le développement de l'industrie, répandent dans l'usage général de ces termes qui n'auraient pas dû sortir du laboratoire du chimiste, ni du

cabinet des philosophes. Ouvrez à certaines pages le dictionnaire de M. Littré, vous trouverez des séries de colonnes de
mots grecs que l'auteur a crus assez autorisés par l'usage
pour leur donner droit de cité dans son trésor de la langue
française. Or, ce n'est pas impunément que ces termes, formés
en vertu de lois inconnues à notre idiome, s'installent au
milieu des termes français : c'est une plantation exotique qui
vient se greffer sur les végétations indigènes, s'y développer,
et peut-être les étouffer. Nous avons vu que des suffixes, des
particules grecques sont devenues usuelles : *ose*, *ite*, *archi*,
anti; bientôt *hypo* et *hyper* jouiront des mêmes avantages.
Pseudo, *graphie*, *phile*, *logie*, *métrie*, *nomie*, *néo*, *bio*, *auto*,
gène, et bien d'autres, sont devenus des mots de la langue, et
il n'est petit négociant, il n'est petit fabricant qui ne combine
ces éléments de quelque façon originale qui brave audacieusement et les lois du grec et celles du français. Un prospectus
et la quatrième page des journaux vantaient récemment les
qualités d'un certain appareil *néogène* : l'inventeur voulait
sans doute dire : *d'un genre nouveau!*

Plus d'un savant s'est récrié déjà contre l'abus de l'imitation grecque. Le *docteur Néophobus* surtout s'est livré à
une guerre acharnée contre cette création de vocables chers à
Philaminthe[1]. Il a dénoncé ces formations hybrides, barbares,
qu'on rencontre dans plus d'un de nos composés modernes :
telle est la nomenclature de notre système métrique qui défie
toutes les lois de l'analogie et du bon sens : un *kilomètre* est-
ce dix mille mètres? non : avec la meilleure volonté du
monde, ce ne peut être que la *mesure d'un âne* (χίλλος, *bourrique*).
Corrigeons-nous *philomètre*, la *mesure d'un âne* deviendra
une *mesure de fourrage*, de *foin* (χιλός, *fourrage*); nous n'en
serons guère plus avancés. M. Egger a lu dans une séance de
l'Académie des sciences[2] d'excellentes observations sur la
nécessité d'apporter plus de mesure, de prudence et de réserve dans la formation des mots grecs, et il nous apprend
cette particularité curieuse et vraiment typique que les Hellènes nous ont emprunté notre système métrique, mais non

<hr>

1. Voyez entre autres la Diatribe du docteur Néophobus (Ch. Nodier) sur la fabrication des mots (*Revue de Paris*, 1841, n° 12; *Bulletin du Bibliophile*, 1840-
1841, p. 897-911); la lettre de Nodier (1837) aux éditeurs du dictionnaire de Gattel
(en tête de l'édition de 1854). — Cf. les observations de M. F. Wey sur notre système métrique dans ses Remarques sur la langue française.
2. Comptes rendus de l'Académie des sciences, année 1873.

la nomenclature de ce système ; ils ne la comprendraient pas !

Mais les formations incorrectes, les compositions hybrides[1] ne sont qu'un demi-mal auquel seuls les savants sont sensibles. Qu'importe, après tout, que *gène* ait reçu la consécration de l'usage au lieu de *génète*, une fois qu'on y attache une signification et un emploi déterminés. Ce qui est plus grave, c'est que les formations purement grecques pénètrent à ce point dans la langue qu'elles deviennent organiques. L'usage est plus terrible que l'abus, car il fait loi. La plupart des éléments composants que nous venons de citer sont devenus français et se combinent avec des mots français : *néo-chrétien, pseudo-grec, bureaucratie, braillardocratie, voyoucratie, prussophile, turcophile, anglophobe, décalcomanie, potichomanie, dansomanie, soulographie*[2], etc. *Photographie* amène *photosculpture, photogravure, photoniellure, photoglyptique*. Bien plus, on transporte la composition grecque en latin : *aéronef, aéromotion*[3], *citolégie*[4], *crino-gaze*[5], *vélovoile*[6], *ogivo-cylindrique, cérébro-spinal, cervico-scapulaire, costo-pubien, fibro-cellulaire, génito-urinaire, lacto-protéine, luto-gallique, muco-pus, mucoso-sucré, oculo-palpébral, pubio-caverneux, séro—*

---

1. On en aura rencontré plus d'une dans les listes précédentes : voir spécialement dans les composés avec *graphie, logue, logie, mètre, métric, manie*. — Un des mots hybrides les plus bizarrement formés est *phalanstère*, créé par Fourier: *phalanstère* est *phalan-ge*, affublé de la terminaison de « monastère » : ainsi le *phalanstère* est le monastère de la phalange. Le phalanstère a amené le *familistère*, ou le monastère de la famille (cité ouvrière fondée par M. Godin-Lemaire, à Guise, près de Saint-Quentin, d'après les principes de Fourier.) Cette bizarre formation, qui consiste à accoupler des membres de mots entre eux, est assez goûtée de nos chimistes, qui ont ainsi inventé le *phén-ol* (acide *phénique*, alcool), le *chloroforme* (acide *chlorique* et acide *formique*); le *chloral* (*chlore* et alcool), etc. A l'époque, qui n'est pas déjà si loin de nous, où florissait la *théosophomanie*, on vit de la combinaison de *mater* et *pater* sortir le mystérieux *mapa*, chef d'une religion nouvelle fondée sur le principe de la famille.

2. *Braillardocratie*, nom appliqué par certains journalistes aux *décembraillards* (voir plus haut, p. 90); *soulographie*, terme populaire : « Cuvant sa *soulographie* sur deux bons matelas. » (E. Zola, *l'Assommoir* p. 189.) « Une nuit, rentré ivre, il a roulé dans les escaliers. Le propriétaire m'a ordonné de le renvoyer à cause de sa *soulographie*. » (Déposition de madame Copeau, concierge; affaire Billoir, audience du 14 mars 1877.)

3. *Aéroscaphe* peut être considéré comme régulièrement formé de deux mots grecs.

4. Qui croirait que ce mot, barbare s'il en fut, est le nom d'une méthode pour apprendre rapidement à lire? Il date de 1828 (*Descrip. des brev.*, XXXIX, p. 443), et il est d'un certain usage.

5. « Étoffe de crin que l'inventeur nomme *crino-gaze*. » (*ibid.*, 1840; 1re série, LVI, 127).

6. « Moyen mécanique dit *vélovoile*, agissant à la manière de voiles placées en ailes de moulin à vent sur un axe horizontal » (*ibid.*, 1819; XIX, 114).

sanguin, tibio-tarsien[1], etc. Dans les composés de ce genre, la voyelle de liaison du premier terme est un *o* comme en grec[2]. De là les composés tels que *Anglo-français, Franco-allemand, Prusso-slave,* etc. C'est ainsi que nous arrivons à parler grec en français[3].

1. Je trouve dans la Description des brevets des composés tels que : écriture *arcanopapyrographique* (1ʳᵉ série, t. LXIX, p. 468), *polisso-séri-tisseur* (2ᵉ série, XI, p. 201). Le *chromo-duro-phane* s'étale en grandes lettres sur tous les murs de Paris.

2. Pourquoi les composés grecs (et par suite français) de κάλλος, *beauté,* ont-ils en général la voyelle de liaison *i* : καλλιγράφος, καλλίπαις, etc.?

3. Récemment on a créé le mot *vélo-sport,* c'est-à-dire *sport des vélocipèdes* : *vélocipédo-sport* était trop long, on a bravement supprimé les éléments significatifs du premier terme composant ; on s'est arrêté à *vélo,* parce qu'il finit par un *o* qu'on a utilisé comme voyelle de liaison.

TROISIÈME PARTIE.

EMPRUNTS AUX LANGUES MODERNES

—

CHAPITRE XVI ET DERNIER.

Des langues cultivées ne peuvent vivre les unes à côté des autres sans se faire de mutuels emprunts. Les rapports pacifiques entre peuples civilisés ne consistent pas seulement en échange d'idées et de produits : il y a aussi une importation et une exportation des mots, lesquelles ont cet avantage sur les autres, de ne pas appauvrir la nation qui donne. Le développement du commerce et de l'industrie a ainsi fait passer de peuple à peuple, avec mille objets nouveaux, avec mille idées nouvelles, les termes qui les désignent ; et ceux-ci, franchissant les barrières, méprisant les douanes, viennent s'établir et s'acclimater, qui en France, qui en Angleterre, qui en Allemagne, qui en Italie, en Espagne ; quelques-uns partout à la fois. Il est de ces mots cosmopolites qui s'installent chez tous les peuples et ont le don de l'ubiquité.

Il y aurait un curieux livre à écrire sur ces emprunts. Derrière l'histoire des mots se cache celle des idées, et le tableau de ces pérégrinations serait en fait le tableau du mouvement commercial, industriel, intellectuel, philosophique du monde civilisé. Sans embrasser un aussi vaste sujet, on pourrait se borner à une étude plus spéciale, l'histoire des mots français à l'étranger, par exemple ; étude intéressante aussi, car c'est l'étude de l'influence que la France a exercée ou exerce encore sur le reste du monde.

Nous n'avons pas à examiner ici ce que notre langue a donné de nos jours aux autres idiomes, mais ce qu'elle en a reçu. Ces emprunts constituent un enrichissement du lexique qui ne laisse pas que d'être assez considérable. On n'y peut voir toutefois un procédé normal et organique de formation de mots, puisqu'ils ne sont pas plus propres au français qu'aux autres idiomes.

Le français a subi plusieurs fois l'action des langues étrangères. Dès l'origine, il reçut une forte empreinte germanique qui laissa dans son vocabulaire plusieurs centaines de mots allemands. Au seizième siècle et dans la première moitié du dix-septième, il fut envahi par l'italien et l'espagnol. A la cour de Catherine de Médicis, les seigneurs parlaient un jargon où le français et l'italien se mêlaient en égales proportions. Des écrivains patriotes, Henri Estienne entre autres, poussèrent un cri d'alarme. Mais il n'y avait pas à s'effrayer de cette invasion qui ne pouvait porter à la langue aucune atteinte sérieuse. Si l'invasion des idiomes germaniques, se poursuivant sans relâche pendant près de cinq siècles, fut impuissante à déformer le français à sa naissance, quel danger pouvait faire courir l'importation d'une centaine de mots italiens et espagnols, alors que la langue s'épanouissait dans sa robuste virilité. D'ailleurs, ces mots importés n'ont pas tous été reçus, et le petit nombre d'élus est allé se fondre et se perdre dans le reste de la langue qui l'a absorbé. La plupart de ces mots, d'origine étrangère, quand ils *vivent* dans la langue, sont si bien assimilés aux termes indigènes, qu'ils ne sont reconnaissables qu'aux regards de la critique rigoureuse et scientifique.

De nos jours, presque tous les emprunts de notre langue sont faits à l'anglais; c'est l'Angleterre qui nous envoie ses inventions, ses produits, ses modes, ses goûts, sa *fashion*. Aux luttes implacables du premier empire ont succédé des relations amicales, chaque jour plus étroites. Londres et Paris se donnent la main à travers la Manche; échange de bons termes, et échange de termes où la France, croyons-nous, reçoit beaucoup plus qu'elle ne donne. Il est vrai que, dans les siècles antérieurs, sans remonter jusqu'à la conquête normande, le français avait fourni une quantité considérable de mots à l'anglais. Quelques mots français même, ayant jadis passé le détroit, nous reviennent aujourd'hui sous une forme qui les rend presque méconnaissables. *Tunnel, budget, bill, reporter, square, mess*, etc., sont autant de mots originairement français : *tonnel, bougette* (petite bourse), *bulle, rapporteur, carré, mets*, etc. Mais, en changeant de forme, ils changent aussi de signification ; ils s'approprient à des fonctions nouvelles, et comme ce sont celles-ci qu'il s'agit précisément de dénommer, rien de plus juste que de prendre avec la chose le nom sous la forme anglaise ; *square, bill, tunnel,* etc., disent autre chose que *carré, bulle, tonneau,* etc. [1].

Dans les mots que nous apporte l'Angleterre, on retrouve les divers éléments de la vie anglaise : ce sont des termes de commerce, de sport, d'industrie ; c'est le langage de la fashion ; quelques-uns de ces mots n'ont qu'une vie éphémère comme la mode qui leur a donné naissance ; d'autres, exprimant des faits plus durables, sont appelés à vivre :

actuaire[2], mot entré depuis quelques années dans la langue ; il désigne le mathématicien chargé de contrôler, d'après le calcul des probabilités, les bases des contrats viagers ou d'assurances. C'est l'anglais *actuary*, directeur de compagnie, et spécialement d'une compagnie d'assurance, mot qui lui-même vient du bas-latin *actuarius* (greffier)[3].

baby, pluriel (français) *babys* ou (anglais *babies*) : « Les *babies* britanniques ont des teintes de crème et de fraise. » (Th. Gautier, *Les Beaux-Arts en Europe*, I, v, 14)[4].

banknote : « Billet de banque ayant cours en Angleterre. » (Littré.)

bar : « Il n'y a pas (à New-York) des cafés comme en France ; mais les *bars*, les buvettes sont partout. » (Simonin, *Rev. des Deux Mondes*, 1ᵉʳ janv. 1875 ; N. and. Q., 1876, p. 23.)

bifteck : « Tranche de bœuf grillé ». Le mot anglais est *beefsteak*, prononcé *bifstek* : l's a disparu dans la prononciation

1. Ce qu'on pourrait peut-être regretter, c'est la perte des mots français désignant exactement la même chose que les mots anglais qui les remplacent. La voiture qui suit la locomotive et est chargée des approvisionnements de charbon et d'eau a reçu, dans les premiers temps, le nom d'*allége*, qui était excellent ; il a disparu devant *tender* ; le *Nouvelliste* de Montesquieu est mort, le *reporter* l'a tué. —— Voyez cependant, plus haut, p. 32.

2. Dans cette liste, nous ajoutons quelques mots américains.

3. Voyez, sur ce mot, la note de M. H. Gaidoz, *Bulletin de la Société de linguistique de Paris*, 1875, p. xlvij.

4. Exemple pris du journal *Notes and Queries*, janvier 1876, p. 23. Ce journal contient (nᵒˢ 106, 109, 111, 113 et 115, janvier-mars 1876) une série de mots anglais relevés dans des auteurs français, et qui manquent au Dictionnaire de Littré. À peine deux ou trois de ces mots sont entrés ou entrent dans la langue ; les autres mots cités étant anglais n'ont aucun droit à être enregistrés dans un dictionnaire. Peut-on reprocher à M. Littré de n'avoir pas inscrit le mot *joint-family*, parce qu'il se trouve dans la phrase suivante : « L'Inde, encore aujourd'hui, nous offre dans la famille associée, *joint family*, comme disent les Anglais, l'image exacte du *sept* celtique de l'Irlande ancienne. » (E. de Laveleye, *Revue des Deux Mondes*, 15 avril 1875, p. 792.)

commune; certaines personnes, dans le peuple, prononcent *bistek*; c'est l'*f* qu'elles ont laissé tomber. Cf. *horse-steak.*

blackbouler, de l'anglais *blackball*; ce mot vient du Jockey-club.

book : « Terme de turf. Livre sur lequel les parieurs inscrivent leurs paris. » (Littré, *supplém.*).

bowl et *bol :* « Un ample *bowl* de punch vint nous aider à finir la soirée. » (Brillat-Savarin, *Physiologie du goût*, I, 38.) On écrit maintenant *bol.*

box : « stalle d'écurie ou compartiment de wagon pour un cheval seul. » (Littré, *supplém.*).

boxer, de l'anglais *to boxe :* de là *boxe, boxeur;* cf. plus haut, p. 51 et 103.

break : « voiture ayant un siége sur le devant et deux autres derrière, dans le sens de la longueur, se faisant face. » (Littré, *supplém.*).

breakfast:

> Les cloches ont sonné le *breakfast* dans la plaine.
>> (E. d'Hervilly, *à la Louisiane.*)

budget :

> Là (*au Corps législatif*), pour le mot *budget* importé d'Angleterre,
> J'ai vu gronder trente ans une effroyable guerre.
>> (Viennet, *Epître à Boileau.*)

bulldog est parfois écrit pour *bouledogue* (*Notes and Queries*, janvier 1876, p. 24). De même *bull-terrier*. « J'ai rapporté de Londres un *bull-terrier* avec lequel j'ai organisé des combats de rats. » (H. Malot, *l'Auberge du monde*, I, 186.)

canter, terme du turf.

carrick : « Il adoptait l'hiver le *carrick* noisette à trois collets. » (Balzac, *les Employés*, éd. de 1856, p. 259.)

caviar. Ce mot ainsi que *punch* a été importé dans le premier quart de ce siècle; voir Brillat-Savarin, *Physiologie du goût*, I, 135.

châle. Le mot est d'origine arabe; mais il nous est venu par l'anglais, comme en témoigne l'orthographe première du mot : *shall* (anglais *shawl*).

chèque, clergyman, clown.

club : « *Clubs*, associations qu'a fait éclore la nouvelle constitution, qui ne veut pas d'associations. » (*Nouveau dictionnaire pour servir à l'intelligence des termes mis en vogue par la Révolution, dédié aux amis de la Religion, du Roi et du sens commun, 1792.*) Cf. plus haut, p. 25, note 1.

coaltar, goudron de houille; on prononce généralement *co-altar*, à tort.

cokney (anglais *cocknèy*):

> ... Ce *cokney* d'Eglinton et d'Epsom,
> Qui, la main sur son cœur, dit: « Je mens, *ergo sum.* »
>
> (V. Hugo, *Châtiments*, VI, 5.)

coke, *cold-cream*.

comfort, comfortable. On écrit aussi, avec une orthographe plus française, *confort, confortable*. Ces mots anglais sont d'origine française.

convict:

> Le juge, au lieu d'arrêts, prononce ses *verdicts*,
> Les bandits condamnés deviennent des *convicts*.
>
> (Viennet, *Epître à Boileau*.)

cottage :

> Devant le frais *cottage* au gracieux perron.
> (Fr. Coppée, *Jeunes filles*, I, *l'Amazone*.)

dandy, debater, detective, derby, dock, (voir plus haut, p. 32), *drain* (d'où *drainer, drainage*), *drawback*.

drop : « Machine employée pour le chargement des navires, dans laquelle l'action de la pesanteur sur un wagon chargé est utilisée pour le remonter lorsqu'il est vide. »(Littré, *supplém.*).

express, farwest, fashion, fashionable, fellow.

flirter, flirtation : « La *flirtation* devient entre les mains de cette fille avisée un puissant auxiliaire de la politique. » (Th. Bentzon, *Revue des Deux Mondes*, 15 mars 1875, p. 65. N. and. Q.). — « Les plus avenantes, les seules promenades souvent des grandes villes (en Syrie) sont leurs champs des morts. On y cause, on y mange, on y fume, on y *flirte*. » (E. de Vogüé, *ibid.* 1er février 1875, p. 557 ; N. and. Q.).

gentleman : « En sa qualité de parfait *gentleman*. » (Th. Gautier, *Étude sur Baudelaire*). Notre époque de démocratie ne pouvait conserver le mot *gentilhomme;* pour exprimer l'idée qu'il renferme, on a été chercher au delà de la Manche la traduction anglaise de ce mot.

gentry, gentleman-rider (voir p. 32).

gin,

> Fils du genièvre et frère de la bière,
> Bacchus du Nord, obscur empoisonneur,
> Écoute, ô *Gin*, un hymne en ton honneur.
> (Barbier, *Iambes et Poëmes*, le *Gin*.)

grog, groom :

> Et gros comme le poing, au milieu de l'allée,
> De sable roux semé de tout petits galets,
> Le *groom* attend et tient les deux chevaux anglais.
>
> (Fr. Coppée, *Jeunes filles*, I, *l'Amazone*.)

gutta et *gutta-percha*, *handicap* (voir plus haut, p. 32),
high-life :

> Rivière du *high-life*, à travers un gazon
> Ratissé sans relâche, eau flegmatique et noire,
> Coule à présent la source....
>
> (E. d'Hervilly, *The Park*.)

hisser (anglais *to hiss*, siffler) : « Pardon, voisine, pardon : certainement ce n'est pas pour vous que je me serais permis de *hisser* comme cela ; c'est à mes deux amis que je m'adressais » (P. de Kock, *la Demoiselle du cinquième*, dans N. and. Q.).

home : « Nous avons préféré le *home* de notre campement à l'hospitalité peu séduisante que le Lazaret (d'Hébron) offre d'ordinaire aux voyageurs. » (Vogüé, *Rev. des Deux Mondes*, 1875, t. I, p. 556.)

horse-steak : « Dès l'an de grâce 1857, je disais... le *horse-steak* est imminent. Le *horse-steak* est aujourd'hui devenu une réalité; le *horse-steak* est fait. » (Roqueplan, *Parisine*, p. 274.)

hunter, t. de chasse.

husting : « Les *hustings* sont des échafauds du haut desquels les candidats à la députation parlent aux électeurs. » (Barbier, *Iambes et poésies*, les *Hustings*.)

inexpressible, jockey, jockey-club, keepsake, leader, lloyd (anglais *Lloyd*), *mac-farlane*.

milord (de *my lord*) et *lord* : » Nous disons un *mylord*, c'est comme qui dirait un *monseigneur*; car les Anglais disent *a lord*, un lord. Il n'est rien de pis, si ce n'est de dire comme les journaux : *un mylord anglais*, sans doute afin de le distinguer d'un *mylord turc*. » (Fr. Wey, *Remarques sur la langue française*, II, 63.)

lumps : « Pains de sucre d'une qualité inférieure. » (Littré.)

lunch, d'où *luncher* : « Il faut au sortir du stade (d'Éphèse), remonter dans l'odieux wagon après avoir *lunché* avec du *pale-ale* chez un juif anglais. » (Vogüé, *Rev. des Deux Mondes*, 1875, t. I, p. 332.)

match, mess des officiers; *miss, mistress,*

> Rallumer le flambeau du bonheur domestique
> Et changer en *mistress* quelque timide *miss*.
>
> (Ph. Boyer, *Lassitude*.)

pale-ale (voir à *lunch*), *pick-pocket*.

policeman : « Les émeraudes jouissaient d'une réputation européenne depuis l'exposition de Londres, où Webster et Samson les avaient étalées dans une vitrine à part, entre deux *policemen.* » (E. About, *l'Infâme*, I.)

puff (voir Fr. Sarcey, *Le Mot et ia Chose*, Réclame et Puff),

punch. (Voir plus haut à *bowl* et à *caviar*). Le mot est d'origine indienne : c'est une corruption du sanscrit *pantcha*, cinq : cette boisson est formée de cinq ingrédients.

railway, rail :

> On n'entend que des mots à déchirer le fer,
> Le *railway*, le tunnel, le ballast, le tender,
> Express, trucks et wagons....
> > (Viennet, *Epître à Boileau.*)

reporter et *reportage, revolver, rifle, rout, sandwich,*

scalpe, peau du crâne enlevée avec la chevelure sur la tête de l'ennemi abattu ; de là *scalper :* l'anglais *scalp* signifie *peau du crâne.*

self-government,
shelling (anglais *shilling*),

> (Il faut) Vendre pour dix shellings nos lèvres et notre âme.
> > (Barbier, *Iambes et Poëmes, le Minotaure.*)

sherry,

> Fi du porto, du *sherry*, du madère !
> > (Barbier, *Iambes et Poëmes, le Gin.*)

skating-rink, d'où sont sortis le *skating-concert*, le *skating-palais*, le *skating-bal.*

snob, snobbisme ou *snobisme*, de *snob, snobbism*, mots mis en vogue par l'auteur du *Livre des snobs*, Thackeray.

speech : « Ce n'est pas tout, il a dit, car vous savez qu'en mourant, tous les hommes célèbres font un dernier *speech* (mot anglais qui signifie *tartine parlementaire*), il a dit :... » (Balzac, *les Employés*).

sport et *sportsman* (voir p. 32), *square, steamer*, plus usité que *steam-boat*, bateau à vapeur, *steeple-chase* (voir p. 32).

sterling ; le vieux français disait *esterlin.*

stock, mot entièrement entré dans la langue. C'est la même racine qu'il faut reconnaître dans « brin d'*estoc* », dans « frapper d'*estoc* et de taille », quoique ici *estoc* soit de provenance allemande.

stopper :

> Le train *stoppa*, c'était la station de Sèvres.
> (Fr. Coppée, *Jeunes filles*, V, *Dans un train de banlieue.*)

studbook : « Registre où l'on écrit et conserve la généalogie des chevaux de pur sang. » (Littré).

stuffing-box : « se dit, dans les machines à vapeur, des pièces destinées à intercepter la communication entre deux milieux dans lesquels se meut une tige. » (Littré).

tender, voir à *railway.*

ticket :

> Il donna son *ticket* au vieux garde-barrière
> Et se laissa par ses fillettes embrasser.
> (Fr. Coppée, *Jeunes filles*, V, *Dans un train de banlieue.*)

tilbury. L'anglais *tilbury* vient lui-même de Tilbury, nom du carrossier qui a le premier fabriqué ce genre de voiture légère.

toast ou *toste,* et *toaster* ou *toster,*

trade-union et *trade-unioniste :* « Joshua Davidson (Jésus fils de David) est démocrate, *trade-unioniste.* » (Odysse Barrot, dans N. and. Q. 1876, *ibid.*).

tramway, tunnel, voir à *railway; turf* et *truc* (anglais *truck*), voir p. 32 ; *verdict,* voir à *convict; wagon,* voir p. 32. *warrant,* « certificat d'emmagasinage délivré par les compagnies aux négociants qui leur déposent des marchandises. » (Sévy, *Dict. des termes employés en bourse*).

water-closet, waterproof, work-house, yankee.

Après l'anglais, vient l'italien, *longo sed proximus intervallo.* Il nous a bien fourni, depuis un siècle et demi ou deux, une partie de notre terminologie musicale ; mais de nos jours, il n'a donné qu'un nombre assez restreint de mots à la langue générale :

agio, aquarelle, bravo, brio, carbonaro, désinvolture. Au siècle dernier, on avait pris à l'italien l'adjectif *désinvolte,* qui était aussi employé substantivement au sens de *désinvolture :* « Une facilité de parler admirable et un *désinvolte* merveilleux... » (St-Simon, *Mémoires,* éd. Chéruel, t. X , p. 385.)

dilettante, dispache et *dispacheur, fantasia, fantoche. Farniente* est ancien, Chateaubriand, dans ses Mémoires, l'a traduit par le *rien-faire.*

fioriture, franco, impresario, chef d'une entreprise théâ-
trale (de *impresa,* entreprise, vieux français *emprise*).

lazarone, libretto, qui a donné *librettiste, maestro* (on
commence aussi à dire *maestria*), *malaria, morbidesse :*

> (Ses yeux) avaient sous leurs longues paupières
> Tant de *morbidezza.*
>
>> (Th. Gautier, *Premières poésies, Albertus,* LXXXIX.)

> .... Cette *morbidesse* et ce laisser-aller
> Était chose charmante.
>
>> (*Id., ibid., La Dive.*)

palafitte; villégiature, mot d'introduction récente, et entré
pleinement dans l'usage.

voltain dans *bi-voltain* ou *di-voltain.* (Littré, *suppl.*).

L'Espagne et les pays espagnols de l'Amérique nous ont donné
brasero, platine, placer, eldorado, curare, vomito negro, guano.
Le souvenir des luttes politiques de la péninsule ibérique s'est
conservé chez nous dans les mots *guerilla, guerillero, pronun-
ciamento.* Récemment notre langage s'est enrichi du mot *in-
transigeant,* reproduction du mot espagnol *intransigente,* désignant les *ultras* du parti républicain (1872) opposés à toute
mesure de transaction. Le mot a passé les monts, et, grâce à
sa forme toute française, a été rapidement adopté. Il a donné
le dérivé *intransigeance.*

Les cigares de la Havane jouissent, auprès des amateurs,
d'une réputation méritée; ils sont connus sous leur forme
espagnole : des *puros,* des *medianitos*; la langue semi-popu-
laire, pour désigner les cigares d'un sou, emploie des épithètes méprisantes qu'elle affuble plaisamment de finales espa-
gnoles : des *soutados,* des *crapulados* ou *crapulos,* des *infectados.*

L'allemand a fourni quelques éléments à la langue moderne : ils se divisent en deux classes bien distinctes. Les
uns appartiennent à la langue de la philosophie, et sont des
mots latins ou grecs empruntés par l'allemand, et qui nous
sont venus d'outre-Rhin avec la philosophie de Kant; tels
sont *subjectif (subjectivité), objectif (objectivité), transcendantal,
-isme, impératif catégorique,* etc. Les autres sont proprement
allemands, et appartiennent en général à la langue de la
ripaille : *frichti* de *frühstück* (déjeuner), *kirsch, quetsche, bitter,*

vermuth, moss, qui fut à la mode vers 1840, et est détrôné aujourd'hui par *bock*[1], *trink-hall,* etc.

sabretache paraît avoir été importé par les guerres du premier empire. (Brillat-Savarin, *Physiol. du goût,* I, 124.)

Un caprice de la mode a fait de nos jours donner le nom de *Bismarck* à une couleur fauve : c'était avant la guerre de 1870-71. Il est curieux que cette guerre n'a laissé aucun mot dans la langue ; ni *krupp,* ni *landwehr,* ni *landsturm* ne se sont maintenus : peut-être *uhlan* a-t-il eu une durée plus longue ; encore aujourd'hui est-il à peu près oublié.

Par quelle étrange ironie la Pologne ne nous a-t-elle donné que des danses joyeuses : la *polka,* la *redowa,* la *schottisch,* la *mazurka?*

Il n'est pas besoin de demander d'où vient le mot d'*ukase,* arrêté *arbitraire* de l'autorité[2]. Il porte en lui-même son lieu d'origine.

> Paris sur ses pavés voit neiger les *ukases.*
> (V. Hugo, *Châtiments,* III, 1.)

Heyduque, hetman, isba[3], *kopeck, pacolet, rouble, samovar, starost*[4], et quelques autres, se rencontrent parfois sous la plume d'écrivains décrivant des scènes russes ; mais ces mots ne sont pas encore naturalisés[5].

A la conquête de l'Algérie on doit un certain nombre de mots arabes ou berbères que notre armée a répandus dans la langue commune : *razzia, fourbi, gourbi, smala, goum, maza-*

---

1. *Bock* vient de l'allemand *bockbier,* bière de bouc, nom donné à une espèce de bière de qualité supérieure, à cause de la marque de fabrique prise par l'industriel qui la confectionne. Cette marque consiste en un tonneau à droite et à gauche duquel se tiennent deux *boucs* dressés sur les pattes de derrière. L'expression *bockbier,* qu'on lit ou lisait sur les brasseries, les boutiques de marchand de vin, a été importée chez nous par quelque commis-voyageur qui l'expliqua à sa manière, par *verre, mesure de bière.* Et voilà comme un *bouc* a été changé en une sorte de chope.

2. Le mot russe signifie seulement : arrêté de l'autorité.

3. Sorte d'auberge. « En sortant de l'*isba,* où elle avait passé la nuit, elle eut un moment d'effroi lorsqu'elle se vit seule. » (X. de Maistre, *La jeune Sibérienne,* ch. xv.)

4. « Le *starost* du village examina son passe-port. (Id. *ibid.,* ch. xvii.)

5. Voir la brochure (anonyme) intitulée : *De quelques mots slaves passés en français; avis aux éditeurs de La Fontaine,* Alais, in-8, 1877, 12 pages. On y trouve des additions et des rectifications intéressantes au chapitre que M. Brachet a écrit dans la préface de son *Dictionnaire étymologique* (p. lix) sur l'élément slave dans le français.

gran[1], *zouave* ou *zouzou*, *turco*, *négro*. Ces derniers mots nous présentent la finale *sabire*[2], celle qui se trouve dans *makasch bono* (pas bon), *bono bezef* (bien bon). Cette finale a donné dans la langue des troupiers : un *sergo* pour un *sergent*, un *invalo* pour un *invalide*[3]. On serait tenté d'assimiler à *sergo*, *invalo*, *turco*, les mots *aristo*, *typo*, *topo* : mais l'*o* de ces derniers est grec; celui des premiers est italien. Et c'est ainsi que des mots d'origines entièrement différentes, en passant par des voies absolument opposées, arrivent à prendre des caractères communs.

Avant de finir ce chapitre, nous devons parler de l'action spéciale que des mots étrangers peuvent exercer sur des mots français qui présentent avec eux quelque analogie de sens ou de forme : ceux-ci s'enrichissent d'une acception spéciale propre aux premiers. *Exhibition*, sous l'influence de l'anglais *exhibition*, prend le sens d'*exposition*. C'est ainsi encore que les mots *sélection*, *attraction*, *exsertion*, *incorporer*, *adresse* (terme politique), *entraîner*[4] et *entraînement* (termes de turf), ont pris les acceptions que ces mots ont en anglais. *Contribution*, *culture*, *facteur*, s'emploient maintenant au sens de l'allemand *beitrâge*, *kultur* et *factor*.

1. Exemple curieux des caprices de la mode. Ce nom, qui rappelle à l'historien des souvenirs si héroïques et si glorieux, ne désigne plus, pour l'habitué des boulevards, qu'un verre de café noir !

2. Le sabir ou langue franque, mélange d'italien, de français, de provençal et d'arabe, parlé par les marins de la Méditerranée.

3. « Amusez-vous, je reste de cœur avec les *camaros* (*camarades*), vous savez. » (E. Zola, *l'Assommoir*, p. 337.)

4. « Carmélita a été élevée, préparée, *entraînée* pour faire un grand mariage, exactement comme vous *entraînez* un cheval spécialement en vue de gagner un prix. » (H. Malot, *l'Auberge du monde*, t. II, p. 300.)

CONCLUSION.

Arrivé au terme de cette longue et minutieuse statistique, nous pouvons à présent, jetant nos regards en arrière, embrasser l'ensemble des faits que nous avons passés en revue et nous demander quelles sont les conclusions qui s'en dégagent.

Nous avons reconnu dans la langue une série de formation française, une série de formation latine, une série de formation grecque, une série d'emprunts aux langues modernes. Nous n'avons pas à tenir compte des emprunts ; il n'y a pas là de formation organique. Quelle est la valeur, l'importance relative des trois autres formations, française, latine et grecque?

FORMATION FRANÇAISE. —Dans la dérivation, si nous laissons de côté les procédés d'un caractère secondaire, tels que le changement de noms propres en noms communs, de substantifs masculins en féminins et réciproquement, etc., nous constatons que les procédés suivants sont actuellement en vigueur.

Dérivation impropre : 1. Création de substantifs tirés d'adjectifs : *une balayeuse, un batteur.* Cette formation est très-vivante et en pleine activité[1].

2. Création de substantifs verbaux : *la chauffe.* Cette formation est très-vivante *dans la langue populaire;* elle tend à disparaître de la langue commune et littéraire devant la dérivation latine[2].

3. Création de substantifs participiaux : *la retombée.* Cette formation est très-vivante *dans la langue populaire;* elle tend

1. Voy. plus haut, p. 47.
2. *Ibidem*, p. 50.

à disparaître de la langue commune et littéraire devant la dérivation latine [1].

4. Changement du participe présent en adjectif et en substantif. Formation très-vivante [2].

Ainsi, dans la dérivation impropre, deux puissants procédés de formation, ceux qui donnent les substantifs verbaux et les substantifs participiaux, reculent dans la langue commune devant la formation latine. Ajoutons qu'un procédé est totalement disparu, celui qui consiste à changer l'infinitif en substantif [3].

Dérivation propre [4]. Dans la dérivation proprement dite des substantifs et des adjectifs, nous avons reconnu *trente-cinq* suffixes encore vivants et présentant divers degrés de vitalité : ce sont *able, ade, age, aille, ais aise* ou *ois oise, al ale* ou *el elle, ant ante, ance,* (*and ande*) *andier, ard arde, âtre, aud aude, é ée, ée, eau elle* ou *ereau erelle, ement, erie, esse ise, esse, et ette* ou *ot otte, eur, eur euse, eux euse, eux euse, ien ienne, ier ière, ille, in ine, ine, oir oire, on,* (*e*)*té, u, ure.*

Ces suffixes peuvent se diviser en trois classes, suivant qu'ils forment des noms de choses, des noms ou des adjectifs de personnes, des adjectifs.

A la première classe appartiennent seize suffixes :

ade (bousculade), *age* (drainage), *ance* (attirance), *ement* (déraillement), *oir* (aiguisoir), *ure* (crêpelure), qui se joignent généralement à des radicaux de verbes;

eté (citoyenneté), *ée* (pochetée), *esse* (grandesse) ou *ise* (vantardise), *eur* (verdeur), *erie* (rouerie), *aille* (radicaille), *ille* (coudrille), *on* (veston), *is* (cailloutis), *ine* (brillantine), qui se joignent à des thèmes de noms ou d'adjectifs.

A la seconde classe appartiennent dix suffixes :

ais aise (Yorkais) ou *ois oise* (Bellevillois), *ant ante* (abracadabrant), (*and ande*) *andier* (dessinandier), *eau elle* ou *ereau erelle* (nuelle, poétereau), *ard arde* (communard), *aud aude*

(pataud), *eur euse* (blagueur), *eux euse* (bonaparteux), *esse*
(notairesse), *ien ienne* (normalien), *ier ière* (parolier).

A la troisième classe appartiennent neuf suffixes :

able (dirigeable), *al ale* (auroral) ou *el elle* (insurrectionnel),
âtre (noirâtre), *é ée* (vanillé), *et ette* (mignonnet, -ette), *eux
euse* (cireux), *in ine* (ivoirin), *u* (moustachu).

Quelques-uns de ces suffixes peuvent passer d'une classe à
l'autre : *eau ereau* peut passer de la deuxième à la première
(*fouteau*), *et ette* de la troisième à la seconde (*moblot*) ou à la
première (*affichette*), *ier* de la deuxième à la troisième (*balconnier*).

Dans la première classe, *ure, esse, ise, eur, is,* se stérilisent ;
ille se réduit à un emploi spécial et semble en voie de disparition ; *eté* diparaît devant le latin *ité* ; *ance* devant le latin
ation ; *on* donne quelques diminutifs ; *ade,* suffixe de création
moderne, est assez populaire ; *ée* est encore très-nettement
senti et est capable de créations nouvelles ; *aille, ine, oir,*
ement sont très-vivants ; *erie,* qui a pris la place de *ie* sans le
remplacer, et *age,* qui a restreint sa signification primitive à
celle de nom d'action, sont tous deux, dans leurs formations
propres, d'une grande richesse.

Dans la seconde classe, les suffixes les plus vivants sont
ier, ien, eur euse, eux euse, ard arde. Toutefois *eur euse* est
fortement battu en brèche par le suffixe latin *ateur atrice.* Les
autres sont d'un emploi spécial ou restreint.

Dans la troisième classe, *et, ot, ant, é* sont toujours féconds,
able donne de nombreux adjectifs à la langue populaire, mais
dans la langue commune, le suffixe correspondant de formation savante *ible* lui fait une redoutable concurrence ; on en
peut dire autant de *al el ; in u* sont d'un emploi spécial ;
âtre disparaît, ce semble.

La dérivation verbale et celle des adverbes en *ment* sont
d'une incomparable richesse.

En somme, nos trente-cinq suffixes nominaux sont loin
d'être également vigoureux et féconds ; un certain nombre n'a
qu'une valeur restreinte, *ais ois, ille, in, is, ée, u,* etc. Mais ne
l'oublions pas, cette délimitation précise de la signification
est un avantage. Quand les suffixes sont aussi nombreux, ils
ne sauraient avoir des significations étendues et générales
sans amener la confusion, l'obscurité et le désordre. Pour

donner leur plein effet, et remplir utilement leur rôle, ils doivent se restreindre à des fonctions spéciales, mais nettement déterminées. En dérivation comme en économie politique, la division du travail est la condition de la richesse. Et quoique amoindrie, privée de suffixes aujourd'hui totalement éteints [1], battue en brèche par la dérivation latine, la dérivation française est encore vigoureuse et abondante.

Composition. Dans la composition, nous constatons l'existance de la juxtaposition, simple ou avec synecdoque et métaphore, qui est très-vivante et très-populaire (*chemin de fer, demi-monde* [2]), la composition par apposition (*café-concert* [3]), la composition avec l'impératif (*presse-papiers* [4]), qui sont d'une fécondité inépuisable.

La composition par préfixes, à l'aide de particules [5], n'utilise plus guère que la moitié des vingt-cinq particules françaises : *à, arrière, avant, contre, dé(s)-, en, entre, re-, sans-sous, sur, sus, très.* Et là même elle recule devant la formation latine.

Constatons en retour un procédé en voie de formation : la production de composés de dépendance (*timbre-poste* [6]).

Ce rapide examen montre suffisamment que la formation française, malgré les pertes qu'elle a subies, est encore très-riche de son propre fonds. L'abondance de la dérivation, la faculté, moins développée, mais fort remarquable encore et bien plus considérable qu'on ne le croit, de la composition, forment un ensemble qui a une réelle valeur. Mais, il faut le reconnaître, la langue commune, la langue de la bourgeoisie et des écrivains, dédaigne en partie la formation française pour recourir à la formation latine ou grecque. De là, dans la langue commune, l'oblitération de certains suffixes, de certaines compositions qui n'ont pour refuge que la langue populaire ; celle-ci seule utilise pleinement toutes les ressources du français.

FORMATION LATINE. — La formation latine a introduit la plupart des suffixes et préfixes latins ; mais un certain nombre

1. *Aison, ail, eil,* etc.
2. Voy. plus haut, p. 124.
3. *Ibidem,* p. 147.
4. *Ibidem,* p. 161.
5. *Ibidem,* p. 128.
6. *Ibidem,* p. 156.

seulement ont pénétré assez profondément dans la langue commune pour produire spontanément des formations nouvelles. Ce sont les douze suffixes : *aire* (commissionnaire), *ation* (généralisation), *ateur* (moralisateur), *ature* (musculature), *atoire* (rotatoire), (*ar*)*iat* (salariat), *cule* (théâtricule), *éen* (marmoréen), *esque* (moliéresque), *escent* (azurescent), *ité* (actualité), (*at*)*if* (commémoratif), *ique* (féérique), *isme*, *iste* (journalisme, fleuriste), *tude* (vastitude), *iser* (fertiliser)[1], et les huit préfixes : *extra*, *ex*, *in* (négatif), *inter*, *quasi*, *sub*, *trans*, *ultra*[2].

FORMATION GRECQUE. — L'imitation grecque a introduit dans la langue commune deux préfixes qui y sont aujourd'hui très-vivants, *archi* et *anti*, et deux autres qui commencent à se développer, *a* privatif et *hyper* ou *per*[3]; deux suffixes *ite*, *ose*[4], et une série de mots composés dont certains éléments composants font maintenant presque partie de la langue commune : *-graphe*, *-graphie*, *-graphique*, *-logue*, *-logie*, *-logique*, *-mètre*, *-métrie*, *-métrique*, *-phile*, *-philie*, *-phobe*, *-phobie*, *-crate*, *-cratie*, *-cratique*, *-nome*, *-nomie*, *-nomique*, etc., *photo-*, *hélio-*, *pseudo-*, *néo-*, etc.[5]. De là une formation nouvelle de mots composés où deux des éléments latins ou français se combinent et se soudent à l'aide de la voyelle de liaison *o* (cérébro-spinal, Austro-Hongrois).

Si cette double formation latine et grecque fournit à l'écrivain des ressources d'une singulière richesse, qui lui permettent de poursuivre la pensée dans toutes ses nuances et ses replis, sans jamais être forcé de s'arrêter, trahi par la langue, d'autre part elle tend à rompre, elle rompt l'unité de la langue.

Cette formation savante, la latine surtout, a introduit dans la langue un nombre considérable de mots qui n'ont aucun rapport avec les mots français simples ou dérivés. Comment les gens du peuple reconnaîtront-ils la parenté qui unit *faire*, *façon* à *facteur*, *faction*; *chanteur* à *cantatrice*; *sacramentel* à *serment*; *lacrymal* à *larmes*; *pondérer*, *pondération* à *poids*, *pesage*; *hôte* à *hospitalier*, *hospitalité*? Tous ces mots latins,

---

1. Voyez plus haut, p. 184-218.
2. *Ibidem*, p. 218-229.
3. *Ibidem*, p. 245, 246.
4. *Ibidem*, p. 235.
5. *Ibidem*, p. 248.

réintroduits artificiellement au sein de la langue, se trouvent comme égarés, perdus, au milieu des mots français, sans lien visible qui les rattache à ces derniers dont ils rappellent cependant les ancêtres. On a fait remarquer que dans les langues qui ne connaissent pas cette formation savante, dans l'allemand par exemple, des dérivés d'un seul et même radical arrivent, par le seul jeu des lois de la phonétique, à des formes si divergentes que le sentiment de la parenté qui les unit s'évanouit. L'observation est juste : *gehen* (aller) n'a plus de rapport bien visible avec *abgang* (départ), *oblegenheit* (obligation) avec *zulage* (addition), *verderbniss* (ruine) avec *bedurf- niss* (besoin), *mächtig* (puissant) avec *möglich* (possible); *nähe* (proximité), avec *nachher* (ensuite) et *gnade* (grâce; proprement action d'approcher, accès), *sehend* (voyant) avec *sichtlich* (visible), etc. Mais on oublie que tous ces mots sont compris du peuple, qu'ils *vivent* dans la pensée populaire. Il importe peu que le peuple ne saisisse point la parenté d'étymologie ou de son des mots apparentés par l'étymologie ou la signification et entre lesquels une différence tout extérieure de formes met comme un abîme. Mais il importe beaucoup que ces mots parlent à l'esprit de ceux qui les emploient. En France, par exemple, le peuple n'est pas embarrassé des divergences de formes que présente la conjugaison d'*aller* et d'*être*. Il sait parfaitement, et sans peine, passer de *je vais* à *aller*, à *j'irai*, de *je suis* à *tu es*, à *il fut*, à *j'étais*, à *je serai*. Toutes ces formes sont claires pour lui, parce qu'elles vivent dans sa pensée. Or, dans l'allemand tous ces mots cités ne sont jamais sortis de l'usage populaire; c'est sur les lèvres du peuple qu'ils se sont altérés, qu'ils ont pris des formes diverses.

Dans la formation savante, non-seulement les mots latins n'ont le plus souvent aucun rapport *visible* avec les mots français de la même famille; mais, chose plus grave, ils ne sont pas compris. La langue littéraire est une langue nouvelle, entée sur la langue française, qui la pénètre, et qui s'y substitue peu à peu, dans une classe de la société [1]. Le fait est grave et veut qu'on y songe.

Sur trente millions et plus de Français parlant français, quelques centaines de mille ont reçu une éducation classique, comprennent plus ou moins bien les mots latins, et parlent

1. Cf. Marty-Laveaux, *De l'enseignement de la langue française*, p. 71.

ou écrivent la langue commune. Un quarantième à peu près de la nation désapprend ainsi le français pour parler une langue demi-française, demi-latine : cette minorité, il est vrai, est composé de ceux qui écrivent ou qui lisent, c'est-à-dire de la partie la plus éclairée de la nation, de celle qui exerce l'influence, aux mains de qui est le pouvoir moral, intellectuel, aux mains de qui est l'action.

Ainsi la France est divisée en deux classes : une immense majorité, le peuple, parlant français ; une infime minorité, mais éclairée et toute-puissante, parlant un mélange de latin et de français. La langue populaire vit à côté de la langue commune sans se laisser pénétrer : tout au plus, par le progrès de l'éducation publique, arrive-t-elle à voir diminuer, mais bien lentement, sa population. Il a fallu neuf siècles pour que le *français*, le dialecte de l'Ile-de-France, fît la conquête de tous les autres dialectes parlés sur le territoire de la Gaule, le picard, le normand, le bourguignon, le lorrain, etc. A peine à présent les a-t-il encore conquis, et, au sud de la Loire, il reste encore stationnaire. Même dans ce siècle de la vapeur et de l'électricité où vivants et morts vont si vite, combien de temps faudra-t-il à la langue commune pour pénétrer et absorber la langue populaire ? combien de temps faudra-t-il pour que le *latin* à son tour fasse la conquête du français ?

Quoi que nous réserve l'avenir, actuellement la langue des gens du monde, la langue commune, le français des livres et de la bonne conversation est tellement imprégné de latin que l'organisme latin l'a en partie pénétré, que l'on *pense les mots* en latin, qu'on les dérive, les compose d'après les lois de la dérivation, de la composition latine [1]. Ouvrez au hasard un livre écrit dans la langue des gens du monde, et comptez les mots latins ; je devrais dire plutôt : comptez les mots français. Je prends sans choisir un article dans un des derniers numéros de la *Revue des Deux Mondes*. En voici le début :

1. En voici un exemple frappant. « Comme de *craie* on n'a pas fait *crayacée* mais *crétacé*, dit Guyton de Morveau, j'ai cru que pour qualifier des substances tirées du *suif*, des *fourmis*, de l'*oseille*, etc., il valoit mieux aussi reprendre la *racine étymologique* ou synonymique, et dire *sébacé, formicien, oxalien*, etc., au lieu de dire *suifacé, fourmieux, oseillique*, ou autres dérivés des noms françois, *tout aussi malsonnans*. » (*Mémoires sur les dénominations chimiques*, cf. plus haut, p. 236.)

1. C'est-à-dire le latin.

« Si la raison est le privilége de l'homme, par une compensation douloureuse, on en peut dire autant de la folie. Il ne semble pas, en effet, que les humbles facultés de l'animal soient jamais exposées à cette terrible disgrâce, et dans l'espèce humaine elle-même, ce sont les races supérieures qui fournissent aux maladies mentales presque toutes leurs victimes. Rare chez les sauvages, chez les enfants, la folie est d'autant plus fréquente que, les besoins de l'humanité devenant plus nombreux et plus complexes, l'activité cérébrale se surexcite davantage à la poursuite des objets qui peuvent la satisfaire : la folie est ainsi, pour employer un terme scientifique, fonction de la civilisation. Triste conséquence, bien digne de provoquer les méditations du philosophe, du moraliste, de l'homme d'État[1] ! »

Le style de ce passage est certainement très-pur, très-simple, sans prétention. Les expressions sont si naturelles qu'elles ne frappent ni n'arrêtent le lecteur : eh bien, sur *cinquante-neuf* verbes, adjectifs ou substantifs qu'il renferme, il y a *vingt-neuf* mots, la moitié[2], qui ne sont pas français d'origine.

Cette division de la langue en deux idiomes étrangers l'un à l'autre, la science à tout le moins ne peut s'empêcher de la regretter. Le philologue, en suivant l'évolution du latin populaire, étudie et retrouve les lois naturelles, inconscientes, qui sur les lèvres et dans l'esprit des populations gallo-romanes l'ont graduellement transformé en français. Quel accord harmonieux entre tous les éléments de cette langue que parlaient nos pères du onzième au treizième siècle ! Quelle élégante grammaire, quel système à la fois simple et savant dans la conjugaison et dans la déclinaison ! Quelle harmonie dans ce balancement des voyelles accentuées et des atones, et dans les alternances euphoniques qui en résultaient pour la flexion ! Quel accord entre les formes des radicaux et celle des dérivés[3] ! C'est bien là la langue d'évolution et de formation spon-

---

1. *La folie au point de vue psychologique, d'après de récentes recherches*, par L. **Carraud**, dans la *Revue des Deux Mondes* du 15 novembre 1876, p. 348.

2. *Privilége, compensation, faculté, animal, exposées, terrible, disgrâce, espèce, supérieures, mentales, victimes, rare, fréquente, humanité, complexes, activité, cérébrale, surexcite, objet, satisfaire, scientifique, fonction, civilisation, conséquence, provoquer, méditation, philosophe, moraliste, état.*

3. La prononciation du français au douzième et au treizième siècle se rapprochait beaucoup de la prononciation actuelle de l'italien : même abondance de voyelles et de diphthongues sonores, mais avec plus de fermeté dans les con-

tanées, telle que pouvait la développer une race bien douée, et amante du beau langage, comme aux temps de Caton et de César.

Aussi la langue française de nos conteurs et de nos trouvères était-elle pour l'Europe du moyen âge l'idéal du langage humain, et l'admiration qu'elle inspirait aux contemporains du Dante aujourd'hui encore s'impose à ceux qui à cinq siècles de distance en écoutent l'écho lointain [1].

Mais ce bel édifice devait se surcharger de constructions nouvelles qui en allaient détruire l'harmonie. L'importation des mots latins vint peu à peu transformer, déformer la langue. Nous avons vu le développement de cette formation savante, qui, née presque aux origines de notre idiome, grandit peu à peu jusqu'à la vaste invasion du XVe siècle.

Cependant, quand, faisant taire les regrets du philologue, on regarde les choses de plus haut, on arrive à se demander si un fait aussi grave, et qui a eu une action si puissante sur la langue, n'a pas sa cause légitime. A quoi sert de regretter le passé? Ne vaut-il pas mieux, avant tout, comprendre le présent? Cette formation savante, pour atteindre à de telles proportions, pour se poursuivre avec une telle constance, pour trouver des complices de siècle en siècle, a dû répondre à des besoins réels et permanents. Et, en fait, qu'on veuille bien remarquer qu'elle n'est pas propre au français, mais qu'elle se rencontre dans *toutes* les langues romanes. L'italien, l'espagnol, le portugais, et même l'ancien provençal, arrêté dès le quatorzième siècle dans son développement, présentent des faits analogues. Feuilletez les dictionnaires de ces langues, vous y trouverez à chaque ligne des mots savants, des mots latins dans la même proportion que dans la nôtre [2]. Nous

sonnes. Les voyelles nasales, si désagréables aujourd'hui, se réduisaient à *an* et *on*. Pour la grammaire, le trait le plus frappant est le balancement des syllabes accentuées et atones dans les flexions casuelles, balancement qui amenait une variété harmonieuse dans les formes des mots. On disait *li côs, le côq, li côq, les côs;* on déclinait *li emperère, l'empereor, li empereor, les empereors;* on conjuguait *je parole, tu paroles, il parole, nous parlons, vous parlez, ils parolent; j'empasture, tu empastures, il empasture, nous empaistrons, vous empaistrez, ils empasturent.* La facilité de l'inversion donnait une élégance pittoresque à la phrase que ne surchargeait pas encore notre encombrant attirail de particules. L'orthographe enfin reproduisait fidèlement la prononciation.

1. « Le françois, dit l'Italien Brunetto Latini, est la parleure la plus délitable et plus commune à toutes gens. » Sur la popularité de notre vieille langue à l'étranger, voyez l'*Histoire littéraire de la France*, t. XXIV, p. 544. Cf. Chevallet, I, 39 ; Littré, *Langue française*, I, 187, etc.

2. Voici, par exemple, des mots de formation savante que présente la seule série

sommes donc en présence d'un fait général qu'il faut accepter et expliquer.

La formation savante a commencé sous l'influence de l'Église; elle a continué sous celle de la scolastique, des légistes du moyen âge; elle s'est poursuivie sous l'influence des classiques latins. Or, énumérer ces quatre agents, l'Église, la scolastique, le droit romain, la Renaissance, c'est énumérer les quatre éléments de la civilisation au moyen âge et au commencement des temps modernes. L'histoire de France, jusqu'à l'écrasement de la féodalité, et c'est ce qui en fait l'unité et la grandeur, n'est autre chose que la lutte continue entre l'élément germanique ou barbare et l'élément romain ou civilisateur. La marche de notre histoire, depuis Charlemagne, le grand Austrasien romanisé, est un combat pour la civilisation romaine, une tentative de plus en plus heureuse pour expulser ou pour réduire à l'impuissance l'élément germanique, pour faire triompher l'élément latin, pour raviver l'étincelle de la civilisation apportée de Rome aux peuples de l'Occident et étouffée par la main des barbares. Quand la monarchie triomphe de la féodalité, quand elle institue et organise l'administration et la justice régulière, elle n'a qu'à reprendre et continuer l'œuvre de la Rome impériale. La marche du progrès fut un retour vers le passé; il arriva nécessairement que les écrivains français, pour exprimer les idées du passé, les idées romaines, recoururent aux expressions du passé, aux expressions latines. La formation savante était donc inévitable.

Au quinzième siècle vient la renaissance des lettres. La tradition que la monarchie a lentement renouée dans l'administration se renoue brusquement dans la philosophie et les

des mots commençant par *ab* en italien : *abalienare, -nato, -nagione, abannazione, abarticolazione, abbacinare, -natore, abbandonatore, abbassatore, abattitore, abbecedario, abblandire, abbreviare, -atore, -amento, -azione, abdicare, abdicazione, abditolarve, abdomine, abduttore, abduzione, abebeo, abellagium, aberranti, aberrazione, abiatico, abigeato, abigeatore, abilità, abilitare, abilitativo, abilitazione, abiolico, abiologo, abiotologia, abitabile, abitacolo, abitare, abitazione, abitatore, -trice, abituale, -almente, abituatezza, abituazione, abitudinario, abitudine, abjurare, -ratore, ablaqueare, ablaqueazione, ablatazione, ablazione, ablegazione, abluzione, abnegare, abnegazione, abolibile, abolimento abolire, abolitivo, abolitore, abolizione, abomaso, abominabile, abominamento, abominatore, abominazione, aborigine, abortire, aborticidio, abpatruo, abrasione, abrenunciazione, abrogare, -gatore, -gazione, abrotanoïde, absorbere, absorsione, abusatore, abusazione* (*Dictionnaire* de Sergent, Strambio et Tassi).

lettres. Tous les trésors d'idées élaborées par le génie de Rome et d'Athènes reviennent au jour après plus de dix siècles ; or, les idées de l'art, de la littérature, de la philosophie antique ne pouvaient trouver d'expressions plus naturelles et plus propres que celles qu'elles s'étaient créées elles-mêmes : elles passèrent dans la langue sous la forme qu'elles avaient prise à Rome.

Enfin, comme les anciens seuls ont su *écrire* et *composer*, seuls ont connu *l'art* du style, à partir du seizième siècle, l'imitation des Grecs et surtout des Latins, plus près de nous, s'est imposée à nos écrivains.

Nous sommes fils des Latins, non par le sang, mais par l'éducation. Il y a une race germanique, une race slave ; il n'y a pas de race latine, mais une civilisation latine, d'où découle la civilisation moderne.

Voilà pourquoi chez les peuples de langue latine, dont l'idiome était si approprié à recevoir la formation savante, celle-ci a pris un si puissant développement ; développement logique, fatal, que le philologue peut regretter comme naturaliste, qu'il comprend et accepte comme psychologue.

De nos jours donc, quoi que nous puissions faire, la formation latine est entrée si profondément dans la langue commune, qu'on ne peut tenter de la combattre et de la rejeter. Mais comme il est d'intérêt général que notre langue française soit *française* en fait et non-seulement de nom ; comme il est nécessaire qu'elle soit comprise du plus grand nombre des Français, il faut que les deux langues se rejoignent, autant que faire se peut. Or deux causes ont creusé un abîme entre elles. D'une part, il est toute une série d'idées et de connaissances, apanage de l'instruction et de la culture, qui manquent à la pensée populaire et par suite à son lexique, et qui, se rattachant par un lien plus ou moins lointain à la pensée antique, trouvent leur expression dans la parole antique : c'est là une cause naturelle et durable qui ne pourra jamais disparaître, mais qui pourra du moins s'atténuer par le progrès de l'éducation populaire. D'autre part, les écrivains, par un pédantisme inconscient, expriment sous les formes antiques des idées et des notions que le peuple conçoit et connaît, et pour lesquelles la parole française fournit des ressources d'expression. C'est une cause artificielle, créée par l'écrivain et l'orateur, et qu'il *dépend d'eux de supprimer*. La première s'atténuera quand le peuple ira à l'école et apprendra ; la

18

seconde, quand l'écrivain se décidera à exprimer simplement une idée simple.

Mais ce n'est pas assez de l'influence latine pour désorganiser notre langue ; voici que le grec commence à pénétrer dans le français et à s'y acclimater. Si le latin déforme le français, du moins le fait-il remonter vers ses origines ; mais avec le grec, si différent dans son organisme de notre idiome, le danger est plus redoutable, et, nous le craignons bien, inévitable. Le grec, en effet, par un droit historique et grâce à des qualités propres, est devenu la langue de la science. Déjà le latin avait pris un nombre considérable de mots au grec, ou en avait composé avec des éléments grecs, pour constituer sa nomenclature médicale, la seule nomenclature scientifique qu'il connût[1]. Cette nomenclature pénétra dans les écoles du moyen âge, et les savants, à la recherche de mots nouveaux, continuèrent la tradition en recourant au grec. D'ailleurs, où trouver une langue plus commode, d'un vocabulaire plus riche, qui se prêtât mieux à la dérivation et à la composition, que cette admirable langue grecque, qui aux qualités poétiques des idiomes synthétiques joint la clarté, la précision des idiomes analytiques ? Le grec est devenu, par la force des choses, la langue de la science. Mais voici où est le péril.

Il y a antinomie entre la science et le langage. Un idiome, par cela même qu'il appartient à un peuple, est individuel et restreint en d'étroites limites. La science est universelle, parce que, poursuivie par les hommes de toutes les nations, la vérité qui en est l'objet est au-dessus de l'humanité. L'instrument dont se sert la science, et qui est le grec, devient donc une langue universelle qui doit pénétrer *tous* les idiomes civilisés. Et en effet, les langues de tous les peuples civilisés sont atteintes par le grec. Les procédés de formation que nous signalions précédemment dans le français se retrouvent non-seulement dans les autres langues romanes, mais dans les langues germaniques, les langues slaves. Les mêmes mots composés, les mêmes particules, y prennent racine et y amènent des formations analogues.

1. Voyez, par exemple, le lexique latin qui se trouve à la fin du *Dictionnaire de médecine* de MM. Robin et Littré. La plupart des termes appartenant à la latinité classique viennent du grec.

Nous assistons donc au conflit de la science et du langage. La civilisation moderne, le progrès des sciences, changent les conditions d'existence des langues. De nouvelles lois naissent, dont on commence à entrevoir l'action. Quels en seront les effets? A l'avenir seul de répondre.

INDEX

DES MOTS NOUVEAUX CITÉS DANS CET OUVRAGE.

Les mots précédés d'un * manquent au Dictionnaire et au Supplément
du Dictionnaire de M. Littré[1].

* abat-fruit, 163.
* abat-froid, 163.
* abat-poussière, 163.
abattable, 79.
abeillé, 93.
abêtissement, 95.
ablactation, 177.
ablaquéation, 177.
abolitionniste, 209.
à-bon-compte, 130.
aborigène, 177.
* abracadabrant, 65.
abrivent, 159.
abrogeable, 79.
* absgons, 177.
* s'absinther, 116.
* absinthisme, 209.
* absoluteur, 200.
absolutisme, 209.
absolutiste, 209.
absesbation, 199.
* absorptivité, 204.
* acalèphe, 234.
* acanthoptérygien, 244.
* acarus, 234.
accélérateur, 200.
accidenté, 93.
acclamateur, 200.
acclimatement, 95.
acclimateur, 102.
* accotoirs-dormeuses, 148.
accrémentitiel, 191.
accrémentition, 199.
* accrété, 130.
accusatoire, 201.
acescent, 207.
acétimètre, 243.
* achilléide, 189.
acidulant, 65.
aciérage, 82.

acinaciforme, 219.
acquisivité, 204.
* acrisie, 234.
* acrismie, 234.
actinimorphe, 244.
* actinimorphisme, 244.
actinomètre, 243.
* actinométrie, 243.
* actinométrique, 243.
actionnaire, 196.
activant, te, 65.
activer, 116.
* actuaire, 253.
actualiser, 217.
actualité, 204.
aculéiforme, 219.
addenda, 178.
additionnel, 87.
adénite, 235.
adénologie, 243.
adjante, 234.
adjoint, 57.
adjudicateur, 199.
administrant, te, 65.
administratif, 178.
* adorablement, 122.
adresse, 261.
adscrit, 178.
adultérinité, 204.
adynamie, 234.
aérateur, 200.
* aérifère, 220.
* aéromotion, 248.
aéronef, 248.
aérophobe, 234.
affadissant, te, 65.
affairement, 95.
* affichette, 101.
affouillement, 95.
* affouiller, 130.

* affreuseté, 114.
Affreville, 156.
* affriolement, 95.
agalactie, 234.
agenda, 178.
* agérat, 234.
aggloméré, 57.
agglutinant, te, 65.
agio, 258.
agissement, 96.
* agourmandi, 130.
* agrémenter, 116. L. Suppl.
agriculteur, 220.
ahurissement, 96.
* aide-mémoire, 163.
aiguillage, 82.
aiguilleur, 102.
aiguillonnant, te, 65.
* aiguisoir, 113.
alarmiste, 209.
albuminurie, 245.
alcaloïde, 244.
alcoolimètre, 244.
alcoolisme, 209.
aléa, 178.
* algologie, 243.
* algologique, 243.
algologue, 243.
alibilité, 204.
alizarine, 194.
* alizéen, 194.
alléchant, te, 65.
alliés, 46.
allumage, 82.
* alluvionnel, 87.
alluvionnement, 96.
alphabétisme, 209.
* alphos, 234.
altérabilité, 204.
altruisme, 209.

---

1. Quelques termes scientifiques datent de la seconde moitié du dix-huitième siècle.

altruiste, 209.
aluminium, 186.
amandine, 112.
amativité, 204.
amblyopie, 234.
ambulance, 88.
ambulancier, 106.
* américaniser, 217.
* américanisme, 209.
* amigdaline, 194.
* amincisseur, 102.
amnésie, 234.
amomacées, 189.
amorphe, 234.
* amour-goût, 153.
* amour-passion, 153.
ampélite, 235.
amplificatif, 206.
amylène, 237.
anabrochisme, 234.
anadrome, 234.
analeptique, 234.
anaphrodisie, 234.
anaplérose, 234.
anchilops, 234.
ancyroïde, 234.
androtomie, 244.
* anecdotiser, 217.
anémie, 234.
anémoscope, 244.
anévrysme, 234.
angiologie, 234.
anglicisme, 209.
* anglo-français, 249.
anglomane, 243.
anglomanie, 243.
anglophobe, 244, 248.
* anglophobie, 244.
angularité, 204.
* aniline, 194.
animalier, 106.
animalisable, 79.
animaliser, 217.
* animalisme, 209.
* animal-plante, 153.
animateur, 209.
anisine, 195.
ankyloglosse, 234.
ankylose, 234.
ankyloser, 116.
annexionniste, 209.
annonciateur, 200.
annuaire, 195.
annulatif, 206.
anonymat, 203.
anorexie, 234.
antédiluvien, 221.
antéhistorique, 221.
antennule, 192.
anthélix, 234.
anthère, 234.
anthracite, 235.
anthrax, 234.

anthropographe, 243.
anthropographie, 243, 238.
anthropographique, 243.
anthropolâtrie, 243, 238.
anthropolithe, 238.
anthropologie, 243, 238.
anthropologique, 243.
anthropologue, 243.
anthropologiste, 209.
anthropomorphe, 238, 244.
anthropomorphisme, 209,
   244.
anthropomorphiste, 209.
anthropopathie, 244.
anthropopathique, 244.
anthropophage, 234.
* anticarie, 245.
* anticrotte, 245.
antidramatique, 245.
antiévangélique, 245.
* antidivin, 245.
* antifeutre, 245.
* antigluant, 245.
antigoutteux, 246.
* antihumain, 246.
* antiméphitique, 246.
* antinature, 245.
* antinaturel, 246.
* antiobésique, 246.
* antiparlementaire, 246.
* antipartenaire, 246.
* antipatriote, 246.
* antirationnel, 246.
antirépublicain, 246.
* antiscientifique, 246.
antisocial, 246.
* antisystématique, 246.
* anxieusement, 122.
aperceptibilité, 204.
apétalie, 235.
aphonie, 235.
aphylle, 235.
aplatisseur, 103.
aploptère, 244.
apode, 244.
* appâli, 129.
appâlissement, 129.
(les) appelés, 57.
appendicule, 192.
appréhensibilité, 204.
approfondisseur, 103.
aptère, 235.
aquafortiste, 210.
aquapuncturer, 116.
aquarelle, 258.
aquarelliste, 210.
aquarium, 178.
* arbitragiste, 210.
arborescent, 207.
* arbre-poisson, 153.
arcano-papyro-graphique,
   249.
arcature, 202.

archaïsme, 210.
* archicompétent, 246.
* archiconnu, 246.
* archicrétin, 246.
* archidécidé, 246.
* archigrec, 246.
* archimorale, 246.
* arcométrie, 244.
* aristo, 261.
aristocrates, 243.
aristophanesque, 208.
arrangeant, te, 65.
arrétiste, 210.
* arrière - appartement [1],
   130.
arrière caution, 130.
arrière-charte, 130.
arrière-chœur, 130.
arrière-fente, 130.
arrière-foin, 130.
arrière-graisse, 130.
arrière-narine, 130.
arrière-nièce, 130.
arrière-panage, 130.
arrière-pointeuse, 130.
* arrière-prétention, 130.
arrière-rang, 130.
arrière-sens, 130.
arrière-vieillesse, 130.
arrosable, 79.
* arrosion, 199.
artériotomie, 245.
arthrite, 235.
* artisan-poëte, 153.
* artiste-comédien, 152.
* artiste-danseur, 152.
* artiste-ventriloque, 152.
* artiste-violon, 152.
* artistiquement, 122.
ascenseur, 178.
asine, 110.
aspérule, 192.
* asphalte-planche, 148.
asphyxiant, te, 65.
aspirateur, 200.
asservisseur, 103.
assesseur, 178.
assimilateur, 200.
assourdissement, 96.
assurable, 79.
assyriologie, -ique, 188,
   243.
assyriologue, 243.
asthénie, 235.
* atavisme, 210.
* atermoyeur, 103.
atmidométrie, 244.
atocie, 235.
atomicité, 204.
atonie, 235.
atrophie, 235.
atropine, 194.
atterrissement, 96.

---

1. Quelques-uns des composés de *arrière* sont de date douteuse

1. Quelques-uns des composés de *avant* sont de date douteuse.

break, 254.
* breakfast, 254.
* breguet, 42.
brevetabilité, 204.
brie, 44.
* brillantine, 112.
* brindilleur, 47.
brio, 258.
* briquet-lanterne, 149.
* briscard, 89
brise-glace, 163.
brise-lames, 163.
* briso-raison, 166.
* brocharer, 117.
* brochurier, 107.
broderie-dentelle, 160.
bronchite, 235.
* brosse-démêloir, 149.
une brossée, 58.
* broussianiste, 210.
* broyeuse, 48.
* brûle-maison, 166.
* brûle-parfums, 163.
brûle-tout, 163.
le brutal, 46.
bubelette, 101.
bubonocèle, 243.
budget, 254.
budgétaire, 196.
* budgétivore, 220.
* buffet-commode, 149.
* buffet-étagère, 149.
* bulldog, 254.
* bull-terrier, 254.
* bureau - capharnaüm, 153.
bureaucratie, 243, 248.
* butylène, 237.
buxine, 194.
byronien, 193.
* bythnériacées, 189.

cabalistiquement, 122.
cachemirien, 193.
* cache-misère, 166.
cache-nez, 163.
cache-peigne, 163.
cache-pot, 163.
* cachotement, 96.
cacographe, 243.
cadmium, 186.
cæsium, 186.
café-concert, 149, 160.
caféine, 194.
cailloutis, 92.
calcium, 186.
* calembouriste, 210.
* calfeutrant, te, 65.
calorifique, 220.
calorimètre, 244.
calorimétrie, 244.
calorimétrique, 244.
calotter, 117.
caustie, 178.
camelotte, 62.
camphène, 237.

camphorine, 194.
* canaillerie, 98.
* canapé-sofa-lit, 149.
* candélabres-affiches, 149.
* canne-éventail-écran, 149
cannibalisme, 210.
* canonnement, 96.
canter, s. m., 254.
cantonalisme, 210.
capulant, 65.
caoutchouter, 73.
capharnaüm, 45.
capillarité, 204.
capitalisable, 80.
capitonner, 117.
capitulant, 65.
* capitulard, 89.
caporalisme, 210.
* caprilène, 237.
captage, 82.
* captivant, te, 65.
* capucin - thermomètre, 153.
* caramboleur, 103.
* caramélane, 238.
carbonaro, 258.
* carcère, 178.
cardialgie, 242.
* cardinalesque, 208.
cardiotomie, 245.
* caricaturesque, 208.
caricaturier, 107.
caricaturiste, 210.
* carnavalesque, 208.
carottier, 107.
carrick, 254.
carrosserie, 100.
* carte - correspondance, 159, 161.
* carton-cuir, 149.
* carton-paille, 159, 160.
* carton-pierre, 149, 160.
cascadeur, 103.
caséine, 194.
casque à mèche, 128.
* casquettifère, 220.
* cas-régime, 159.
casse, 51.
* cas-sujet, 159.
castorine, 112.
casuel, 191.
catégorique (impér.), 259.
catalographe, 243.
catalographie, 243.
catalographique, 243.
caudal, 190.
cauliflore, 219.
caulobulbe, 220.
causette, 101.
caustiquement, 122.
* cavalle, 51.
caviar, 254.
ceinturonnier, 107.
célérifères, 220.
cellulaire, 196.
cellulose, 238.

cent-gardes, 125.
centiare, 219.
centigramme, 219.
centilitre, 219.
centime, 179.
centimètre, 219.
centistère, 219.
centralisation, 199.
centraliser, 217.
centraliste, 210.
centralité, 204.
centre-droit, 125.
* centre-gauche, 107.
centre-gaucher, 107.
centrier, 107.
céphalalgie, 242.
céphalopode, 244.
* cérébration, 108.
cérébrospinal, 248.
cérium, 186.
certificatif, 206.
* cérulé, 178.
* céruléen, 193.
cervico-scapulaire, 248.
césarisme, 210.
cétine, 194.
chahuter, 117.
chalcite, 235.
chalcographe, 243.
chalcographie, 243.
chalcographique, 243.
châle, 254.
* chamarrage, 82.
champagniser, 217.
* champignonniste, 210.
* champlevée, 58.
* chanteronner, 120.
* chaparder, 117.
* chapardeur, 103.
* chapeaux - cachemires, 149.
* charivaresque, 208.
charivarique, 187.
charivariser, 217.
* charrette-semoir, 149.
charronnage, 82.
charronnerie, 100.
* charrue-semoir, 149.
* charte-vérité, 153.
* chasse-navette, 163.
* chasse-neige, 163.
chasse-pierre, 163.
* chassepot, 42.
* chasse-punaises, 163.
* chaudronné, 93.
chauffe, 51.
chauffe-assiettes, 163.
* chaufferette-lanterne, 149
chauvin, 44.
chauvinisme, 210.
chemin de fer, 127.
chemiserie, 100.
chemisier, 107.
chèque, 254.
* chéquier, 108.
* chevalesque, 208.

constabulaire, 195.
constituants, 56.
* constitution - consigne, 154.
constitutionnalisme, 211.
constitutionnaier, 216.
* contagionner, 117.
contractif, 206.
contrastant, te, 66.
contre-alizé [1], 131.
contre-appel, 132.
contre-arc, 132.
contre-arêtier, 132.
contre-attaque, 132.
contre-aube, 132.
contre-augment, 132.
contre-aveu, 132.
contre-basson, 132.
contre-biseau, 132.
* contre-bon-sens, 132.
contre-brasser, 131.
contre-brodé, 132.
contre-caniveau, 132.
contre-charge, 132.
contre-clavette, 132.
contre-courbe, 132.
contre-dame, 132.
contre-dater, 131.
contre-déclaration, 132.
contre-dégagement, 132.
contre-dénonciation, 132.
contre-digue, 132.
contre-émail, 132.
contre-empois, 132.
contre-empreinte, 132.
contre-épaulette, 132.
contre-enquête, 132.
contre-estampe, 132.
contre-expertise, 132.
contre-extension, 132.
contre-fenêtre, 132.
contre-fleuré, 131.
contre-fossé, 132.
contre-foulement, 132.
contre-fracture, 132.
contre-frase, 132.
contre-fruit, 132.
contre-harmonique, 131.
contre-heurtoir, 132.
contre-indiquer, 131.
contre-jambage, 132.
contre-jan, 132.
contre-jet, 132.
contre-jumelles, 132.
contre-larmes, 132.
contre-ligne, 132.
contre-lorgner, 131.
contre-maille, 132.
contre-mailler, 131.
contre-mandat, 132.
contre-manœuvre, 132.
contre-marc, 132.
contre-mission, 132.

* contre-morfil, 132.
contre-mot, 132.
contre-motif, 132.
contre-moule, 132.
contre-opération, 132.
contre-ordre, 132.
contre-panneton, 132.
contre-paroi, 132.
contre-pas, 132.
contre-passation, 132.
contre-pente, 132.
contre-percer, 131.
contre-pilastre, 132.
contre-planche, 132.
contre-planter, 131.
contre-poinçon, 132.
contre-police, 132.
contre-poser, 131.
contre-potence, 132.
contre-pouce, 132.
contre-pression, 132.
contre-projet, 132.
contre-promesse, 132.
contre-propos, 132.
contre-proposition, 132.
contre-puff, 132.
contre-puits, 132.
* contre-rampe, 132.
contre-rétable, 132.
contre-rêver, 131.
contre-révolution, 132.
contre-révolutionnaire, 132.
contre-révolutionner, 131.
contre-ronde, 132.
contre-saison, 132.
contre-sempler, 131.
contre-signal, 132.
contre-signataire, 132.
contre-sol, 132.
contre-sommation, 132.
contre-sommet, 131.
contre-sommier, 132.
contre-sortie, 132.
contre-stimulant, 132.
contre-sujet, 132.
contre-taille, 132.
contre-tailler, 131.
contre-tasseau, 132.
contre-timbre, 132.
contre-timbrer, 131.
contre-tranchée, 132.
contre-valeur, 132.
contre-verge, 132.
contre-volte, 132.
contre-vue, 132.
contribution, 261.
controverser, 117.
convertis-able, 80.
convict, 255.
convictionnel, 87.
convulser, 216.
* cooccupant, 222.

coopératif, 206.
* coordinateur, 200.
copulateur, 200.
corollifère, 220.
* cornéline, 112.
corporalité, 204.
* corrélativité, 204.
* corsage-fourreau, 149.
corsé, 93.
corset, 43.
* corset-cuirasse, 149.
* cosmétiqué, 93.
cosmocratie, 238.
cosmomètre, 244.
cosmométrique, 244.
cosmonomie, 238.
* cosmopolisme, 211.
cosmopolitisme, 211.
cosmorama, 238, 244.
cosmosophie, 238.
* costo-pubien, 248.
* cotillonner, 117.
cotonnade, 81.
coton-poudre, 149.
cotrets, 44.
cortage, 255.
* couleuré, 94.
coulissier, 107.
* coupé-cabriolet, 149.
* coupe-cigares, 163.
* coupe-file, 163.
* coupe-mariage, 163.
* coupe-veilleuse, 144.
coupletier, 107.
courbaturer, 117.
courbouillonner, 117.
courtiers-gourmets, 152.
* courtiers-marrons, 154.
couseuses, 48.
couveuses, 48.
* couvre-bouchons, 163.
* couvreurs-entrepreneurs, 152.
* couvreurs-plombiers-zingueurs, 152.
crâne, adj., 62.
crânement, 122.
* crâner, 117.
craniologie, 243.
craniologique, 243.
craniologue, 243.
* crasserie, 98.
* cravate-dentelle, 159, 160.
* cravate-écharpe, 149.
crédirentier, 219.
crémé, 94.
créogénie, 238.
créographie, 238.
* créolement, 122.
créophage, 238.
créophagie, 238.
créophilie, 238.

---

1. Plusieurs des mots composés avec *contre* sont de date douteuse.

helminthelithe, 240.
helminthologie, 240.
helminthologique, 240.
helminthologiste, 240.
hémagogue, 240.
hémastatique, 240.
hématidrose, 240.
hématocarpe, 240, 243.
hématocèle, 240.
hématocéphale, 240.
hématographe, 240, 243.
hématographie, 240, 243.
hématoïde, 240.
hématologie, 240.
hématologique, 240.
hématomphale, 240.
hématophylle, 240.
hématorrhachis, 240.
hématose, 234.
hématozoaire, 240.
hématurie, 240.
hémicarde, 240.
hémicarpe, 240, 243.
hémichorée, 240.
hémicrânie, 240.
hémicylindrique, 240.
hémidactyle, 240.
hémièdre, 240.
hémiédrie, 240.
hémiédrique, 240.
hémiencéphale, 240.
hémigamie, 240.
hémigoniaire, 240.
hémimèle, 240.
hémiméroptère, 240, 244.
héminopode, 244.
hémiopie, 240.
hémipage, 240.
hémipalmé, 240.
hémiplégie, 240, 244.
hémipomatostome, 240.
hémiptère, 244.
hémiptéronote, 240.
hémisphéroïde, 240.
hémitérie, 240.
hémitome, 240.
hémophobie, 240.
hémophthalmie, 240.
hémoplanie, 240.
hémoplastique, 240.
hémorrhagie, 234.
hémorrhée, 240.
hémorrhinie, 240.
hémospasis, 240.
hémostase, 240.
* henriquinquiste, 211.
hépatirrhaghie, 244.
hépatirrhée, 244.
hépatite, 235.
* herniaires - bandagistes,
  152.
herse-râteau, 130.
hetman, 240.
hexaptère, 244.
heyduque, 260.
* high-life, 256.

hilarant, 180.
* hilare, 180.
hippocratiacées, 189.
hippophage, 244.
hippophagie, 244.
hirsute, 181.
hirundiniculture, 220.
* hisser, 256.
historicité, 208.
* histrionnerie, 99.
holographe, 243.
home, 256.
* homme-affiche, 154.
* homme-autruche, 154.
* homme-canon, 159.
* homme-chandelle, 159.
* homme-chêne, 154.
homme de peine, 127.
* homme-jocko, 154.
* homme-mémoire, 154.
* homme-mouche, 154.
* homme-perroquet, 154.
* homme-poisson, 154.
* homme-squelette, 154.
* homme-vautour, 154.
honorabilité, 205.
honorariat, 203.
hordéine, 194.
* horizonner, 118.
* horlogers-pierristes, 152.
* horripilant, te, 67.
horripiler, 181.
* horse-steak, 256.
hospodarat, 203.
* hugolâtre, 243.
* huit-ressorts, 128.
humanitaire, 196.
humanitairerie, 99.
humanitarisme, 212.
* humboldtite, 235.
humoriste, 212.
humoristique, 187.
* hunter, 256.
husting, 256.
hyalite, 235.
hydrobie, 249.
hydrobranche, 240, 242.
hydrocarbure, 240.
hydrocèle, 243.
hydrocéphale, 243.
hydrocirsocèle, 240.
hydrographe, ie, ique, 243.
hydroélectrique, 240.
hydromètre, 240.
hydropathe, 240.
hydrophane, 240.
hydrophthalmie, 240.
hydrophyte, 240.
hydropote, 240.
hydrorachis, 240.
hydrorama, 244.
hydrorrhée, 240.
hydrothérapie, 240.
hydrothérapeutique, 240.
hydrothorax, 240.
hydrotomie, 240, 245.

hygrologie, 240.
hygrophobie, 240.
hygroscope, 240, 244.
hygroscopie, 240.
hygroscopique, 240.
hyménéen, 193.
hyménocarpe, 240, 243.
hyménographe, ie, ique,
  240, 243.
hyménolépidoptère, 240.
hyménologie, 240, 243.
hyménophore, 240.
hyménophyllées, 240.
hyménopode, 240.
hyménorrhize, 240.
hyménotomie, 240.
hypnotiser, 217.
hystérocèle, 243.
* hystérogène, 243.
hystérotomie, 245.

ichtyocolle, 240.
ichthyofonte, 240.
ichtyhodcrylithe, 240.
ichthyographe, 240.
ichtyographie, 243.
ichthyomorphe, 240.
ichthyophagie, 240, 244.
ichthyophile, 244.
ichthyosaure, 240, 244.
idéalisation, 199.
idéaliser, 217.
idéalité, 205.
* idémiste, 212.
idéogénie, 240.
ideogramme, 240.
idéographie, 188, 240.
* idéographique, 188.
ideographisme, 188.
idéologue, 240, 243.
idéologie, 240, 243.
idéologique, 243.
* idéomorphe, 244.
* idéomorphisme, 244.
idéo-électrique, 240.
idiogyre, 240.
idio-métallique, 240.
idiomorphe, 240.
idiopathie, 240, 244.
idiopathique, 244.
idiosyncrasie, 240.
ignorantisme, 212.
iléite, 235.
illimitable, 224.
illitérature, 224.
illogique, 224.
illusionner, 118.
image, -er, 93.
imbrûlable, 224.
immarcessible, 181.
immémorable, 181.
immémoré, 181.
immérite, 224.
immiséricordieux, 224.
immesuré, 224.
imméthodique, 224.

FIN DE L'INDEX.

CORRECTIONS.

Page 58, l. 2, *parcours* au sens général est ancien.

P. 105, l. 25, supprimer *pisseux*.

P. 108, l. 22, supprimer *gentilhommière*.

P. 112, l. 9, supprimer *levantine*.

P. 159. A la liste des composés de dépendance on peut ajouter un certain nombre d'expressions qu'on peut entendre dans les restaurants et les cafés. Ces expressions ont ce caractère particulier de présenter l'ellipse de la préposition, *ad libitum*. Ainsi : *un bifteck* aüx *pommes* ou *un bifteck-pommes ; une absinthe à la gomme*, ou *une absinthe-gomme*, et les analogues.

P. 182, l. 27, supprimer *obsidional*.

P. 184, l. 12, supprimer *turbulence*.

P. 205, supprimer *inaccessibilité, infatigabilité, insociabilité, libidinosité, priorité*.

P. 216, l. 27, supprimer *inventorier*.

TABLE ANALYTIQUE DES MATIÈRES.

INTRODUCTION.

(Pages 1-40.)

PREMIÈRE PARTIE. — FORMATION FRANÇAISE.

(Pages 41-167.)

PREMIÈRE SECTION. — DÉRIVATION IMPROPRE.

(Pages 41-68.)

DEUXIÈME PARTIE. — FORMATION LATINE ET GRECQUE.

(Pages 169-249.)

PREMIÈRE SECTION. — FORMATION LATINE.

(Pages 169-229.)

DEUXIÈME SECTION. — FORMATION GRECQUE.

(Pages 230-249.)

TROISIÈME PARTIE. — EMPRUNTS AUX LANGUES MODERNES.

(Pages 250-261.)

CONCLUSION.

(Pages 263-277.)

FIN DE LA TABLE DES MATIÈRES.

Typographie Lahure, rue de Fleurus, 9, à Paris.